Javier Gómez-Montero (ed.)
**Memoria literaria
de la Transición española**

BIBLIOTHECA IBERO-AMERICANA

Publicaciones del Instituto Ibero-Americano
Fundación Patrimonio Cultural Prusiano
Vol. 114

BIBLIOTHECA IBERO-AMERICANA

Javier Gómez-Montero (ed.)

Memoria literaria
de la Transición española

Iberoamericana • Vervuert

2007

Bibliographic information published by Die Deutsche Nationalbibliothek.
Die Deutsche Nationalbibliothek lists this publication in the Deutsche
Nationalbibliografie; detailed bibliographic data are available on the Internet at
http://dnb.ddb.de

Publicación financiada con ayuda del Programa
de Cooperación Cultural "ProSpanien".

Reservados todos los derechos

© Iberoamericana 2007
Amor de Dios, 1, E-28014 Madrid
Tel. +34 91 4293522
Fax +34 91 4295397

© Vervuert Verlag 2007
Wielandstr. 40, D-60318 Frankfurt am Main
Tel. +49 69 5974617
Fax +49 69 5978743

info@iberoamericanalibros.com
www.ibero-americana.net

ISSN 0067-8015
ISBN 978-84-8489-312-7
ISBN 978-3-86527-341-3

Diseño de la cubierta: Michael Ackermann
Foto de la cubierta: Madrid, 20.11.1975, 20 horas, Plaza de Cibeles, Quiosco de perió-
 dicos. Comienza la memoria. © Peter Witte. Publicada en: Peter
 Witte: *Adiós España Vieja*, Madrid / Frankfurt: Iberoamericana /
 Vervuert 1996, p. 81

Este libro está impreso integramente en papel ecológico blanqueado sin cloro

Depósito legal

Impreso en CARGRAPHICS S.L.

Índice

Javier Gómez-Montero
Crónica parcial de la memoria literaria
de la Transición española 7

Joan Ramon Resina
Faltos de memoria: la reclamación del pasado
desde la Transición española a la democracia 17

Peter V. Zima
Postmodernidad e indiferencia:
hacia una novela postmoderna 51

Gonzalo Navajas
La memoria de la novela y el cine contemporáneos 62

Fernando Cabo Aseguinolaza
Memoria de la Transición y modelo picaresco.
Notas de lectura 78

Béatrice Rodríguez
Madrid ante la "década prodigiosa" o la ciudad y
sus mitologías en *El secreto de la lejía* de Luisa Castro 94

Hans-Jörg Neuschäfer
1979: La Transición como crisis de orientación (en la
perspectiva de Rosa Montero y de Antonio Muñoz Molina) 110

Janett Reinstädler
De la pizarra mágica a la cajita dorada: estrategias
mnemónicas en tres autoras de la Transición española 119

Yvette Sánchez
Teatro transicional, entre el compromiso y el experimento 136

Jon Kortazar
La imagen de la Transición en la novela vasca (1975–2003) 148

Dolores Vilavedra
De, en, sobre… La literatura gallega y la Transición 173

Henrique Monteagudo
Lenguas en Transición: de la represión a la convivencia 184

David Castillo, Luis Mateo Díez, Jordi Doce
La Transición a debate.
Entrevista de Annika Maaß 207

Sobre los autores 233

Crónica parcial de la memoria literaria de la Transición española

Dos años después de los atentados de Atocha, el 11 de marzo del 2004, vemos que desde entonces se desataron procesos sociales y culturales inesperados, que afectaron también a la manera de ver retrospectivamente las décadas más recientes de España y, en particular hoy, se discierne la virulenta dinámica de un debate sobre la memoria histórica de la nación cuyo aspecto central –cifrado en las formas de rememoración de la Guerra civil y sus consecuencias durante el franquismo– salpicó notoriamente a su generalizado silencio y olvido durante los años de la Transición de la dictadura franquista a una monarquía constitucional. Parte del vuelco social y político tras los acontecimientos de Atocha es el rebrote de insatisfacción causado por la amnesia o represión de la memoria de episodios centrales de la historia nacional durante el siglo XX, y precisamente la inhibición mnemónica de la Transición parece confirmar las dificultades que muestra la sociedad española de asumir su propia hipoteca histórica. Si se considera que la pacífica Transición española a un régimen democrático según los parámetros europeos (aunque estuviera llena de incertidumbres y tensiones, tanto políticas como económicas y sociales en general) fue el resultado de un consenso tributario de un pacto de olvido, su valoración crítica hoy en día replantea la necesidad de reivindicar esa memoria reprimida, y ello ha instado a la opinión pública a volver sobre la llaga de cuestiones como culpa y reparación personales o colectivas, indisolublemente unidas a la voluntad de declaración de la verdad histórica silenciada o estratégicamente sobreentendida. Esa exigencia de verdad –reclamada en lugar de una satisfacción de daños por individuos, grupos sociales y sus agentes institucionales– supone el marco de la mirada a la historia más reciente de España desde la sociedad actual, también en lo referente a la Transición.

La perspectiva particular de este volumen que enfoca los discursos literarios en los que, no obstante, se reflejan con naturalidad las huellas de los discursos sociales y sus ideologías subyacentes, incide ciertamente en la condición de palimpsesto de la literatura, y en su potencial testimonial que la erige en crónica de los tiempos, pero buscando transcender ese estatus. Y es que la idoneidad de la literatura para hacer trabajo de memoria viene dada tanto por la misma estructura de ésta (ya que la memoria histórica se forja también —más allá de la evidencia de los acontecimientos y las personas— a base de narrativización e imaginación) como por la lógica autónoma de su discurso —estético y altamente despragmatizado— que permite reenfocar el subconsciente colectivo, lo privado o públicamente reprimido (su amnesia), así como analizar las prácticas sociales y las construcciones históricas correspondientes con los recursos de la fabulación ficcional, de la *performance* dramática y de la enunciación lírica.

El marco temporal de la Transición se inserta dentro de los límites dados por la muerte del dictador el 20 de noviembre de 1975 y el ingreso de España en la Unión Europea el 1 de enero de 1986. Y aunque ciertos procesos sociales y económicos se fermentaran ya desde hacía unos años, pongamos el 68 por lo emblemático de la fecha en todo el mundo, y aunque la sombra proyectada por la Transición alcanzara las estrategias de autorrepresentación nacional que determinaron los fastos del 92 (*JJOO* de Barcelona, *Expo* de Sevilla, con el antecedente de la Feria del Libro en Frankfurt), lo cierto es que en un sentido más estricto los hitos históricos de la Transición vienen dados por las primeras elecciones generales del 15 de junio del 77, la aprobación de la Constitución el 6 de diciembre del 78, la aprobación de los Estatutos de Autonomía y de Normalización Lingüística en Cataluña, Euskadi y Galicia entre 1979 y 1983, así como el golpe de estado en la tarde y la noche del 23 de febrero del 81 y las elecciones que dieron mayoría al Partido Socialista Obrero Español el 28 de octubre de 1982. Dando por descontado la fragilidad y relatividad de todas las coordinadas propuestas y cifrando ese arco de tiempo en nombres, sería sencillo fijar la transición política entre los nombramientos de Adolfo Suárez y Felipe González como presidentes del gobierno (1976 y finales de 1982 respectivamente), pero también sería lícito dejar sentados unos años más de consolidación para la transición cultural y literaria (hasta 1986).

En ese marco temporal tuvo lugar el proceso de ruptura con las instituciones políticas del franquismo y con el horizonte cultural del régimen como punto de partida de un reajuste institucional y social de España a los sistemas democráticos occidentales. En absoluto se trató de un cambio espontáneo, sedimentado en una dinámica de agotamiento de la dictadura, y qué duda cabe que el consenso alcanzado entre fuerzas sociales y políticas tan antagónicas fue fruto de una conciencia de excepcionalidad histórica, por lo que no deba extrañar que de los duraderos resultados de esa reconciliación derivase un tiempo la extendida idea de su ejemplaridad. Así, por un lado, la euforia del cambio fue una experiencia generacional pero, por otro, históricamente la Transición pronto adquirió estatus fundacional de cara a los discursos políticos, culturales y literarios en la España de hoy ya que supuso la apertura definitiva del país hacia Europa en todos los sentidos. Al mismo tiempo no se debe olvidar que el proceso fue propiciado por las expectativas económicas derivadas de la modernización del Estado y de la integración de España en la Comunidad Económica Europea, ni se puede soslayar que también culturalmente supuso la cimentación de un sistema de mercado y consumo autosuficiente. Los años en que fue erigida esa infraestructura político-social, económica y cultural fueron al principio tiempos de entusiasmo que, no obstante, pronto dieron paso a la experiencia del *desencanto* (palabra clave en el horizonte público a comienzos de los 80 cuyo exponente más característico fuera precisamente el film *El desencanto* con y sobre la saga de los Panero –o *Las bicicletas son para el verano*– de Jaime Chávarri); y así no es extraño que un crítico como Fernando Valls –que tanto ha tomado el pulso a la novela de esos años– haya propuesto un elenco de textos del *desencanto* del que forman parte *La luz de la memoria* de Lourdes Ortiz (1976), *Visión del ahogado* de Juan José Millás (1977, se podría añadir *El jardín vacío*, 1981), *Para no volver* de Esther Tuquets (1985) sin olvidar *El pianista* de M. Vázquez Montalbán (1986, cuya primera parte se desarrolla en la Barcelona de 1983; vid, „El boulevard de los sueños rotos" en *La realidad inventada*, 2003, pp. 44–55). No es obvio subrayar la fuerte tensión creadora desencadenada por las dos vertientes de este proceso de euforia y desilusión que, por supuesto, puede interpretarse tanto a la luz del pragmatismo social (el paso de la utopía al posibilismo, independientemente de que responda éste a imperativos reales o a actitudes hipócritas) como en el sentido crítico de un proyecto no consumado con el consiguiente sentimiento personal de estafa. En cualquier caso –aunque a la euforia siguiera en efecto la resaca– los años 80 marcaron la pauta de una normalización irreversible, que significó asimismo la europeización de España y su reencuentro con América Latina. En este sentido, si la Transición permitió la ulterior consolidación de una sociedad de consumo y mediática con la consiguiente popularización de la cultura, su estallido inicial avino bajo un marchamo de contracultura vanguardista y bajo los auspicios de la *movida* madrileña como lanzadera de la convergencia de discursos sociales y estéticos de la Transición (y cuyo lado más bizarro y perturbante lo plasmaron no sólo P. Almodóvar y la cantante Alaska, sino igualmente el fotógrafo Alberto García-Alix y el fundador de la revista *La Luna*, Borja Casany).

No obstante, observando el fenómeno con neutralidad, fácilmente se percibirán las sombras y se tendrán que matizar visiones quizá demasiado optimistas: Huelga aludir a la crónica personal de la *movida* madrileña esbozada por Luis Antonio de Villena (*Madrid ha muerto. Esplendores, ruidos y caos de una ciudad feliz de los ochenta,* Barcelona 2000) o a la emblemática rememoración de Julio Llamazares (*El cielo de Madrid*, 2005) y obvio también recordar las críticas peculiaridades de la Transición en Barcelona (tanto cultural como político-socialmente) de las que son testimonio, p.ej. *La crónica sentimental de la transición* de Manuel Vázquez Montalbán (1985) y *a posteriori* la novela *El ciel del infern* de David Castillo (2000).

***

Para sistematizar los procesos literarios de la Transición será insuficiente rastrear los hitos literarios de esos años, y poco ayudará echar un vistazo a los premios no comerciales entonces concedidos ya que ello apenas permite esbozar ni la sombra de un canon. Sí que se pueden rastrear felices decisiones como la concesión del Premio de la Crítica al poemario gallego de X.L. Méndez Ferrín *Con pólvora e magnolias* (1976) y a la vanguardista colección de textos líricos *Etiopia* de Bernardo Atxaga (1978), así como a las novelas *El río de la luna* de J.M. Guelbenzu (1981) y *La orilla oscura* de José M. Merino (1985) o al poemario *La caja de la plata* de Luis Alberto de Cuenca (igualmente 1985). Entre los Premios Nacionales poco podría destacarse más que la emblemática novela *El cuarto de atrás* de C. Martín Gaite (1978) y *Passeig d'anniversari* de Joan Vignoli (1985) y, por el contrario, resulta harto significativa la continuidad en el palmarés de autores consagrados como F. Ayala, G. Torrente Ballester o F. Grande. Las obras apuntadas manifestan sin duda la fractura del horizonte cultural y literario, un antes y un después de la Transición en las literaturas española, catalana, vasca y gallega, pero difícilmente podría afirmarse que, en su conjunto, esas obras encarnen un "espíritu" de la Transición o sean canónicas para la Transición literaria. Tampoco podrá descubrirse una voz que cifrase lo que ocurrió (aunque el ensayo *La España inteligible* de Julián Marías tuviera algo de premonitorio), ni será factible discernir una figura nueva que domine el panorama literario de esos años altamente fructíferos en todos los géneros para las generaciones posteriores; sí acaso podrían mencionarse el creciente prestigio de Juan Benet y ciertas revelaciones como E. Mendoza cuyas novelas más celebradas hasta hoy se publicaron precisamente en 1975 (*La verdad sobre el caso Savolta*) y en 1986 (*La ciudad de los prodigios*), así como la irrupción de Rosa Montero en el panorama literario cuya *Crónica del desamor* (1979) constituyó todo un hito igual que *L'hora violeta* de

Montserrat Roig en Cataluña (1980) que, dentro del marco de la novela escrita por mujeres, pueden ser parangonables con la vigorosa aparición de Pedro Almodóvar y sus primeras películas en el contexto de la *movida* madrileña.

No obstante, el mero elenco de tendencias, obras o autores emblemáticos no posee el valor cognitivo de una arqueología de los discursos literarios a partir de una interpretación de estos datos como síntomas de una constelación irrepetible (en parte ya registrados en el volumen corporativo de A. Amorós et alii *Letras españolas 1976–1986,* 1987). Tal proyecto resultaría sólo factible a través del análisis de algunos textos especialmente representativos y de ciertas transformaciones en el sistema de géneros que permitirían plantear las problemáticas o radiografiar cuestiones discursivas subyacentes a los fenómenos observados y a esos cambios de paradigma. Una primera aproximación –en los términos panorámicos de una crónica generacional– la ofrece Rafael Chirbes con *La larga marcha* (1996, centrada en la dictadura), *La caída de Madrid* (2000, que se abre justamente con el 20 de noviembre del 75) y *Los viejos amigos* (2003) que en su total trazan un fresco de la depresión tardofranquista, el arranque ilusionado de la Transición y la ulterior decepción de los proyectos de emancipación de una generación engañada y decepcionada tras la lucha antifranquista y hasta cierto punto decepcionante por su acomodaticio repliegue o abandono de sus ideales en el transcurso de la Transición.

Sin afán de exhaustividad, cabe igualmente registrar el auge de formas novelescas hábiles para recuperar el recuerdo del final del franquismo y los años de transición como la ficción memorialística (p.ej. la *Historia de un idiota contada por él mismo* de Félix de Azúa (1986); años más adelante valdría también el caso de *La mirada* de José M. Guelbenzu (1988) y *Ardor guerrero* de A. Muñoz Molina (1995), así como otras novelas de Luis Landero. Estas novelas rebajan al nivel de un solo individuo los plantamientos más totalizadores de Rafael Chirbes y, sin duda, suponen un ejercicio analítico mucho más fiable a nuestros efectos que la avalancha de memorias publicadas durante los años de la Transición como *Descargo de conciencia* de P. Laín Entralgo y *Casi unas memorias* de Dionisio Ridruejo, que sobre todo servían para replantear (o justificar) la actuación de los escritores durante el franquismo. Si ese tipo de género testimonial fue característico de los años de la Transición, la escritura autobiográfica suele decir poco sobre la Transición misma (convertida en mero punto de referencia para tamizar el pasado y reconstruirlo en los textos), aunque una arqueología de la escritura autobiográfica de aquellos años depararía contundentes sorpresas (Fanny Rubio y María Luisa Cerrón me indican a este propósito el libro

Una chica llamada Carmen de Carmen Díez de Ribera quien, como secretaria personal de Adolfo Suárez y por tanto a la sombra de sus poderosos protagonistas, aporta claves de los entresijos más personales de la transición política). Pero sí que tiene mayor relevancia heurística la emergencia de obras en que se plasman escrituras minorizadas o reprimidas durante el franquismo. Textos claves en este sentido los aporta la trilogía de Esther Tusquets formada por *El mismo mar de todos los veranos, El amor es un juego solitario* y *Varada tras el último naufragio* (1978–80) en los que se articula una voz femenina que rompe tabús identitarios como la homosexualidad. Igualmente, la escritura de género en la vertiente masculina ofrece casos muy significativos para perfilar una memoria literaria de la Transición: valga así el caso de Eduardo Mendicutti quien, en 1988 publicó la novela *Una mala noche la tiene cualquiera* centrada precisamente en las horas del golpe de Tejero y Milán del Bosch el 21 de febrero de 1981.

Como fenómeno sociológico, el auge de la literatura erótica puede considerarse en general como un índice transicional y, en ese contexto, merece la pena poner de relieve la notable aportación de escritoras jóvenes al mercado editorial y la convergencia en ello de todos los territorios del Estado. Basta recordar el caso de *Amorrada al piló* (ya en 1986) de María Jaén, traducido como *El escote*, y las novelas premiadas por el editorial Tusquets bajo la rúbrica de *La sonrisa vertical* entre las que destaca *Malena es un nombre de tango,* primicia de Almudena Grandes.

Los ejemplos aducidos dejan sobre el tapete una cuestión definitoria básica: ¿Qué abarca la literatura de la Transición? ¿Textos en los años de la Transición –1976–1982, máximo hasta 1986– o textos literarios sobre la Transición? Es recomendable que los límites cronológicos propiamente dichos del concepto *Literatura de la Transición* sean más flexibles que la cronología de los eventos políticos, ya que, si no, abarcaría estrictamente solo los años 1976–82. Aceptando en cambio un concepto de transición –más general– que significa un cambio de estado o de paradigma, el estudio de un género literario privilegiado –como es el de la poesía– aconseja en efecto ampliar el margen ya que basta considerar que el acontecimiento más significativo a este respecto en la fase terminal de la dictadura fue la publicación de la antología *Nueve poetas novísimos españoles* en 1971 de J. M. Castellet que implicaba una ruptura a partir de nuevas tendencias expresivas, de referencialización y de subjetivación (posvanguardismo, culturalismo, medialización, constructivismo imaginario, etc.). Desde esa fractura resultará emblemática la trayectoria de uno de los poetas vinculado inicialmente a la estética novísima (Luis A. de Cuenca) y lo sintomático de un libro como *La caja de la plata,* cuyos poemas datan precisamente de los años 1979 a 1983 y en los que el discurso poético abraza rabiosamente la narratividad, el contexto urbano, lo cotidiano de la realidad, lo privado, y el lenguaje coloquial entreverado con el de la tradición poética, que da cuerpo a una experiencia a caballo entre la autenticidad y la ironía, abriendo el poema a su general comprensibilidad, pero profundizando así mismo aspectos arraigados en la estética novísima al ampliar los referentes a la cultura popular del cine y la literatura de masas, al mantener recursos expresivos (metáforas, versificación, etc.) de la tradición culta y al dilatar el horizonte de lectura a toda la literatura universal. Y precisamente en 1983 vio la luz la antología *La otra sentimentalidad*, editada por J. Egea, A. Salvador y L. García Montero, que pronto se erigió en el hito que marcó la consolidación de la llamada *poesía de la experiencia* como una de las tendencias poéticas dominantes hasta el fin del milenio.

En una palabra, este caso muestra que –acotando con flexibilidad los límites cronológicos– sí que es factible utilizar con provecho cognitivo las categorías literatura *de* la Transición y literatura *en* la Transición. Legítimo nos parece también recurrir a otra categoría –literatura *sobre* la Transición– aunque fuera ésta escrita años más tarde y aunque sus argumentos novelescos, dramáticos o líricos acoten un periodo más extenso que los 7 años frenéticos, como puede colegirse del caso ya comentado de la trilogía novelesca de Rafael Chirbes. Ya que la perspectiva del Simposio berlinés era la de su memoria literaria, metodológicamente cupieron las tres opciones (literatura *en, de* y *sobre* la Transición). Además y en vista de la dilatada recepción académica de ciertos autores y géneros con respecto a las cuestiones planteadas (véase A. Bussiere-Perrin: *Le roman espagnol actuel* (1975–2000), 2001, y Darío Villanueva: *Los nuevos nombres (1975–1990)*, *Historia y Crítica de la literatura española*, IX, 1992), y dada también la más amplia resonancia en Alemania de la perspectiva centrada en la literatura española escrita en castellano (*vid.* el libro compilado por Dieter Ingenschay y Hans-Jörg Neuschäfer: *Aufbrüche. Die Literatur Spaniens seit 1975*, 1993, o en castellano: *Abriendo caminos: la literatura española desde 1975*, 1994), el simposio hizo especial hincapié en aspectos teóricos válidos para esbozar problemáticas heurísticamente relevantes, p. ej. enfocando el radio de acción de la memoria, auscultando prácticas individuales o colectivas vinculadas a la identidad, incidiendo en la perspectiva de los discursos literarios minorizados durante el franquismo. También se evitó insistir en temas ya suficientemente estudiados en trabajos anteriores de los participantes (y así remito al excelente volumen y constante referente de estas páginas que editó Joan R. Resina, centrado discursivamente en el tema de la memoria y la amnesia, *Disremembering the Dictatorship*, 2000, del que por su carácter programático se han dado aquí cabida a amplias partes de su artículo "Short of Memory: the Reclamation of the Past and Spanish Transition to Democracy"; *vid.* más en general el volumen compilado por Inge Beisel, *El arte de la memoria. Incursiones en la narrativa española contemporánea*, 1997). Igualmente no hizo falta insistir en la importancia del género policiaco o novela negra como característico de la literatura de la Transición por haber sido ya convenientemente estudiado –sobre todo a partir de M. Vázquez Montalbán– por el propio J.R. Resina (*El cadáver en la cocina. La novela criminal en la cultura del desencanto*, 1997).

Metodológica y argumentativamente, un reciente libro de Emmanuel Bouju (*Reinventer la littérature. Démocratisation et modèles romanesques dans l'Espagne postfranquiste*, 2002) supone una de las aportaciones más exhaustivas al estudio de la novela de la Transición propiamente dicha que es sistematizada en sus diferentes contextos hasta conseguir una reveladora radiografía de ella mediante el concienzudo análisis de los modos de institucionalización literaria, estrategias de canonización de obras y autores, trayectoria histórica, referencias literarias y teóricas, paradigmas temáticos dominantes (compromiso, rememoración histórica, modelo de la vida bajo el franquismo, análisis de la formación individual, etc.), técnicas y actitudes narrativas (ironía, experimentación, elementos metapoéticos, etc.). Junto a la monografía de E. Bouju valga reseñar también las aproximaciones más generales a la cultura de la Transición como la de Ramón Buckley (*Narrativa o consumo literario (1975-1987)*, 1996) y la de de Teresa Vilarós (*El mono del desencanto. Una crítica cultural de la transición española (1973-1993)*, 1998), o las presentadas por S. Amell/S. Castañeda (*La cultura española en el postfranquismo*, 1988) y J.C. Mainer/S. Juliá, *El aprendizaje de la libertad (1973-86)*, Madrid, 2002.

***

Uno de los grandes problemas de la herencia de la Transición es la voluntaria amnesia respecto a la hipoteca histórica heredada del franquismo y la contienda que dio origen a cuarenta años de dictadura, cuyo peso más se ha hecho más y más notar desde entonces entre quienes reivindican actualmente la reinstauración de la memoria de los vencidos, muertos y exiliados como entre quienes abogan por la reconstrucción de memorias nacionales alternativas a la exclusivamente española (a veces hasta el punto de exigir una reparación), reclamando un programa de autoafirmación nacional rivalizante con la hegemónica (castellanocéntrica) impuesta por el franquismo. En estos casos, la percepción de la Transición desde el marco de nuestra actualidad corroborra que la Transición silenció también el secuestro o la usurpación del término y concepto de España por el franquismo y que una sobrecarga de memoria histórica puede suponer un problema tan grande como el de la amnesia. No obstante, la constatación de esa asignatura pendiente de la Transición justifica la búsqueda de opciones de narrativización de la(s) historia(s) nacional(es) en España. Quizá radique aquí la clave de la lucha por el pasado de la literatura más reciente en España ya que la Transición y su literatura dejaron en un espacio demasiado ambiguo esas cuestiones, quizá debido a la dificultad de afrontar una fabulación narrativa coherente de la herencia del franquismo. Así parece comprensible que sea ahora cuando se haya desatado (con retraso) un litigio entre figuraciones novelescas dispares de la Guerra Civil y el franquismo: las discusiones suscitadas por *Soldados de Salamina* de Javier Cercas (2001) y de *Home sen nome* de Suso de Toro (2006) hablan por sí mismas, por no recordar el debate generado por las reconstrucciones revisionistas y tendenciosas de Pío Moa, especialmente en *Los mitos de la guerra civil* (2003). En cualquier caso la memoria se decanta una vez más como un eficaz instrumento de fabulación y figuración novelísticas, así que en ese sentido lo que hubiera podido considerarse una página dejada casi en blanco durante la Transición emerge veinticinco años después del subconsciente colectivo, entonces reprimido, adquiriendo ahora inusitada actualidad.

Qué duda cabe que la relación entre la Transición y el bienio transcurrido desde los atentados de Antocha es intrínseca y está determinada por una compleja dialéctica. Una de las cuestiones político-sociales más acuciantes hoy en día en España afecta a la reorganización del sistema cultural nacional y la integración en él de otros (sub-)sistemas nacionales dentro de un solo Estado, y ello concierne de pleno a la armonización o litigio de las memorias históricas respectivas. Desde nuestro punto de vista me limito a constatar que la Transición no fue un proceso homogéneo geográficamente ya que las grandes urbes, las pequeñas ciudades de provincia y el campo en general la vivieron gradualmente con distinta intensidad y la consumaron de forma y en términos muy divergentes. También habría que diferenciar entre Movida madrileña y los movimientos culturales de la Transición en otras ciudades, y particularmente en los territorios marcados por señas de identidad cultural catalana, vasca y gallega. Sin duda la Transición posibilitó la institucionalización de esos discursos culturales propios (y también los específicamente literarios minorizados durante el franquismo; *vid. v.gr.* las perspectivas que al respecto traza el volumen *Minorisierte Literaturen und Identitätskonzepte in Spanien und Portugal*, 2001, editado bajo mi dirección). Precisamente la prudente institucionalización de esta problemática tan compleja contribuyó enormemente al crédito social que gozan los años entre 1976 y 1982 desde entonces en toda España. Pero, como en otras tantas cuestiones, también en este caso se podría vislumbrar una expectativa generada durante la Transición pero aún pendiente de resolución en el cauce de un proceso aún abierto de normalización y europeización.

La Memoria de la Transición literaria debería contribuir a sacar a relucir el subconsciente colectivo y sus facetas reprimidas. Los artículos reunidos en este volumen profundizan las cuestiones planteadas ofreciendo análisis detallados de temas propuestos y problemáticas esbozadas en estas páginas liminares, así como de toda una serie de textos significativos de la Transición en España ya mencionados. No se ha pretendido ser exhaustivo, pero sí ahondar paradigmas claves y hacer hincapié en las representaciones literarias de grupos sociales no hegemónicos y de nacionalidades históricas del Estado menos institucionalizadas que la española. Además, el simposio berlinés abordó la literatura de, en y sobre la Transición (sin soslayar el cine y los espectáculos dramáticos) teniendo muy en cuenta el entronque de la literatura de aquella *década prodigiosa* con las tendencias estéticas y los discursos intelectuales del momento, centrados en el debate sobre la postmodernidad, p. ej. al hilo de los trabajos de G. Navajas (*Teoría y práctica de la novela española posmoderna*, 1987, y otros posteriores que redundaron en aspectos como medialización y globalización, *Más allá de la pomodernidad. Estética de la nueva novela y cine*, 1996, y *La narrativa española en la era global. Imagen, comunicación, ficción*, 2002).

Los huecos en el panorama bosquejado sirvan de acicate para ulteriores estudios que quisieran estimular estas actas del simposio celebrado en el Instituto Ibero-Americano de Berlín del 4 al 6 de julio del 2003. Y así, para finalizar, el preámbulo a las actas, valga mi más sincero agradecimiento a Dr. Friedhelm Schmidt-Welle que se ocupó de la organización del evento, a Daniela Zietemann que ultimó el libro para su publicación y a todas mis colaboradoras en Kiel (especialmente a Inka von Rehden, Franziska Bossy, Annika Maaß y Annette Köhler) que llevaron a buen puerto la empresa alentada desde su inicial gestación por el entonces Consejero Cultural de la Embajada de España en Alemania, Don Pedro José Sanz, y generosamente apoyada por la Deutsche Forschungsgemeinschaft y por el Programa de Cooperación Cultural ProSpanien entre el Ministerio de Cultura/Embajada de España y los Hispanistas Alemanes, que además aportó una subvención para financiar la presente publicación.

Javier Gómez-Montero
Kiel, octubre 2006

Joan Ramon Resina

Faltos de memoria: la reclamación del pasado desde la Transición española a la democracia*

> ¿Han notado que el horizonte de los recuerdos está algo más alto que la línea de visión y que, lo mismo que el cine, obliga a levantar la cabeza?
> Gonzalo Contreras, *La ciudad anterior*

Memoria social y memoria histórica

Proponer la memoria histórica como tema de reflexión −obviando el planteamiento de cuestiones como la memoria de quién, o por qué precisamente la memoria histórica y no la social, la política, la cultural o la popular− presupone que este tipo de memoria es intrínsecamente problemático. Plantear este tema equivale a sugerir, con respecto a la historia, que la capacidad de recordar sea algo precario o amenazado. Se presupone, además, que las sociedades tienen conciencia histórica como las personas tienen memoria; esto es, que la memoria histórica es un elemento constituyente de la sociedad, del mismo modo que la memoria sin adjetivos lo es de todo sujeto. Ahora bien, el paralelismo llama a engaño. Sencillamente, no es cierto que todas las sociedades estén dotadas con un aparato de memorización histórica. Evidentemente, todas la sociedades conocidas recuerdan, y recuerdan hasta el punto de reproducirse a sí mismas en la imagen de su propio pasado, manteniendo esta imagen más o menos conscientemente, por medio de rituales, obras épicas, mitos, derechos de parentesco, canciones, o un panteón de dioses, santos o héroes; es decir, manteniendo una imagen de sí mismas mediante toda una cosmología. Sin embargo, la memoria histórica supone un tipo más específico de recuerdo, y además se trata de un fenómeno reciente, que existe desde hace apenas doscientos años, quizás un poco más, si consideramos a Vico como exponente de la consciencia histórica moderna.

---

* Traducido del inglés por Annika Maaß y Frauke Rehlen. Revisado por Javier Gómez-Montero y el autor.

No estoy olvidando a Herodoto, Tucídides, Livio, Beda ni a los grandes cronistas medievales como Muntaner, Desclot, la castellana *Prímera Crónica General*, ni a los genios del Renacimiento como Maquiavelo. Simplemente advierto que si se habla de memoria histórica, de su control, su anulación o su "asesinato", estamos entonces estudiando un discurso especial, que surgió como rama específica de las ciencias humanas o *Geisteswissenschaften* en el siglo XIX y que se basa en un trabajo de investigación y documentación del pasado, cuyos acontecimientos han de reconstruirse escrupulosamente antes de poder determinar su validez y significado. Por supuesto, este discurso cubre sólo parte del debate sobre la crisis de la memoria en la España contemporánea, y ello obliga a situarlo en el centro de una polémica más general asociada con la representación del pasado.

Esta posición central del discurso histórico subsiste aun si se concede que el agente de toda rememoración pública no es la comunidad científica de los historiadores, sino un vago concepto que, apoyándome en Maurice Halbwachs, llamaré "memoria colectiva". La ambigüedad de este término nos libera de tener que recurrir al aún más incierto e ideológicamente encorsetado término "nación", mientras que por otra parte nos ofrece la ventaja de su amplitud sistémica. Y así quisiera subrayar lo siguiente: aunque los debates contemporáneos sobre la pérdida o supresión de la memoria abarcan una amplia gama de discursos, que incluye la política, la prensa, la literatura, el cine y los medios de comunicación, creo que hay un acuerdo tácito en que la memoria sobre la que versan estos discursos se basa en una organización de acontecimientos, en principio documentables, a los que se atribuye implícitamente objetividad y que, por tanto, se corresponden con una referencia última del discurso al que, para entendernos, llamaremos la "verdad histórica".

Aunque íntimamente interrelacionadas entre sí, las categorías de Halbwachs, "memoria histórica" y "memoria colectiva" deberían diferenciarse, no como se separa el grano de la paja, sino discerniendo sus mecanismos internos, modos operativos y alcance. La distinción es importante porque, aunque no hay duda de que la Transición española a un régimen monárquico fue acompañada de una crisis de la memoria, esa crisis no fue precisamente de la memoria histórica. A pesar de insinuaciones de lo contrario, las pruebas indican que la anulación del pasado no afectó tanto al campo de la historiografía como a las áreas relacionadas con la percepción sensorial y con el espacio virtual de la memoria colectiva. Esa posibilidad será discutida en los siguientes apartados de este estudio dedicados a cada una de esas áreas: los sentidos, la memoria colectiva y su exploración en la novela o el cine[1] y

---

[1] Para las referencias al cine y a una amplia gama de novelas, véanse las páginas tituladas "Memory Tensions in the Novel and Film of the Nineteen-Eighties: Antonio Muñoz Molina and Basilio Martín Patino" en Resina 2000, pp. 96–104.

el excedente de historia en un mercado competitivo de discursos sobre el pasado.

La formación de la memoria

Los que denuncian la forma de transmisión del pasado durante las décadas que siguieron a la muerte de Franco raramente admiten que la distorsión y el olvido pueden ser intrínsecos al recuerdo. Casi todas las personas que han participado en el debate han omitido que el pasado no es accesible en su totalidad, ni aun bajo las circunstancias políticas más favorables, y que cualquier cosa que recordemos en un lugar y un tiempo determinados depende de la condición en que se hallan las instituciones que organizan la sociedad. Así lo dice Michael Schudson: "Las memorias están preconfiguradas, programadas y diseñadas tanto social como individualmente. Las experiencias que afectan a instituciones sociales fuertes tienen más posibilidades de conservarse que las experiencias menos favorecidas por poderosos agentes institucionales del recuerdo" (Schudson 1997: 359). Esta observación debe tenerse en cuenta cuando consideremos el conflicto entre los diferentes agentes de la memoria en la España contemporánea.

La reciente disputa por el espacio multimediático entre los dos grandes consorcios, Telefónica y Grupo Prisa, cada uno asociado con los intereses de uno de los principales partidos políticos de España, PP y PSOE respectivamente, no augura nada bueno para la memoria de los grupos sociales ajenos a estos intereses. Este problema se observa también en las discrepancias sobre el pasado entre las instituciones de ámbito limitado, como las que representan a las nacionalidades minoritarias (o mejor dicho, minorizadas),[2] y las memorias programadas por instituciones del Estado o forjadas por empresas poderosas que comparten la opinión del Estado acerca de la utilidad de un pasado determinado y de cómo ese pasado debería incorporarse a la conciencia y a la praxis social en la actualidad.

Un ejemplo de convergencia entre intereses del Estado e intereses privados lo ofrecen los periódicos de mayor circulación en España. Desde su aparición en 1976, *El País* se ha convertido en un instrumento hegemónico para establecer e imponer una idea determinada de España. Ningún otro diario, y especialmente ninguno de los periódicos que

---

2   Cfr. la crítica de Salvador Cardús al término "minoría" y su propuesta en favor de una alternativa en "Sobre algunes dificultats". Ver también Cardús y Estruch (351). Véase el planteamiento de Javier Gómez-Montero en su prólogo a *Minorisierte Literaturen und Identitätskonzepte in Spanien und Portugal. Sprache – Narrative Entwürfe – Texte*, pp. IX–XXVII.

representan el punto de vista de las nacionalidades periféricas, tiene ni el número de lectores ni el estatus público necesario para desafiar la política mnemónica de este poderoso fabricante de opinión. En éste, como en otros ejemplos de monopolio fáctico, la presunta competividad enmascara el rígido control del mercado. El *ABC*, a pesar de su agenda parcialmente diferente y su alta cuota de presencia en el mercado periodístico, no desafía en absoluto al pensamiento hegemónico, siendo en realidad la segunda rueda del eje de la opinión impresa del Estado. Lo mismo vale para diarios hegemónicos regionales como *La Vanguardia* de Barcelona, *Las Provincias* de Valencia, o *La Voz de Galicia* de A Coruña.

Lo que interesa aquí no es que estos monopolios de opinión distorsionen o silencien lo que les interesa –ambas acciones son, por cierto, inherentes a la construcción de la memoria– sino que lo hagan sin reconocer la finalidad de estas prácticas. Al igual que otras estrategias de "amaño" del mercado, los monopolistas de la memoria social ocupan de antemano todos los espacios e impiden el acceso a conocimientos alternativos. El problema no consiste sólo en el hecho de que los periódicos tengan, con mayor o menor justificación, una función de archivo y adquieran valor documental con el paso del tiempo. También tiene que ver con la circunstancia de que los periódicos, como otras instituciones sociales, mediatizan la información a la que los individuos recurren sin procesarla mnemónicamente, esto es, sin considerarla un objeto elaborado por la memoria en lugar de un fragmento crudo de pasado, y a veces sin ni siquiera contrastarla con lo que se puede saber por otros medios de las estructuras realmente vigentes en el pasado. En otras palabras, junto a los datos que constituyen lo que suele llamarse información, los periódicos trasmiten estructuras de relevancia y directrices semánticas que forman la orientación del lector hacia el pasado. Schudson lo expresa en los siguientes términos: "La capacidad que tienen los individuos de utilizar el pasado se apoya en las prácticas sociales y culturales de la memoria" (347).

El tema de los actuales debates sobre la amnesia histórica no es tanto la pérdida del pasado cuanto la política de la memoria. En realidad, la disputa se centra en cuáles son los fragmentos del pasado a recuperar y cuáles son prescindibles. Marek-Marsel Mesulam observa que "todos los actos de recuperación histórica son también actos de imaginación, reinterpretaciones retrospectivas, pequeñas historias. La tendencia a la tergiversación no es consecuencia de una deficiencia de las funciones cerebrales, sino reflejo de la evolución adaptativa [de la especie]. No se premia la reproducción verídica del pasado sino el valor que tiene lo recordado para la adaptación" (Mesulam 1997: 382). Por su parte, Salvador Cardús, discutiendo la obra autobiográfica de Ferran Canyameres, hace una distinción muy útil entre memoria y rememoración. ¿Quién fue Ferran Canyameres? Es difícil responder con seguridad a esta pregunta, y eso es precisamente el quid de la cuestión. Canyameres fue una figura prominente en el mundo empresarial y en los círculos políticos durante la Segunda República española, que tuvo una importante presencia en la comunidad exiliada de la postguerra; fue también un prolífico escritor de novelas y, especialmente, de diarios y memorias. Hoy es una persona olvidada, y ello a pesar de su continua obsesión por preservar cada hecho, cada detalle sobre su vida; olvidada no por la escasez sino por el exceso de su historial autobiográfico, y olvidada, en efecto, porque –como señala Cardús– Canyameres no respetaba las reglas de la construcción de la memoria ("Memòria i relat" 11). Esas reglas incluyen selección, eliminación, recurso al anacronismo, cohesión del punto de vista: en una palabra, interpretación. E interpretación es lo que falta en la obra autobiográfica de Canyameres; la obra contiene demasiadas rememoraciones y muy poca memoria en sí misma.

La rememoración se refiere a experiencias pasadas que son accesibles al individuo. La memoria está construida con los datos de esas experiencias, pero es eminentemente social. El caso de Canyameres es instructivo, dado que su autobiografía refleja el esquema acumulativo de la crónica sin alcanzar el estatus de la memoria histórica. Halbwachs señaló que nuestra memoria depende tanto de nuestro ambiente temporal como de impresiones personales y recuerdos. Siendo sociólogo, era consciente de la importancia de los determinantes contextuales y así subrayó la cuestión del sentido, distinguiéndola cuidadosamente de la mera catalogación de hechos: "Bajo el término 'historia' no debemos entender una secuencia cronológica de sucesos y datos, sino cualquier cosa que distingue un período de todos los demás" (Halbwachs 1986: 57). Canyameres llenó muchas páginas con la crónica de su vida, pero fracasó en su propósito al no lograr conjurar una personalidad claramente perfilada a través de un acto de fabulación narrativa, que es lo único que hubiera podido hacer memorable su autobiografía.

El error de representación cometido por Canyameres es frecuente, incluso banal. Según Schudson, la memoria consta de cuatro procesos de distorsión: distanciación, instrumentalización, narrativización y convencionalización (348). Sin estos procesos, la memoria "auténtica" nunca alcanzaría el carácter de memoria histórica. Mientras que una memoria absolutamente exacta llevaría a una producción meramente mecánica, recordar supone un complejo engranaje de funciones subordinadas a fines de adaptación biológica y social. La incertidumbre puede en realidad ser una condición de la rememoración. Como explica Mesulam: "Incluso se podría argüir que un talento superior para el recuerdo verídico podría constituir un signo de enfermedad cerebral. En algunos casos de autismo, por ejemplo, el de individuos por lo demás mentalmente retrasados, también conocidos como 'idiots savants', éstos son capaces de hazañas extraordinarias de recuperación. Estos individuos no pueden reorganizar los hechos de manera creativa y su fenomenal memoria sirve de poco y muchas veces es un obstáculo para el logro de objetivos en la vida" (382–83). El *locus classicus* de tal enfermedad es "Funes el memorioso" de Borges, la historia de un hombre que no puede olvidar nada de lo que en alguna ocasión ha pensado. Para la mayoría de los seres humanos recordar es inseparable de distorsionar y olvidar. Recobrar el pasado significa también codificarlo. Las sensaciones e imágenes de experiencias vividas se convierten en recuerdos porque están integradas en modos de pensamiento y comportamiento que fluyen de la sociedad al sujeto que recuerda (Halbwachs 1992: 51). Tales codificaciones actúan de forma estratégica y en vista de necesidades presentes o previsibles, que están superpuestas en la memoria, y ellas mismas afectan al sentido y profundidad del proceso de recuperación. De cualquier manera, podemos preguntarnos: si la selección y la distorsión son inextricables del recuerdo, y si, como observó Renan, la ignorancia y el error con respecto al pasado son necesarios para crear Estados políticos (cit. en Rubert de Ventós 112), ¿qué hay de sorprendente en el hecho que la memoria histórica haya sufrido modificaciones durante la Transición española? ¿Por qué tanta conmoción sobre la Historia? Antes de enfrentarnos a esta cuestión vamos a dejar claro que el concepto de transición política es significativo sólo en la medida que facilita una auténtica recreación del Estado, que se verá obligado a transformar también las estrategias de oposición que habían generado el cambio. Si, como subraya Paul Connerton, la sociedad es en sí misma una forma de memoria, entonces una profunda reorganización del Estado también tiene que reformar la memoria social junto a las instituciones que la promueven.

Amnesia inducida

El primer enfoque de una respuesta a las preguntas planteadas más arriba puede hallarse en la observación de Peter Burke que la historia no sólo es escrita por los vencedores, sino también olvidada por ellos (Burke 1989: 106). Los perdedores no pueden permitirse olvidar, puesto que tienen que reflexionar sobre el pasado y acerca de lo que salió mal y por qué, llevados a veces por la vana esperanza de encontrarse una vez más en la encrucijada. Su memoria es compulsiva. Quien sostenga que la Transición española se caracterizó por la amnesia programada, implícitamente postula la existencia de una memoria crítica y con ello la existencia de perdedores. Sin lugar a dudas, en la Transición no hubo sólo ganadores ni tampoco estaban todos los perdedores del lado de los franquistas ni todos los ganadores en las líneas de la oposición. A pesar del "desencanto" de unos intelectuales prominentes,[3] la Transición satisfizo a una mayoría lo suficiente para que ésta se abrace apasionadamente, más de veinte años más tarde, a una constitución diseñada a la sombra de las bayonetas. Identificar a los perdedores de aquel viraje político es sumamente fácil; sólo hay que considerar qué fuerzas políticas se convirtieron en parias del nuevo régimen, cuáles fueron más vilipendiadas y a cuáles se les negó el acceso a los medios más influyentes, empujándolas a los márgenes del espacio político, y quiénes, por lo tanto, tuvieron que esforzarse más para preservar su parte de la memoria social, y así también la memoria de lo que realmente fue la Transición.

Al principio de *Galíndez* (1990), la absorbente novela de Manuel Vázquez Montalbán sobre la supresión de la memoria histórica, una estudiante americana y un joven político del Partido Socialista Obrero Español, entonces en el gobierno, están delante de un monumento a un político vasco desaparecido en el exilio. La estudiante está escribiendo su tesis doctoral sobre Jesús Galíndez y quiere volver sobre los pasos que llevan a su todavía inexplicado secuestro en Nueva York en 1956. Está observando atentamente el monumento y el paisaje mientras el joven socialista, que está pasando frío e impacientándose, habla sobre moda masculina intercalando alusiones sexuales. Pronto ella deja su escrutinio del lugar y está lista para marcharse. "¿Qué tal el monumento?" pregunta él. "Ridículo". "Ya te dije que aquí nadie sabía quién era ese Galíndez. A mí como si me hablaras de Tutankamón". "Para ti", responde ella, "la prehistoria terminó hace diez años". "Más o menos. Y estoy tranquilo sin memoria y con poca memoria histórica. La verdad es que no entiendo por qué tú vas por la vida fisgando en las memorias históricas ajenas. Ni siquiera vives bien de eso" (Vázquez Montalbán 12). La persona que así habla está a cargo de los presupuestos del Ministerio de Cultura, en un tiempo –los años ochenta– durante el cual este Ministerio financió, generosa y arbitrariamente, la muy cacareada postmodernidad de Madrid.

En la próxima escena la pareja visita los lugares de los parientes del político en una granja vasca, y aquí el lector encuentra el contrapunto de la

---

3   Es un término desafortunado en este contexto, porque presupone el "encantamiento" previo de intelectuales cuyo rasgo distintivo fue precisamente permanecer críticos durante todo este proceso. Para una discusión del término "desencanto" véase Resina 1997 57–59.

amnesia del ganador. Los dos hombres de la granja tienen también un pasado político. El padre es un viejo militante comunista y el hijo se había involucrado en la lucha armada vasca. Ambos cumplieron condena en la misma cárcel. Ahora llevan vidas bastante tranquilas lejos del mundo y de la política, exceptuando las represalias ocasionales que sufren a causa de su pasada militancia. Diez años antes, tras la muerte de Franco, explica el anciano, guardias civiles en ropa de paisano habían prendido fuego a la casa, ya al abrigo del flamante Estado democrático. "Ahora, tranquilo. Ya todo está en calma", le tranquiliza su joven sobrino del PSOE. Por supuesto, alude a la idea que la verdadera Transición fue realizada por los socialistas. "Y una mierda", responde el viejo. "Tranquilo no. Amnésico. Yo si no estoy amnésico no estoy tranquilo. Pero no me muevo para que éste no se mueva, que un día me lo iban a traer acribillado y eso no lo soportaría la Amparitxu, ni yo" (21). El viejo alude al capítulo más oscuro de la historia del socialismo español: la guerra sucia contra los partisanos de la lucha por la independencia vasca. Vázquez Montalbán traza una línea de unión entre la actitud irresponsable del joven socialista hacia el pasado y la disposición con que afronta su cargo según el principio del "no saber nada", "no preguntar nada", respaldado en un inútil optimismo plagado de cadáveres anónimos. En contraste con esta actitud triunfalista, la amnesia es, del lado de los perdedores, una estrategia para sobrevivir y el modo más seguro de adaptarse a la nueva administración de la memoria histórica.

Un escritor crítico como Vázquez Montalbán y Pilar Rahola, una política radical de convicciones diferentes, coinciden en su lúgubre visión de la España de la Transición política como un desvío programado de la memoria colectiva. Rahola también cree que una cultura del olvido priva a los individuos de la capacidad de responder a las más nuevas y sofisticadas estrategias de control: "Però tinc la impressió que el pacte –inconscientment o conscient– de la transició política no va ser un pacte de no-agressió sinó d'automutilació, com una mena de lobotomia col.lectiva que ens va extirpar la memòria entesa com a mecanisme d'alerta. I ara ja no som capaços de reconèixer-los, de reconèixer els signes, d'activar els mecanismes de defensa. Es aquí, en la brutal i sobtada normalització dels agressors a tota cultura de llibertat, ons hem tornat vulnerables i febles" (*Avui* 3 mayo, 1998).

Al lado opuesto del espectro político, el deseo de olvido es llamativo, y olvidar será identificado con el progreso y la libertad democrática. El 23 de febrero de 1998, mientras presentaba un libro de historia en las Cortes, el vicepresidente del gobierno Francisco Álvarez-Cascos dijo que estaba satisfecho de que después de 17 años los ciudadanos ya habían olvidado el fallido golpe de Estado del 23 de febrero de 1981. Desde su punto de vista este proceso mostraba la consolidación de la libertad política ("El cop d'Estat", *Avui* 24 de febrero de 1998). La alegría de olvidar (o sobre la escasa de memoria de los otros) puede estar relacionada con la normalización de lo que antes era anormal, como sugiere Rahola. En realidad el entonces vicepresidente Álvarez-Cascos celebró el hecho de que su partido estaba gradualmente perdiendo las sombras de su pasado en la conciencia colectiva. Presentando a su partido como un Schlemil político, esperaba que nadie tomara nota de que fue precisamente la llegada al poder del Partido Popular lo que (¿definitivamente?) puso fin a la tentación de aventuras anticonstitucionales.

Actuando como contrapunto, José Borrell, que alguna vez aspiró a ser el candidato socialista a la presidencia del gobierno, superó a sus rivales al definir el lapso de tiempo ideal para la memoria. Lamentando la atención pública que había recaído en su partido a causa de un proceso judicial contra el terrorismo de Estado, Borrell declaró que "sería triste que lo que ocurrió hace más de quince años distraiga la atención de nuestra sociedad de los grandes retos que hemos de afrontar" (*Avui* 28 de julio de 1998).[4]

Indudablemente la volatilización post-franquista de ciertos aspectos del pasado era una forma de censura, con los políticos y los periodistas a su servicio reprimiendo algo que no querían afrontar por motivos personales o para proteger los intereses de clanes políticos y económicos. Pero la desmemorización también obedecía a la necesidad de conseguir un consenso político y facilitar la eventual alternancia en el poder. Se dice que un olvido similar de la historia reciente ayudó a naturalizar una mentalidad democrática en la Alemania post-nazi (Mommsen 1987: 89). Aunque aquí también, como en la España postfranquista, la apatía política y una falta aparente de sensibilidad ante los muertos y los desplazados podría haber sido "sólo el síntoma externo más obvio de un rechazo profundamente arraigado, obstinado y a veces brutal, a confrontar y aceptar lo que realmente

---

4   El síndrome de memoria histórica excesiva parece afectar a todos los líderes políticos, los cuales creen que unos votantes y militantes amnésicos responderían más fácilmente a las consignas de los partidos. Así, tras las elecciones del 12 de marzo de 2000, en las que su partido salió mal parado con un porcentaje de apoyo a la baja, Josep-Lluís Carod-Rovira declaró: "A ERC [Esquerra Republicana de Catalunya] pesa massa la memòria històrica, s'és massa esclau dels objectius finals, s'està massa pendent de l'ortodòxia ideològica, factors tots ells que, amb d'altres, en dificulten l'ascens" ("Després de la batalla," 22 de marzo, 2000). Memoria y propósito, las dos caras de la historia, y el juego concomitante de conocimientos e ideas que subyacen a la filosofía política clásica, ahora ceden el paso a lo políticamente autónomo. La aprobación por parte del electorado, medida en las encuestas, se convierte en la medida de lo que legítimamente puede conocerse, perseguirse, o incluso integrarse en la conciencia pragmática de la acción política.

pasó" (Arendt 1993: 25). El rechazo a afrontar los hechos puede ser *lo normal* después de una crisis grave y responder a una estrategia de autoprotección. Kirk Savage dice que la función principal de los monumentos conmemorativos de la Guerra Civil americana fue asegurar "la sistemática represión cultural, ejecutada bajo la apariencia de reconciliación y armonía" (cit. en Olick y Robins 1998: 127).

Posiblemente, en España la salida del fascismo fue más breve y menos arriesgada a causa de una inexorable ausencia de referentes. Al final, la necesidad de reconciliación y de consenso determinó la mutación ideológica de la izquierda española hacia unas posiciones que lindaban con las de sus antagonistas conservadores[5] y que finalmente se hicieron apenas discernibles de aquéllas. Sin embargo, es importante entender que, así como la memoria alcanza períodos de tiempo relativamente largos, tampoco se disipa de la noche a la mañana. La proclividad al olvido que condicionó la metamorfosis del régimen de Franco se había anunciado durante un largo período de tiempo. Comentando los reajustes en libros escolares de historia a mediados de los sesenta, Carolyn Boyd observa que "el régimen que celebró en 1964 "25 años de paz", en vez de relatar su victoria sobre el antagonista, la "antiEspaña", ahora prefería cubrir 'los rencores y animosidades de otros tiempos, quizas bañados en sangre' con un velo discreto de trascendencia y falta de memoria y mejor aún, con la túnica de la solidaridad y la fraternidad cristiana" (Boyd 1997: 292).

Cuando ese proceso de superación del pasado entró en el peligroso equilibrio de la Transición, gran parte de la memoria histórica de la oposición se evaporó hasta el punto que, empleando la frase de David Lowenthal, el pasado empezó a parecer un país extranjero. La administración pretendió liberar España de sus aspectos tradicionales promocionando una imagen postmoderna del país que encontró su parodia consciente en las películas de los ochenta de Almodóvar y su parodia involuntaria en la afirmación de que Madrid era la ciudad más neoyorkina de España (así lo expresó despreocupadamente una persona entrevistada en el documental *Spain, Ten Years After* [1985]).

Mientras España estaba forjando su postmodernidad (entendido el término como una ultramodernidad), el pasado se convirtió en un país en

---

5 Abundan los ejemplos de coincidencia ideológica. Quizás el más llamativo sea la coincidencia de una parte del aparato socialista con el ideal franquista de una España nacionalizada y fuertemente definida por el aparato del Estado. Atacando el estado plurinacional propuesto por las administraciones vasca y catalana, el entonces candidato socialista a la presidencia del gobierno, José Borrell, dijo hace unos años que se negaba a aceptar que "España esté enterrada, junto a Franco, en el Valle de los Caídos" (*Avui* 11 Feb., 1999).

el que la gente mayor había vivido alguna vez, es decir, en una irrelevancia. O bien en un concepto asociado con los movimientos de reivindicación nacional, tal y como era el caso de los vascos y catalanes, que necesitaban una legitimación histórica para sus reclamaciones. Este "residualismo" era posible porque un Estado existe sobre todo en la dimensión temporal y no tanto territorialmente, puesto que su coherencia depende más de la integración de tiempo y subjetividad que de la conservación de sus fronteras. Promoviendo la imagen postmoderna de España, el gobierno socialista actuaba convencido de que, dado que la memoria histórica depende de un equilibrio previo de fuerzas, tiende a conservar tal equilibrio, y así más que reestructurar radicalmente el Estado, los socialistas estimularon el cambio donde les fue posible hacerlo. En los años ochenta esto significó modificar la percepción temporal de España. De ahí el afán y a veces el atolondramiento con que aceleraron la modernización del país.

Comparado con las transiciones de otras dictaduras occidentales en este último cuarto de siglo, desde Chile hasta Polonia, el viaje de España hacia la modernidad no parece nada excepcional. Por encima de las agendas ideológicas de los varios movimientos de oposición, la verdadera locomotora del cambio histórico –para usar la metáfora de Marx– no fue la revolución sino el mercado.[6] Fue la implacable lógica del mercado la que desde los años sesenta empujó a España de la autarquía hacia la política reformista hasta llegar al pacto de la Moncloa y la constitución de 1978. Y fue el mercado el que propició una ruptura en la memoria colectiva, que los políticos del consenso tuvieron buena cuenta de que no se produjera en el espacio público. Como es sabido, la vitalidad del mercado depende de que los productos se vuelvan obsoletos; cada nueva mercancía anuncia la desaparición de otra anterior, arrojada a la basura de la historia. Esto también reza para la historia misma entendida como mercancía, como un repertorio de contenidos intelectuales que pueden envejecer de repente, quedar anticuados y en consecuencia resultar irrelevantes. Como locomotora principal de la modernización, el mercado es una permanente transición de un pasado que constantemente queda neutralizado.

La entrada de España en la economía de mercado contribuye mucho a explicar la imprecisión temporal de la Transición y la confusión de aquéllos

---

6   La revolución nunca fue una posibilidad creíble. Como señaló Rafael Borràs, el tan elogiado consenso fue una transacción entre franquistas reformistas, que entendieron que el sistema político no podía mantenerse sin cambiar, y una izquierda muy debilitada. En palabras de Borrás, "Santiago Carrillo era perfectamente consciente de que no solamente no podía asaltar el Palacio de Invierno, sino que no podía asaltar ni siquiera la casita de verano" (Barranco 1998: 61).

que insisten en anclarla en sucesos políticamente significativos. La incapacidad para entender la lógica mnemónica del mercado explica las divergentes opiniones acerca de la duración de la Transición. También explica el sentimiento generalizado de que la Transición permanece incompleta,[7] que se agotó en algún momento, o que nunca ocurrió de verdad (cf. el libro de González Casanova sobre este tema, *El Cambio inacabable*).

La Transición, sostengo, no es determinable. Intentar localizarla en referencia a cambios de poder como la victoria electoral de los socialistas en 1982, o a mega-ritos de autocelebración tales como los Juegos Olímpicos de 1992 o las celebraciones por el V centenario del primer viaje transatlántico de Colón, no tiene ningún sentido. A este propósito, viene bien recordar que el gobierno socialista no organizó esa conmemoración con voluntad de restituir la memoria histórica sino con la intención de fundar retrospectivamente la reclamación de modernidad de la España contemporánea.[8] Antes que un acontecimiento real, la Transición fue el efecto especial (también en el sentido cinematográfico) de una instalación colectiva en un presente que quería ser absoluto: el presente del mercado. Este presente es paradójico y no obstante muy real. Antiguamente el presente solía ser el sitio de la memoria, porque la memoria es, como dice Richard Terdiman, la modalidad de nuestra relación con el pasado (Terdiman 1993: 7). O, expresado al revés, "la memoria estabiliza sujetos y constituye el presente. Es el nombre que damos a la facultad que asegura la continuidad en la experiencia individual y en la colectiva" (8). El mercado inaugura otro tipo de presente amputando el pasado. Este presente se produce a sí mismo constantemente cortando sus amarras. En consecuencia, no sólo desestabiliza sujetos y comunidades enteras sino que se convierte en una modalidad de tiempo fuera del tiempo, en una eterna transición ciega a sus orígenes o su destino. El cambio es el valor más fuerte de este presente y la identidad es su concepto más sospechoso.

---

7   Cuando formateaba el manuscrito del libro *Disremembering the Dictatorship* para darlo a la imprenta, Rosa Montero anunció en *El País* que la Transición finalmente quedaba completada, un cuarto de siglo después de la muerte de Franco. Hablando de la victoria demoledora del Partido Popular en las elecciones del 12 de marzo del 2000, escribió: "Tengo la sensación de que éste es el verdadero final de la Transición, la prueba definitiva de nuestra madurez democrática". Montero repetía lo que el mismo partido había cacareado cuatro años antes durante la campaña electoral de 1996 ("Progresismo"). No hay ningún rastro de ironía en su declaración. Considerado retrospectivamente, este "verdadero final" es una conclusión apropiada a la historia de la "Transición", revelando a las claras cuál era el sentido de toda la operación.

8   En relación con esto, ver la declaración del Ministro de Cultura en aquella ocasión, y obsérvese el título programático de su conferencia (Solé-Tura 1992: 16).

Los sentidos en transición

El pasado desaparece a diferentes niveles. En uno de estos niveles la Transición canibalizó la concepción liberal de un Estado políticamente complejo. Una democracia simplificada y administrada por agentes políticos se superpuso a una economía de mercado en vías de desarrollo. El resultado fue un sistema pluripartidista en retroceso que tiende hacia un sistema de dos partidos gracias a leyes electorales que obstaculizan la fragmentación del voto y trasladan el poder desde la sociedad civil a los partidos. Esa implosión liberal creó las condiciones para una auténtica *Historikerstreit*, una pugna entre historiadores, que se discutirá en la última parte de este ensayo.

A pesar de estas repercusiones públicas, el efecto del mercado en la memoria es más fuerte a nivel de la experiencia corporal, con lo que me refiero al nivel de la cultura material. Discutiendo la integración económica europea, de la cual la Transición española constituye un episodio, Nadia Seremetakis denuncia cómo se esfuman los sabores, aromas y texturas de los márgenes europeos contemporáneos. En su opinión, la tendencia del mercado a la integración tiene por consecuencia una intervención masiva en las culturas cotidianas de la periferia europea, determinando qué variedades regionales de los productos básicos, incluidos los alimentos más elementales, se puede cultivar, comercializar y exportar (Seremetakis 1994: 3). El énfasis en la superioridad ética de lo "universal" sobre lo local racionaliza el mercado aun más, mientras que los consumidores son víctimas de un proceso de aculturación a causa de la importación de mercancías de producción masiva y alcance global, que ellos reciben como algo exótico a su ambiente tradicional. Así lo condensa Seremetakis: "Aquí una diversidad regional es sustituida por un excedente de producción" (3). Estos procesos son de gran alcance. Al eliminar los elementos sensoriales que distinguen a las culturas regionales entre sí, esta intervención ejerce una fuerte presión sobre toda una serie de factores esenciales para la reproducción de identidades y significados sociales.

Como ejemplo de la volatilización de elementos mnemónicos basados en los sentidos, considérese el enorme compendio de Josep Pla de las experiencias sensoriales accesibles a una cultura sudeuropea antes de que ésta sufriera una intensa modernización. Pla da fe de la riqueza de conocimientos sensoriales, memorias e historias que concita un rincón del Mediterráneo y, para conseguir esto, activa un vocabulario preciso, concreto, adaptado a la cultura material de esa región; un lenguaje que, por sí mismo, es un elemento fundamental de la experiencia sensorial de esa cultura. Josep Pla escribió a contrapelo de las tendencias contemporáneas, anticipando la ulterior reivindicación de su trabajo, cuando los lectores, nostálgicos de la sabiduría inherente a los sentidos, buscarían sus huellas literarias. De cualquier manera, queda la duda si el vocabulario mismo logra sobrevivir a la disipación de la experiencia. ¿Sobrevivirán las palabras a la amnesia sensorial? La misma lengua se simplifica y gana en eficiencia en la era del mercado global. Esa tendencia es especialmente visible en las lenguas regionales que quedan prisioneras entre las redes de comunicación internacional y las lenguas oficiales que definen las esferas públicas de experiencia y comunicación. Para no desaparecer totalmente de la vida pública, esas lenguas están obligadas a perder sus peculiaridades sintácticas y semánticas (los sitios de la memoria de sus culturas) y a seguir el patrón de las lenguas dominantes. Así se convierten cada vez más en idiomas sintéticos, sostenidos transitoriamente por el gesto de arrojar el lastre de expresiones y percepciones que habían conformado unas identidades culturales específicas.

Al margen de la voluntad política de enterrar el pasado, la memoria material va retrocediendo a medida que se erosionan los sentidos. La ironía de este proceso es que ha ocurrido en plena época de un hedonismo semioficial.[9] Pero entonces, como Seremetakis señala, "la estructura de la experiencia sensorial moderna es intrínsecamente irónica. Accedemos a la esfera sensorial de tal manera que las transformaciones profundas que ocurren o se imponen en ella se hacen imperceptibles para el ojo humano" (19). Este condicionamiento infrascópico de la experiencia hace de la vida cotidiana un sitio de transformaciones históricas de gran alcance, donde la historia puede modificarse con gran eficacia, porque es aquí donde resulta menos visible. No es por casualidad que lo cotidiano muchas veces se oponga a lo histórico, y así Unamuno por ejemplo lo consideró un almacén de permanencias, un lugar en que la vida colectiva se reproduce anónimamente. Más recientemente, con el concepto de *longue durée*, Braudel incorporó las estructuras de inercia colectiva y el cambio lento – casi a paso de glaciar – en la misma historiografía. La *longue durée* se refiere al marco de prácticas sociales que están determinadas por procesos a gran escala que eluden la atención e intencionalidad individuales. Para Braudel estos procesos y cambios a cámara lenta son el motor de las profundas transformaciones históricas. Es posible afirmar que la historia política privilegia la narrativa del cambio y la transición, mientras que lo cotidiano se percibe como un continuum desnarrativizado, más cercano al tiempo biológico que al tiempo

---

9   En los años ochenta el popular alcalde socialista de Madrid, Enrique Tierno Galván, encontró la mejor de las fórmulas demagógicas, incitando condescendientemente a sus conciudadanos a divertirse. Tierno fue muy probablemente el primer político en explotar la "ética" de la autogratificación durante la Transición.

histórico. Una poderosa tecnología social separa los sucesos políticos de lo cotidiano y les dota con un dinamismo que parece inherente a ellos, produciendo la ilusión de que ellos y sólo ellos son los contenidos de la narratividad contemporánea.

Memoria impertinente

Al iniciar estas reflexiones sugerí que el campo de batalla de la conciencia del pasado no es tanto el campo de la historiografía como las experiencias cotidianas que conforman la memoria colectiva e incluso la reforman o llegan a suprimir. También indiqué que esa casi imperceptible revolución en las costumbres y modos de visión puede estar indisolublemente relacionada con el olvido, así que la frase de Derrida –"Puis, une fois la tâche révolutionnaire accomplie, alors survient nécessairement l'amnésie" (Derrida 1993: 182)– también puede ser válida para un programa de cambio político explícitamente antirevolucionario, como lo era la Transición española. Cínicamente se podría decir que, una vez integrada España en el mercado mundial, las memorias de la Guerra Civil y de la dictadura se volvieron superfluas, hasta contraproducentes, y que en su lugar se instaló la amnesia.

En contraste con esta afirmación hay la evidencia de un fenómeno extraordinario en la industria editorial de España durante la Transición. Tras suprimirse la censura una oleada de memorias y obras autobiográficas sobre la Guerra Civil y los años de Franco inundó los quioscos y las librerías. Parte de esta literatura respondía a necesidades de readaptación. Un caso relevante es *Descargo de conciencia* (1976) de Pedro Laín Entralgo, que a su vez provocó una crítica paródica en *La muchacha de las bragas de oro* (1978) de Juan Marsé. En la atmósfera social de la Transición, caracterizada por la discreción y la necesidad de consenso, una gran parte de esta literatura parecía anacrónica. Aun más, como las memorias revisionistas de los exfranquistas, también las escritas por republicanos parecían tener poco más que un valor gestual. Si miraban atrás era para no quedar petrificados en las ruinas de un pasado deslegitimado.

Esta literatura memorialística anticipa un asunto que saldrá a la superficie dos décadas más tarde en el debate sobre la memoria histórica. Me refiero a la cuestión de la narratividad y su relación con la legitimidad historiográfica. Serematakis apunta lo siguiente: "A medida que las zonas de amnesia y de lo no dicho se expanden al unísono con la cada vez más estereotipada y selectiva reproducción de la memoria pública, el asunto de la narratividad se convierte en una zona de creciente tensión política y cultural" (19). Que el asunto de la narratividad es inseparable del conflicto de las interpretaciones del pasado puede ilustrarse con una reciente polémica sobre el carácter y el propósito de la Guerra Civil española. Un dato imborrable en la memoria colectiva catalana es el impulso anticatalán del *Movimiento Nacional* español, que comportó un grado distinto de represión en Cataluña durante la posguerra (el famoso doblete rojo-separatistas). La historiografía española no registra propiamente este dato, alrededor del cual se extiende aún una de las mayores zonas de amnesia de la Transición. A consecuencia de esta amnesia, los recuerdos de este episodio provocan la negación y el enojo por parte de poderes políticos e intelectuales profundamente inmersos en el *status quo*. Ya lo dijo una vez Adorno: "En la casa del verdugo no se debería hablar de la soga, pues de lo contrario podría parecer que se está guardando resentimiento" (Adorno 1998: 89).

Tal fue la reacción de Eduardo Mendoza a la petición formulada por el secretario general de Esquerra Republicana de Cataluña, Josep Lluís Carod-Rovira, de que el gobierno español se disculpara por las violaciones de derechos humanos durante el régimen de Franco. El argumento de Mendoza en contra de esta propuesta se apoya en la idea de que un gobierno constituido democráticamente, aunque esté gobernado por un partido fundado e integrado por ministros y partidarios del antiguo régimen de Franco, no tiene ninguna obligación moral con respecto a la Guerra y la dictadura. A lo sumo, dice Mendoza, ese mismo gobierno es una víctima de la Guerra. Para Mendoza, y lo cito porque es una postura representati-va de una corriente de opinión, lo específico de la represión en Cataluña queda disuelto en el marco general de la Guerra Civil que hace irrelevante (o, para usar las palabras de Mendoza, "ridículo") el enfoque nacionalista de la guerra. Según él, el hecho de que hubiera gente asesinada en toda España anula la afirmación de que el golpe fascista y la represión subsiguiente estaban selectivamente acentuadas ("El senyor Carod-Rovira demana comptes", *Avui* 21 de diciembre de 1998). A pesar de la documentación que confirma que la voluntad de revocar la autonomía de Cataluña fue absolutamente relevante en la sublevación militar contra la república,[10] o de lo que sabemos

---

10 Véanse, por ejemplo, los siguientes artículos de José Antonio Primo de Rivera: "Traidores" (*Arriba* 12, 6 de Junio 1935); "Cataluña y el 6 de octubre" (*Arriba* 34, 5 de marzo 1936); "El separatismo sin máscara" (*Falange Española* 14, 12 de Julio 1934), reimprimido en *Obras Completas* de Primo de Rivera. Véase también la carta de José Antonio del 24 de septiembre de 1934 al General Franco (entregada por Ramón Serrano Súñer), en la que el líder de la Falange Española instiga al General a prevenir el peligro planteado a la "unidad" de España por la autonomía de Cataluña (Primo de Rivera I, 434–6). Aquéllos que se aferran a la idea de que la Guerra Civil fue fundamentalmente una guerra de clases dentro de una sociedad de connacionales podrían reflexionar sobre la observación de Paul Preston de que en la Academia General Militar

sobre la intensidad e idiosincrasia de la represión de la posguerra en Cataluña,[11] la posición de Mendoza no sólo es muy corriente sino en realidad hegemónica. Si el Estado-Nación es el único marco analítico legítimo, el asunto de la responsabilidad colectiva se disuelve teniendo en cuenta que el Estado –razonablemente– no puede disculparse a sí mismo, porque no puede cumplir simultáneamente los papeles de culpable y de víctima.

Por supuesto, se puede cuestionar la conveniencia de usar la memoria de forma reduccionista, y es verdad que la justificación a través de ella puede ser una forma de venganza que linda con lo suprahistórico y lo infracrítico. Dagmar Barnouw esgrime precisamente esa objeción refiriéndose a los intentos de algunos judíos de mantener el Holocausto por encima de la historia y a salvo de toda discusión (6). Pero es igualmente cierto que los gobiernos democráticos en la Alemania de la posguerra no han reclamado la no-responsabilidad apoyándose en la técnicamente incuestionable pero moralmente inaceptable pretensión de que ellos también fueron víctimas del nazismo. Si la responsabilidad colectiva, en este caso, asume la carga de la culpabilidad y la reparación financiera como precio de la continuidad nacional, ¿cómo puede justificarse la evasión de responsabilidad política cuando la demanda no implica más que una disculpa? En realidad el Partido Popular, que gobernaba cuando se desató la polémica, no sólo se muestra lejos de aceptar responsabilidades históricas formales sino que todavía es incapaz de distanciarse moralmente de sus antecedentes fascistas. El 14 septiembre de 1999, sesenta años después del fin de la Guerra Civil, ese partido rechazó una moción del congreso de los diputados para condenar formalmente el golpe militar en contra de la Segunda República. Tal incapacidad de autosuperación moral o incluso de relevo estratégico socava los argumentos a favor de la disipación de la responsabilidad histórica basados en el distanciamiento del régimen anterior a la Transición y en los cambios políticos acontecidos desde entonces.

Reacciones como la de Mendoza ignoran el motivo por el cual propuestas como la de Carod-Rovira son importantes.[12] No es cuestión ahora de

---

franquista "no había virtualmente ningún cadete de las regiones con aspiraciones históricas a la independencia, Galicia, el País Vasco y Cataluña, y por eso nadie podía contradecir la idea de que en esas regiones residía el enemigo interior" (39).

11 Los escépticos deberían consultar *Catalunya sota el règim franquista* de Josep Benet. Hay traducción al español: *Cataluña bajo el régimen franquista*, Barcelona: Editorial Blume, 1979.

12 La moción fue presentada otra vez un año y medio después por el diputado del Parlamento de Cataluña por Esquerra Republicana de Catalunya, Joan Ridao, invitando al Estado español, en la persona del presidente del gobierno, y a la jerarquía de la Iglesia católica española representada por la Conferencia Episcopal, a manifestar oficialmente el pesar por las injusticias cometidas durante la época de Franco y por su

asignar con retraso las responsabilidades que la Transición desatendió sino de definir el futuro marco político y asegurar las premisas éticas en las que puede basarse ese proyecto. En este asunto las actitudes defensivas son sospechosas. La reticencia a honrar a las víctimas no es prueba del deseo de apartarse del pasado sino de que el pasado sigue vivo en el presente. Lo que se ha negado como causa de la Guerra Civil y sigue en el núcleo de lo reprimido –especialmente la inflexible aversión en contra de las nacionalidades menores– regresa bajo el aspecto de un nuevo avatar histórico. La supervivencia del *pathos* del franquismo en el seno de la democracia es mucho más preocupante que la existencia marginal de una confesa nostalgia fascista fuera de ella. Es esta supervivencia bajo borradura ideológica, esta perpetuación espectral pero robusta, lo que impone ceguera hacia el presente y olvido del pasado reciente.

La memoria histórica juega un papel crucial para formar los puntos de vista desde los cuales los agentes sociales y políticos se comprenden a sí mismos y entre sí. Como observa Jürgen Habermas en relación a las responsabilidades históricas de la República Federal de Alemania, las tradiciones y mentalidades nacionales que han sido asimiladas durante mucho tiempo se extienden hasta un tiempo muy anterior al inicio del presente régimen democrático (Habermas 49). Reflexionar sobre ello podría contribuir a centrar el debate recientemente reabierto sobre el significado nacional de la Guerra Civil española. La cuestión relevante no es si pueden atribuirse responsabilidades retroactivamente sino dirimir si la cultura hegemónica contenía un marco normativo que justificaba la agresión contra las heteronacionalidades (50). Ésta, desde luego, es una cuestión que afecta a los historiadores políticos y académicos de algunas disciplinas de definición estatal (historiografía, filologías, arte e historia literaria, filosofía, etcétera). Si tal marco normativo está presente en la concepción del Estado español, es muy razonable sospechar que acallarlo durante la Transición contribuyó a generar una matriz político-cultural que pone en peligro la coexistencia de las varias naciones que hay dentro de España, aunque ésta en realidad ya está coartada por la permanencia tácita de las premisas que motivaron una conducta antidemocrática en el pasado.

Sospecho que con su propuesta Carod-Rovira pretendía provocar una catarsis que expulsara por fin las actitudes que contribuyeron a la agresión fascista en contra de las entidades heteronacionales de España. De forma

---

complicidad con la dictadura y sus crímenes. Recordando que algunos sumarios de los tribunales militares permanecen bajo jurisdicción militar y que están resguardados ilegalmente del escrutinio público, Ridao alertó de que la democracia presente no debería ser "una coartada para el silencio y el olvido" (Carbó).

soterrada, esas actitudes han cobrado fuerza en el Estado postfranquista. Y sólo superando su vigente negación y fijando los límites democráticos de las representaciones normativas, podrá la conciencia liberarse de antiguos hábitos mentales y poner una base sólida para el respeto inter-nacional y la igualdad dentro del Estado. Únicamente a partir de ahí puede funcionar una forma contractual de coexistencia política.

Contra la negativa de Mendoza a distinguir modalidades e intensidades en el entramado de la violencia fascista, se puede argüir que reconocer la especificidad de la agresión está justificado por el carácter y el propósito político de la guerra. La existencia de una jerarquía de hostilidades también la notaron los catalanes que apoyaron el Movimiento Nacional español en contra de su propio grupo nacional, una jerarquía claramente expresada por el lema "antes roja que rota". De cualquier manera, mi propósito no es sentenciar la disputa sino mostrar su centro teórico. Mendoza acusó a Carod-Rovira de jugar con la historia ("ho fa jugant amb la història" ["El senyor Carod-Rovira"]), añadiendo que la historia podría justificar diversas interpretaciones, siempre que éstas se rijan por unos rasgos fundamentales, los cuales –Mendoza parece dar por supuesto– deben apoyarse en un amplio consenso. Implícitamente Mendoza refutó los asertos postestructuralistas de que el lenguaje construye el referente histórico y asumió la obligación de suministrar garantías a los respectivos discursos sobre el pasado. Una vez formulada, su posición respeta el fundamento empírico de la historia, los días y los trabajos de los muertos. Es una posición sorprendente para un novelista que juega con la historia, en la medida en que Mendoza ha basado su carrera literaria en la técnica de dislocar la historia, sometiendo el discurso historiográfico (es decir, éticamente comprometido) a los caprichos del género y, muchas veces, a una ligereza banalizante que se redime gracias al humor, pero apenas tiene consonancia con los "rasgos fundamentales" de la historia. Eso no sólo es patente en su primera novela *La verdad sobre el caso Savolta* (1975), que Jacques Maurice relaciona con el horizonte de expectativas de la Transición sino también en *La ciudad de los prodigios* (1986) y en *Una comedia ligera* (1996), su posterior novela sobre la posguerra.

Para un escritor cuyas obras establecen su propio criterio de verdad, es extraño desestimar como ridículo un discurso como el de Carod-Rovira, que el propio Mendoza llama iterativo. ¿No son repetición y compulsividad los signos de un trauma, que busca resolverse en la manera sugerida por Carod-Rovira, es decir por medio del reconocimiento y su admisión al discurso público? Como dice Derrida sobre los discursos más duraderos: "Cuando un discurso persiste de alguna manera, es [...] porque ha sido generado sobre la base de algún suceso traumático por una cuestión desconcertante que a uno no le da tregua […] y porque, sin embargo, se resiste a las fuerzas destructivas originadas por este traumatismo" (ctd. en Wyschogrod 1998: 178). Ello significa que ese discurso está cargado de afecto (¿pero no será esto verdad para todos los discursos sobre el pasado?), y el afecto no es sólo un aspecto innegable de la novela sino también, quizá primordialmente, un aspecto de la responsabilidad del historiador hacia el pasado. Como propone Edith Wyschogrod, lo que reclama para sí el historiador heterológico (el que reconoce el ser-diferente del pasado) "no es meramente 'yo recuerdo el afecto del otro' sino 'yo soy responsable de recordar el afecto del otro'" (178).

El punto de fricción en la disputa de Mendoza con Carod-Rovira no es tanto el desacuerdo sobre los "rasgos fundamentales" del pasado cuanto sobre la otredad de estos rasgos. No se trata de que el pasado se haya convertido en un bien escaso ni que los conflictos estallan por hacerse con el control del mismo. Al contrario, hoy, como sugiere Schudson, "el pasado puede que sea cada vez más un recurso abundantísimo, y que los conflictos broten no de su escasez sino de su superabundancia" (361). Por su parte, Charles Maier encuentra en la sociedad contemporánea "una sobresaturación de memoria", que, desde su punto de vista, es contrario al sueño ilustrado de "progreso hacia la emancipación del ciudadano y una creciente igualdad", pues lleva en cambio a una "etnicidad estrecha" que "aspira sobre todo al reconocimiento de los propios sufrimientos y condición de víctima por los otros grupos" (Maier 1993: 150). El ensayo de Maier está tan repleto de valoraciones que es difícil saber si él está a favor o en contra de que se mantenga activa la memoria de las transgresiones de lo que podríamos llamar "el código cívico humano". También cuesta decidir si es el potencial perturbador que tiene la memoria cuando se convierte en un dispositivo de supervivencia –o, según lo expresa él meticulosamente, "una estrategia para llegar a un acuerdo con la supervivencia" (140)– o si es la proliferación de supervivientes con recuerdos lo que le hace desconfiar de la capacidad de la política del reconocimiento para promover valores cívicos. Sin embargo, queda claro que Maier rechaza la espectacularización e instrumentalización de la memoria traumática, y en este aspecto, es ciertamente difícil discrepar con él.

Ambos, Maier y Schudson, diagnostican problemas que surgen de una sobrecarga de memoria. A pesar de la retórica sobre la desaparición de la memoria histórica, somos mucho más conscientes del pasado que en cualquier otro momento. Pero entonces, el excedente de memorias circulando en canales mayores o menores lleva a la siguiente cuestión: ¿Quién está recordando? ¿Para quién? ¿A través de qué medios y con qué propósito?

¿En obligación o responsabilidad hacia quién? ¿Con qué garantías? En pocas palabras, de este excedente de memorias y agentes del recuerdo surge la cuestión sobre la legitimidad de la memoria en uso.

En el límite, el conflicto de interpretaciones puede acabar por restringir el discurso histórico a los individuos socialmente legitimados para ello, como ocurre con quienes manejan las sustancias reguladas. Impaciente con la manipulación política de la historia, Javier Tusell recomienda precisamente esta medida para impedir lo que él llama "el uso alternativo de la historia". Tusell concluye que quienes no están legitimados para ejercer la interpretación histórica muchas veces abusan del ser-pasado del pasado, su diferencia temporal, en beneficio de una tesis sobre el presente ("El uso alternativo"). Probablemente el prejuicio presentista debería ser combatido, aunque este "uso" del pasado difícilmente se reduce a una manipulación marginal o ad hoc. Al contrario, se da en el interior de la historiografía misma, como demuestra ampliamente el influyente trabajo de Hobsbawm y Ranger, *The Invention of Tradition*. No obstante, Tusell mismo ofrece un ejemplo llamativo de este falso uso de la diferencia temporal en beneficio de una interpretación de un suceso presente. "Goebbels en Arrasate" es el título de otro artículo que publicó en *El País*, donde recordando la *Kristallnacht* (la Noche de los Cristales Rotos) y Auschwitz Tusell identifica el terrorismo de ETA con el Holocausto. Además afirma que el 21 por ciento de los votantes vascos que apoyaron a Herri Batasuna (el partido independentista vasco vinculado a la lucha armada) jugaba el mismo papel que aquellos alemanes cuyo apoyo a Hitler hizo posible la muerte de los judíos en la cámara de gas (14). Independientemente de la valoración que cada uno haga del papel de la violencia en el País Vasco, una cosa queda clara: Tusell incurre en lo que él mismo ha llamado "el uso alternativo de la historia".

Considerando el destino de las víctimas de varios genocidios, Wyschogrod plantea si es legítimo crear un único personaje histórico para representarlas, no habiendo vínculos lingüísticos, culturales y económicos entre todas ellas (Wyschogrod 13). Lo mismo se puede preguntar sobre los verdugos. ¿Acaso no indica falta de sinceridad hablar de la industrialización del horror de ETA o sobre la semejanza entre Ortega Lara y un judío de Auschwitz cuando aquél fue liberado por la policía? Aunque uno sienta la atrocidad que Tusell intenta expresar extrapolando elementos afectivos de una constelación heterónoma, todavía debería prevalecer la cautela de Wyschogrod: "la cuestión para el historiador no es cómo proponer semejanzas predicativamente". El mero intento de comparar cosas desiguales presupone una lógica de diferenciación y así el argumento deviene circular (14). Además, si el conflicto vasco con el Estado español tiene que ser explicado por el holocausto, ¿no se disloca estos fenómenos históricos de su significación y contexto históricos, volviéndolos ininteligibles?

Saber cómo tratar cosas desiguales es la piedra de toque de la historia. Ello requiere un compromiso y está relacionado con la ética del nombrar, pues el nombre que atribuimos al otro convoca una presencia falsa y borra su otredad. Como observa Wyschogrod, los nombres no designan propiedades, ni son proposiciones a las que quepa atribuir verdad o falsedad. Sólo el referente puede ser objeto de atribuciones cuyo estatuto de verdad o falsedad puede ser afirmada o establecida. Los nombres, por otro lado, especialmente los nombres comunes, "pueden ser asignados para menospreciar o incluso para enviar a la muerte" (Wyschogrod 1998: 13). Sobre todo, codifican a aquellos que son nombrados o renombrados en un sistema de referencias con significados y afectos específicos. Nombrar ha sido una estrategia deliberada en el conflicto de interpretaciones históricas. Hemos visto esa estrategia en el aserto de Tusell de una correspondencia entre la organización de asesinatos en masa por los Nazis y las tácticas de guerrilla empleadas por la facción armada del independentismo vasco. Tusell, como muchos intelectuales españoles, despliega el término "nacionalista" para establecer una identidad entre realidades sociales e históricas inconmensurables. Usar esta calificación atributiva y pseudoreferen-cialmente somete las realidades a una deformación temporal y geográfica al mismo tiempo que impide ver las relaciones políticas operantes. Este proceso ha llegado tan lejos que hoy en día la prensa española distingue rutinariamente entre partidos democráticos (aquellos que apoyan el Estado-Nación centralizado) y los partidos nacionalistas (aquellos que abogan por una amplia descentralización en un Estado multinacional).

Para quienes esconden su propio nacionalismo detrás de las estructuras del Estado-Nación, el nacionalismo periférico, "los nacionalismos", término con que se alude rutinariamente a las exigencias vascas y catalanas de descentralización o autodeterminación, es una aberración política con las mismas características, objetivos y consecuencias en todas partes, en cualquier momento o condición. En 1996, durante la guerra en Bosnia, y otra vez en 1999 cuando emergía la crisis de Kosovo, los periódicos españoles iban llenos de condenas al nacionalismo. La mayoría de esas condenas tenían un mero valor expletivo; se caracterizaban por la falta de análisis y la incapacidad para centrarse en la cuestión. En aquellos años los conflictos en los Balcanes se usaron repetidas veces como excusa para castigar las reivindicaciones nacionales vascas y catalanas. Durante años las advertencias sobre una supuesta y aciaga balcanización de España han sido corrientes en el discurso centralista.

En un artículo titulado "Nacionalismo" (*El País* 6 de abril 1999) la novelista Rosa Montero expresó sin tapujos el uso estratégico de los nombres. "Quiero creer", dice Montero, "que [...] la palabra nacionalista estará tan justamente desprestigiada que la consideraremos un insulto". Por supuesto, es con valor de insulto que la prensa (nacionalista) española usa el término en referencia a partidos vascos o catalanes, mientras reserva el adjetivo "democrático" para los partidos centralistas. La derogación es una de las funciones del nombrar, con la peculiaridad que siempre se aplica a los demás. También son funciones nominativas la exclusión y creación de amnesia. En este modo de nombrar, igual que en la magia, los nombres son los verdaderos referentes. Los sujetos, por otro lado, no pueden testificar sobre la verdad o la falsedad de lo que se les atribuye. La derogación categórica depende de la capacidad del discurso hegemónico para crear subsistemas de elementos marcados mientras se organiza a sí mismo alrededor de posiciones no-marcadas, como, por ejemplo, el universalismo burgués, la neutralidad masculina, el patriotismo estatal.

No puedo entrar aquí en un análisis de los distintos fenómenos históricos que implica el término reduccionista "los nacionalismos", o simplemente "el nacionalismo". Esta reducción extrema subyace, por cierto, al libro de Jon Juaristi, *El bucle melancólico* (1997), que interpreta los movimientos nacionales de liberación como un fenómeno patológico, del que el autor, un autoimaginado Ulises moderno, puede apartase sólo gracias a una decisión heroica, cayendo del lado de la razón –*raison d'état* (268).[13] Basta señalar que tales estrategias de reclusión de la memoria se apoyan en afirmaciones relacionadas con un sistema de referencias históricas que está saturado de emotividad. Desplegando tales enunciados, el historiador desplaza el objeto referencial eximiéndose de contemporizar con los muertos. Aunque el material de archivo está a mano, los intelectuales "antinacionalistas" en general no se presentan a la cita cognitiva con la otredad, que tratan a bulto subsumiéndola bajo un predicado común. Así soslayan la violencia implícita en (el acto de) suprimir la alteridad. En *El nacionalismo catalán como factor de modernización*, Vicente Cacho Viu propugna la influencia modernizadora y democratizadora que tenía el movimiento nacional catalán sobre el Estado español en su totalidad, pero en su manera de

---

13 La metáfora de la Odisea es desafortunada. Si la nación es una alucinación de almas perdidas en el viaje de regreso desde ninguna parte, ¿qué hace aquí esa figura que regresa a casa? ¿Es Ithaca, entonces, producto del delirio de un marinero? ¿No es Ulises quien arroja a los usurpadores de su casa ancestral, su propia *herria*? ¿A qué mástil de la melancolía, y en qué barco azotado por las tormentas, se ató Juaristi a sí mismo para resistir la llamada de una naturaleza particular vuelta canción y una historia particular vuelta leyenda, o viceversa?

tratar a una nacionalidad heterológica, este libro es un raro caso en España de un historiador ajeno a la comunidad objeto de estudio, que no obstante desempeña éticamente las obligaciones de su profesión hacia esa otredad que es siempre el horizonte de esta rama del conocimiento.

Las estrategias de denominación me llevan al último problema narratológico que deseo discutir en relación al conflicto de la interpretación histórica. Las historias proliferan por la necesidad de confrontar los fantasmas de una sociedad. El historiador da cara y voz a los muertos anónimos, a los desconocidos, a los silenciosos y a los condenados a callar. Durante la Transición, emergían nuevas historias desde los grandes territorios de la amnesia y eran historias que no estaban fundadas en el discurso histórico comúnmente aceptado. Tales historias no sólo eran diferentes sino muchas veces imposibles de reconciliar con las legadas por la historiografía afín al Estado. Su emergencia venía a ser una desregulación de la memoria, que ponía fin al monopolio del Estado sobre el pasado. Esta situación puede describirse por medio de la analogía que usa Toni Morrison para describir el carácter de su obra: "Sabes, encauzaron el río Mississippi en ciertos lugares para conseguir espacio para casas y volver habitable un buen número de acres. De vez en cuando el río inunda esos lugares. 'Inundaciones' es la palabra que usan, pero en realidad no es inundar: es recordar. Recordar donde solía estar" (Morrison 1990: 305).

El conflicto de las memorias históricas

Dos décadas de liberalización de la memoria causaron inquietud y acabaron produciendo propuestas para volver a reglamentarla. La más conflictiva de estas propuestas fue el Decreto de Humanidades de 1997 amadrinado por Esperanza Aguirre, la ministra de educación en el gobierno conservador de José María Aznar. En el corazón del decreto estaba la historia, disciplina que la ministra pretendía coordinar para toda España. Ese afán distanciaba al nuevo gobierno de la relativa despreocupación que el franquismo mostró por esta disciplina.[14] No obstante, los esfuerzos dedicados a un proyecto de Humanidades emanaban no tanto de la preocupación del gobierno por la

---

14 La irrelevancia de la historia y el correspondiente comienzo de la amnesia histórica precedieron a la Transición pero en realidad fueron motivados por las fuerzas que la produjeron. Carolyn Boyd observa: "Habiendo abrazado la modernización económica y social y no dependiendo ya de su peculiar lectura del pasado nacional para justificar la "diferencia" entre España y Europa, el régimen parecía ahora decidido a negar a la historia toda función educativa" (292).

exactitud de la memoria histórica transmitida a los jóvenes como de su inquietud por la competición que ofrecían otras memorias.[15] Desde el punto de vista del gobierno, un programa sobre la historia del Estado –y ésta es la única historia concebible desde tales instancias– no tenía por qué respetar la jurisdicción educativa estatuaria de las nacionalidades autónomas.

La polémica alrededor de la propuesta del gobierno no podía dejar de resonar en los órganos de opinión. *El País* publicó una serie de artículos desde una perspectiva centralista no alejada de la de la ministra, y entre estas intervenciones, la de Muñoz Molina fue la más explícita en su apoyo a los objetivos del gobierno. Hablando de "los simulacros de historia que alientan los nacionalismos de ahora", denunció las memorias catalana y vasca de la Guerra Civil española. Pero Muñoz Molina no quería parecer conservador; por tanto, abominó de la historiografía franquista, que era mala, dijo, porque falsificó la historia de España, eliminando o distorsionando los capítulos asociados con la tradición liberal. Sin embargo, la historia de España, como él la concibe, refleja un sistema de relevancias consideradas válidas para todo el Estado y organizadas en una estricta jerarquía. Las historias vasca y catalana, por ejemplo, no serían disciplinas por propio derecho sino sólo "historias parciales" que –purificadas de la escoria nacional– "enriquecen" la historia común de todos los españoles. Sólo canalizándolas a través de esta historia "común", podrían ser incorporadas a la historia de la humanidad estas narraciones incompletas ("La historia y el olvido").

Sin darse cabalmente cuenta, Muñoz Molina reafirma el modelo historiográfico del siglo XIX basado en la creación de Estados-Naciones. Este modelo reflejaba la asimilación de las memorias regionales a una versión dominante del pasado nacional. La versión dominante, sin embargo, sólo prevaleció en la medida que fue mediatizada por categorías locales, como ha mostrado A. Confino para la nación alemana (Olick y Robbins 1998: 118). Tal modelo de una historia "común" censura los capítulos de agresión interna o las falsificaciones cometidas junto a la consolidación de la narrativa lineal de comunidad. Cuando denuncia los "simulacros" históricos supuestamente fomentados por las nacionalidades periféricas del Estado español, Muñoz Molina no considera ni por un sólo momento que la historia

---

15 La propuesta derrotada afloró de nuevo en la campaña del Partido Popular a las elecciones generales del 12 de marzo de 2000. Habiendo ganado por un amplio margen, el Partido Popular anunció rápidamente sus planes de implementar la reforma de las humanidades. Aunque ya no fuera ministra de educación, Esperanza Aguirre, que luego fue presidente del Senado, no perdió tiempo en recordar al Presidente del Gobierno su promesa de implementar el proyecto ("Aguirre").

española, tal y como se ha transmitido, es un simulacro masivo, tanto más intratable por la estrecha fusión que hay en ella de conocimiento histórico y discursos del poder. En cambio, trata el pasado reciente como una fase excepcional del desarrollo nacional y propone otros puntos de apoyo no tan nuevos para las líneas maestras de la narrativa del nacionalismo español. Optando por una historia de la construcción del Estado, supuestamente más objetiva, el autor confía en que surja una imagen menos conflictiva, que, no obstante, preserve los rasgos dominantes del castellanocentrismo.

El punto de vista de Muñoz Molina, típico para todo un espectro de intelectuales postfranquistas, justifica la observación de Edward Shils de que "los esquemas tradicionales de creencia y comportamiento [...] son muy insistentes; no aflojarán fácilmente su presión sobre quienes los dejarían en suspenso o los suprimirían" (200). Esta observación se confirmó una vez más después de la victoria arrolladora de los conservadores en las elecciones generales de España de marzo del 2000. Sería inadecuado hablar de una nueva cultura política y de un nuevo tono en la prensa, visto que el atrincheramiento nacionalista del Estado postfranquista empezó ya bajo la supremacía del PSOE, pero sí puede decirse que el reciente repunte de valores tradicionales y de la retórica correspondiente ha llegado a un grado sin precedentes en la Transición. Arropados en su mayoría absoluta en las Cortes, los conservadores rápidamente anunciaron su intención de restituir el Decreto de Humanidades como parte innegociable e inaplazable de su programa político. La legitimación académica imprescindible para esta diáfana jugada política llegó poco después, y como hecha a medida, cuando la Real Academia de la Historia presentó un informe sobre la enseñanza de la historia en las escuelas secundarias de toda España el 27 junio del 2000. Presentándose como el resultado de una larga y laboriosa recogida de informaciones, este documento dio la alarma por la "muy lamentable" manera de enseñar la historia en las escuelas secundarias. Algunos reparos son metodológicos, y se refieren a la preeminencia de la "interdisciplinariedad" y de un acercamiento a la historia más analítico que estrictamente memorialístico. La Real Academia critica que a los estudiantes se les enseñen conceptos de metahistoria y se les haga conscientes de la importancia de los instrumentos conceptuales del historiador a expensas –así lo asegura el informe– del "proceso histórico", por el cual la Real Academia entiende la articulación cronológica de sucesos (de ciertos sucesos privilegiados, como vamos a ver). Su crítica metodológica es tan esquemática que parece ser simplemente una cuestión formal. En cualquier caso, cuando se queja de que algunos libros de texto no exponen la sucesión cronológica de sucesos desde la antigüedad al presente, el informe no delata la más mínima conciencia de que esta articulación tradicional está bien lejos de ser una característica objetiva de los sucesos mismos ni tampoco de que, si el tiempo es la dimensión elemental de la historia, no sólo la calidad del tiempo sino también otras variables humanas son responsables de la relevancia de los "sucesos" y su configuración dentro de un margen histórico de referencias que, como las constelaciones estelares, van a cambiar según el tiempo, el lugar, y los instrumentos de que disponga el observador.

El énfasis del informe está en el ataque a las competencias educativas de las nacionalidades históricas, que, aunque estén legalmente garantizadas, son asediadas por diluir, supuestamente, "el proceso histórico español", incluso ocultándolo con la "visión particular del pasado de una u otra comunidad autónoma". Esas objeciones tan conocidas están plagadas de contradicciones. La primera de éstas tiene que ver con la idea de que el informe es una evaluación apolítica y científicamente rigurosa del tratamiento pedagógico del "proceso histórico", un objeto sobre el que la Academia, como institución estatal al mismo nivel que el ejército o el poder judicial, tiene una responsabilidad tutelar de carácter oficial. Esta responsabilidad supuestamente le autoriza a proteger "la historia" para que no se convierta en un instrumento político en manos de "las nacionalidades y regiones del Estado español", y añade el informe, "según la expresión que tan popular fue durante los años de la Transición", olvidando que esta distinción es vigente en el texto constitucional. El comentario ni es gratuito ni circunstancial, pues atribuyendo una de las categorías fundacionales del Estado democrático (es decir, la distinción entre nacionalidades y regiones) a una moda retórica obsoleta, la Academia socava el fundamento legal del Estado español posterior a Franco, presentándolo como una mera y en cierto modo caprichosa concesión circunstancial al espíritu de una época pasada. Otra contradicción grave se da entre el "proceso histórico español" y la "visión particular del pasado de una u otra comunidad autónoma". Asumiendo la existencia de "un proceso histórico" que es esencialmente español, éste sólo puede referirse a la historia del Estado español o a lo sumo a "la historia" configurada bajo el prisma del sistema de relevancias del Estado. En ese caso no se puede pasar por alto que la visión del pasado configurada por los sistemas de relevancias de las varias nacionalidades y regiones puede diferenciarse de la imagen canonizada por la Real (y por tanto monárquica) Academia de la Historia, sin dejar por un momento de ser parte integrante de ese idéntico "proceso" del Estado.

Atacando al "sociologismo", "economicismo", y "pedagogismo", el informe de la Academia socava las bases de la validez general que reclama para el "proceso histórico", mientras que su ataque al "particularismo" de los puntos de vista subestatales pone en duda la especificidad de las investigaciones históricas y el carácter inductivo del saber histórico. Viniendo de una institución tradicional del Estado, posiblemente no sea completamente accidental que la comprensión del "proceso histórico" de la Academia sea tautológica, ya que privilegia "contenidos" que pueden ser considerados constitutivos del Estado o, en otras palabras, sucesos y personas cuya selección e importancia relativa son dictadas por la configuración presente del Estado. Por lo tanto, "los grandes personajes y los acontecimientos políticos deberán servir para formar el armazón de la disciplina, en la que habrán de presentarse, en sus interdependencias, lo económico, lo social y lo cultural". Los grandes personajes del pasado, con monarcas y hombres de Estado en primera línea, al igual que los sucesos privilegiados por esta historiografía oficial, son los índices de una configuración política particular: la del Estado-Nación unificado y centralizado. Con su ayuda el Estado se vuelve tan autoreferencial como el marco a través del cual se nos llama a examinar el relato auténtico e imparcial del pasado.

Dejando de lado los graves defectos metodológicos del informe de la Academia,[16] su peor aspecto es la presunción de poder controlar los departamentos educativos de los llamados gobiernos autónomos y vigilar cada autoridad educativa y cada maestro. Al abogar por un plan de estudios centralmente concebido, que efectivamente ya dicta del 55 al 65 por ciento de los contenidos de los cursos de historia impartidos en las escuelas secundarias de las comunidades autónomas con competencia educativa, la Real Academia de la Historia exacerba la interferencia de "circunstancias políticas", que lamenta en la enseñanza de la historia, recordando con nostalgia una época en que lo que ella llama "historia general [española]" o "historia común [de España]" se aceptaba sin más por buenas y contundentes razones.

A la exigencia de una historia unificada del Estado-Nación puede oponerse la exigencia democrática de que la historia sea patrimonio de todas las identidades, aunque compitan entre sí. Insistir en la reglamentación política de su enseñanza puede entenderse como un paso más hacia la supresión de la memoria de los grupos que fueron sacrificados en aras de la

---

16 Finalmente quedó de manifiesto que ninguno de los miembros de la Academia en Cataluña fue consultado durante la elaboración del informe. Al parecer, no conocieron los contenidos del informe hasta su publicación. Para hacer todavía más perturbador el asunto, una vez logrado el *coup-d'éffet*, un portavoz oficial de la Real Academia declaró que los académicos no habían examinado ninguno de los libros de texto usados en Cataluña y que, efectivamente, no habían encontrado nada preocupante en esta comunidad autónoma.

creación de "la historia común". El conflicto entre memorias históricas, del que el informe de la Real Academia fue sólo una entre muchas manifestaciones, oculta el asunto de la responsabilidad del Estado hacia esos otros (mujeres, campesinos, minorías nacionales y grupos religiosos marginales) cuyos espíritus nunca fueron invocados oficialmente. No obstante el alegato en favor de una historia objetiva, de la Real Academia cabría contar con que sancionase los puntos de vista de las víctimas tanto como puede esperarse de la Conferencia de Obispos Españoles que reconozca la complicidad de la Iglesia con el golpe de Estado y la dictadura. Como observa Pierre Vidal-Naquet: "De toutes les historiographies, la pire est évidemment l'historiographie d'État, et les États admettent rarement le fait d'avoir été criminels" (Vidal-Naquet 161).

También desde el punto de vista de la identidad dominante es deseable impedir que una sola versión de la historia acumule excesivo poder y se convierta en hegemónica. Ya que una sociedad es una metáfora para la articulación de acciones, expectativas e imaginaciones diferenciadas y muchas veces conflictivas, cada una con una irreducible visión temporal propia, poner a estos procesos temporales una camisa de fuerza para conseguir un modelo sincrónico basado en un solo depósito de memorias, ahogaría el dinamismo de la sociedad. Sobre todo, la dificultad que encuentran las visiones históricas alternativas para afirmarse no debería confundirse con su ilegitimidad. Ninguna acción transcurre sin impedimentos en un medio libre e ideológicamente flexible, y siempre hay que contar con una reacción. Para entender el reciente estallido de conflictos entre las memorias históricas se debería meditar sobre la afirmación del antropólogo Josep R. Llobera de que "la nación catalana ha vivido en un Estado política y culturalmente represivo y en consecuencia tiene un pronunciado déficit de memorias históricas de su propia (etno-)nación, aunque ha sido alimentado con una dieta de historia estatal que ignora o pervierte la historia (etno-)nacional" (Llobera 1998: 332). Llobera está de acuerdo con Muñoz Molina en que hay una proliferación de memorias, pero ve la situación de una manera muy diferente. Simplemente acepta que "los Estados multinacionales que se dedican a la reconstrucción histórica para homogenizar una población determinada dentro de una cultura y una lengua nacional dominantes, pueden tener que competir con visiones etnonacionales alternativas –incluso si éstas últimas tienden a ser proyectadas bajo una luz más débil" (332). Llobera entiende las limitaciones de las memorias institucionalmente desventajadas, pero se cuida de señalar que las acusaciones de represión o perversión de la "verdad histórica" son reversibles, en parte porque son la consecuencia de evaluaciones diferentes de lo que es relevante y lo que pesa más en la conciencia de un historiador acerca de su deuda con el pasado. El asunto de la relevancia implica, de hecho, una cuestión ética presentada bajo el manto de una cuestión epistemológica.

No extraña que el punto de vista de Llobera, empapado de respeto hacia las memorias históricas de los llamados nacionalismos periféricos, sea más receptivo de la otredad que el discurso de los intelectuales supuestamente "antinacionalistas". Tal retórica, de cualquier manera, es deliberadamente confusa. Hoy en España el "antinacionalismo" apenas se distingue del viejo nacionalismo centralizador, y los "antinacionalistas", que muchas veces, inconscientemente, repiten las declaraciones de notorios líderes fascistas, se han convertido en pilares ideológicos del Estado-Nación homogenizante. En contraste, el punto de vista "periférico" de Llobera acepta sin dificultad el excedente del pasado y la rivalidad entre los representantes de diferentes esquemas de recuerdo y de zonas de amnesia diferentes. La lucha por el pasado es inevitable, pero no debería llevar a suprimir la distancia entre el fantasma y el discurso del historiador. Al contrario, quien participa en esta lucha debería aceptar la relación entre la identidad social del sujeto del recuerdo y el tramo del pasado ofrecido a la apropiación histórica. Dicho con las escuetas palabras de Peter Burke: "Dada la multiplicidad de identidades sociales y la coexistencia de memorias rivales, o memorias alternativas (memorias familiares, memorias locales, memorias de clases sociales, memorias nacionales, etcétera), seguramente es más fructífero pensar en términos pluralísticos sobre la utilidad de las memorias a diferentes grupos sociales, que bien pueden tener puntos de vista diferentes sobre lo que es significante o 'digno de memoria'" (107).

¿Debemos concluir, a modo postestructuralista, que la memoria histórica es meramente un efecto de estructuras poéticas? ¿O que las zonas de amnesia y apropiación histórica pueden designarse a voluntad? La respuesta a las dos preguntas es no. La (re)construcción de memorias alternativas surge de una sensación de urgencia incitada por una obligación para con los muertos. En estos términos, la (re)construcción es un proyecto condenado al fracaso de salvar a quienes han sido absorbidos por el agujero negro del olvido. Considerando las enormes inversiones de silencio hechas por la sociedad, la empresa puede ser heroica, pero sólo alcanza autoridad moral si establece una relación equilibrada con los datos disponibles. Recuperar las regiones de la amnesia histórica para la memoria colectiva es comparable a querer llenar el océano con pólders. Cada paso andado hacia el abismo tiene que asegurarse contra el escepticismo y la negación. Es una obra que debe renovarse constantemente con vista a satisfacer la deuda con el pasado, y ha de hacerse volviendo concienzudamente sobre las fallas del terreno histórico para recoger pacientemente la pruebas que es preciso aportar a la tarea reconstructiva. El historiador que rechaza la metafísica de la historia tradicional –la historia del Estado– tiene que invertir el punto de vista, aun a riesgo de "adoptar la famosa perspectiva de las ranas", como puntualiza Foucault (Foucault 1977: 155). Como explicó él mismo, la historia efectiva es concreta; negocia con las cosas más cercanas a ella; no tiene miedo de mirar hacia abajo y medir las cosas en su intensidad. "La historia efectiva estudia lo más cercano, pero en abrupta desposesión, como para atraparlo desde la distancia" (156). Éste es el modo de tratar con los fantasmas: en proximidad insuperable. Es necesario tal rechazo de la perspectiva única y jerarquizada, que contempla distancias y abstracciones aproximadamente plausibles, si es que el historiador desea reinsertar la ausencia testimonial de los muertos en el contínuum histórico. Hay que escuchar las voces fantasmales, pero lo que comuniquen esas voces tiene que ser documentado concienzudamente, a fin de oponer un sólido cimiento de pruebas a todo intento de monopolizar la memoria. La necesidad de presentar pruebas inexpugnables, que siempre fue un requisito de la historiografía seria, es aún más decisivo para el historiador que combate la doxa del Estado, el cual –parafraseando la recomendación de Vidal-Naquet en un contexto diferente– no debe ofrecer su flanco a las reflexiones rutinarias, no ya de los intelectuales del Estado cuya opinión importa poco, sino sencillamente de las personas honradas (184).

Bibliografía

Adorno, Theodor W. (1998): "The Meaning of Working Through the Past." Trad. Henry W. Pickford. En:*Critical Models: Interventions and Catchwords*. New York: Columbia UP: 89–103.
"Aguirre confia a veure 'per fi' la implantació del decret d'humanitats." En: *Avui Digital* 31 Marzo, 2000.
Arendt, Hannah (1993): *Besuch in Deutschland*. Trad. Eike Geisel. Berlin: Rotbuch.
Bachelard, Gaston (1999): *Poetics of Space*. Trad. Maria Jolas. Boston: Beacon Press.
Barnouw, Dagmar (1999): "Time, Memory, and the Uses of Remembrance."En: *Alexander von Humboldt-Magazin* 73, 1999: 3–10.
Barranco, Justo (1998): "Entrevista a Rafael Borràs, editor barcelonés homenajeado en la Feria del Libro de Madrid." *La Vanguardia* 31 Mayo, 1998: 61, 63.

Benet, Josep (1973): *Catalunya sota el règim franquista*. Paris: Edicions Catalanes de Paris.

Boyd, Carolyn P. (1997): *Historia Patria: Politics, History, and National Identity in Spain, 1875–1975*. Princeton, N.J.: Princeton University Press.

Burke, Peter (1989): "History as Social Memory." En: *Memory: History, Culture and the Mind*. Ed. Thomas Butler. Oxford: Basil Blackwell: 97–113.

Cacho Viu, Vicente (1998): *El nacionalismo catalán como factor de modernización*. Barcelona: Quaderns Crema and Amigos de la Residencia de Estudiantes.

Carbó, Ismael (2000): "ERC proposa que Aznar i l'Església demanin perdó pel franquisme," En: *Avui Digital* 21 Junio.

Cardús, Salvador (1998): "Memoria i relat biogràfic. A propòsit de Ferran Canyameres." *Ciutat* 7 (1998): 8–13.

Cardús, Salvador (1997): "On Some Difficulties in the Theoretical Analysis of Nationalism." International Symposium on Nationalisms As an Object of Study in the Social Sciences. Fundació Jaume Bofill, November 7–9, 1996. Publicado en la traducción catalana: "Sobre algunes dificultats en l'anàlisi teòrica del nacionalisme." *Nacionalisme i Ciències Socials*. Barcelona: Editorial Mediterrània: 9–13.

Cardùs, Salvador y Joan Estruch (1995): "Politically Correct Anti-Nationalism." En: *International Social Science Journal* 47 (1995): 347–52.

Carod-Rovira, Josep-Lluís (2000): "Després de la batalla." *Avui Digital* 22 Marzo.

Connerton, Paul (1989): *How Societies Remember*. Cambridge: Cambridge UP.

Contreras, Gonzalo (1991): *La ciudad anterior*. Santiago: Editorial Planeta Chilena.

"El cop d'Estat, una data més per a la història." *Avui Digital* 24 Febrero, 1998.

Danto, Arthur C. (1981): *The Transfiguration of the Commonplace*. Cambridge, Massachusetts: Harvard UP.

Derrida, Jacques (1993): *Spectres de Marx*. Paris: Galilée.

Foucault, Michel (1977): *Language, Counter-Memory, Practice*. Ed. Donald F. Bouchard. Trans. Donald F. Bouchard and Sherry Shimon. Ithaca, New York: Cornell UP.

González Casanova, J. A. (1986): *El cambio inacabable (1975–1985)*. Barcelona: Anthropos.

Gordon, Avery F. (1997): *Ghostly Matters: Haunting and the Sociological Imagination*. Minneapolis: University of Minnesota Press.

Habermas, Jürgen (1998): "Über den öffentlichen Gebrauch der Historie." En: *Die postnationale Konstellation*. Frankfurt am Main: Suhrkamp: 47–61.

Halbwachs, Maurice (1980): *The Collective Memory*. Trad. Francis J. Ditter, Jr. y Vida Yazdi Ditter. New York: Harper and Row.

Halbwachs, Maurice (1992): *On Collective Memory*. Ed. y trad. Lewis A. Coser. Chicago: The University of Chicago Press.

Hobsbawn, E. y T. Ranger (eds.) (1983): *The Invention of Tradition*. Cambridge: Cambridge University Press.

Juaristi, Jon (1997): *El bucle melancólico: Historias de nacionalistas vascos*. Madrid: Espasa-Calpe.

Llobera, Josep R. (1998): "The Role of Historical Memory in Catalan National Identity." En: *Social Anthropology* 6 (1998): 331–42.

Maier, Charles S. (1993): "A Surfeit of Memory? Reflections on History, Melancholy and Denials." *History and Memory* 5.2 (1993): 136–52.

Martín Patino, Basilio (1985): *Los paraísos perdidos* (película).

Maurice, Jacques (1991): "De la manipulation de l'Histoire dans *La verdad sobre el caso Savolta.*" En: *La Renovation du Roman Espagnol Depuis 1975.* Ed. Yvan Lissorgues. Toulouse: Presses Universitaires du Mirail: 75–85.

Mendoza, Eduardo (1998): "El senyor Carod-Rovira demana comptes." En: *Avui Digital* 21 Diciembre.

Mesulam, Marek-Marsel (1997): "Notes on the Cerebral Topography of Memory and Memory Distorsion: A Neurologist's Perspective." En: *Memory Distorsions. How Minds, Brains, and Societies Reconstruct the Past.* Ed. Daniel L. Schacter. Cambridge, Massachusetts: Harvard UP: 379–85.

Mommsen, Wolfgang J. (1987): "Die Vergangenheit, die nicht vergehen will." En: *Gegen den Versuch, Vergangenheit zu verbiegen.* Ed. Hilmar Hoffmann. Frankfurt am Main: Athenäum: 83–93.

Montero, Rosa (1999): "Nacionalismo." *El País Digital* 6 Abril.

Montero, Rosa (2000): "Progresismo." *El País Digital* 21 Marzo.

Morrison, Toni (1990): "The Site of Memory." *Out There: Marginalization and Contemporary Cultures.* Ed. Russell Ferguson, Martha Gever, Trinh T. Minh-ha, y Cornell West. New York: The New Museum of Contemporary Art, Cambridge, Massachusetts: The MIT Press: 299–305.

Muñoz Molina, Antonio (1986): *Beatus Ille.* Barcelona: Seix Barral.

Muñoz Molina, Antonio (1991): *El jinete polaco.* Barcelona: Planeta.

Muñoz Molina, Antonio (1997): "La historia y el olvido." En: *El País Digital* 28 Noviembre.

Olick, Jeffrey K. y Joyce Robbins (1998): "Social Memory Studies: From 'Collective Memory' to the Historical Sociology of Mnemonic Practices." En: *Annual Review of Sociology* 24 (1998): 105–40.

Preston, Paul (1990): *The Politics of Revenge: Fascism and the Military in Twentieth-Century Spain.* Londres: Unwin Hyman.

Primo de Rivera, José Antonio (1976): *Obras Completas. Discursos y escritos (1922–1936).* 2 vols. Madrid: Instituto de Estudios Políticos.

Rahola, Pilar (1998): "El cant, si t'arriba, Puig Antich, pren-lo com un crit." En: *Avui Digital* 3 Mayo.

Real Academia de la Historia (2000): "Informe sobre los textos y cursos de historia en los centros de enseñanza media." En: *El País Digital* 28 Junio.

Resina, Joan Ramon (1997): *El cadáver en la cocina: La novela criminal en la cultura del desencanto.* Barcelona: Anthropos.

Resina, Joan Ramon (2000): "Short of Memory: The Reclamation of the Past Since the Spanish Transition to Democracy" En: Resina, Joan Ramon (ed.) *Disremembering the Dictatorship: The Politics of Memory in the Spanish Transition tu Democracy*, Ed. Rodopi, Amsterdam-Atlanta GA: 83–125.

Rubert de Ventós, Xavier (1999): *De la identidad a la independencia: la nueva transición.* Trans. Francesc Roca. Barcelona: Anagrama.

Schudson, Michael (1997): "Dynamics o Distorsion in Collective Memory." En: *Memory Distorsion. How Minds, Brains, and Societies Reconstruct the Past.* Ed. Daniel L. Schacter. Cambridge, Massachusetts: Harvard UP: 347–64.

Seremetakis, C. Nadia (1994): "The Memory of the Senses." En: *The Senses Still: Perception and Memory as Material Culture in Modernity.* Ed. C. Nadia Seremetakis. Chicago: The University of Chicago Press: 1–43.

Shils, Edward (1981): *Tradition*. Chicago: The University of Chicago Press.

Solé Tura, Jordi (1992): *1492: La dimension real del mundo moderno*. Conferencia del Ministro de Cultura. Jordi Solé Tura, pronunciada en el Club Siglo XXI de Madrid, el 24 de febrero de 1992. Madrid: Subdirección de Estudios, Documentación y Publicaciones.

Terdiman, Richard (1993): *Present Past: Modernity and the Memory Crisis*. Ithaca: Cornell University Press.

Tusell, Javier (1997): "Goebbels en Arrasate." *El País Digital* 5 Julio: 14.

Tusell, Javier (1998): "El uso alternativo de la Historia." En: *El País Digital* 23 Julio.

Vázquez Montalbán, Manuel (1990): *Galíndez*. Barcelona: Seix Barral.

Vidal-Naquet, Pierre (1987): *Les Assassins de la mémoire*. París: La Découverte.

Wyschgrod, Edith (1998): *An Ethics of Remembering: History, Heterology, and the Nameless Other*. Chicago: The University of Chicago Press.

Peter V. Zima

Postmodernidad e indiferencia: hacia una novela postmoderna

El modelo de la novela postmoderna que voy a presentar está basado en el concepto clave de la indiferencia el cual –a mi juicio– estructura los textos literarios de la postmodernidad. Como problemática, ésta se distingue de la modernidad, y de la modernidad tardía –estructuradas por la ambigüedad y la ambivalencia de los valores, de las acciones y de los caracteres– por la indiferencia definida como intercambiabilidad de todos los valores. Esta intercambiabilidad aparece estrechamente vinculada al valor de cambio de una economía de mercado altamente desarrollada.

No se trata pues de una disposición psíquica, sino de un problema estructural que podría también definirse como la equivalencia de todos los valores sociales. Naturalmente, parece posible deducir de este elemento estructural una disposición psíquica que resulta de la imposibilidad de escoger un valor social (político, ético o estético) prefiriéndolo a otros valores. Pero lo que llamo indiferencia es esta imposibilidad estructural de elección, imposibilidad reconocida a priori en las novelas postmodernas como *Historia de un idiota contada por él mismo* y el *nouveau roman* de Butor, Robbe-Grillet o Claude Simon.

Es la indiferencia lo que distingue la novela postmoderna de las novelas de la modernidad tardía, de las novelas de la búsqueda metafísica, estética, erótica, religiosa y política. Quisiera evocar algunas de estas novelas para poner de manifiesto la diferencia genérica, filosófica y sociológica. Después hablaré de una novela postmoderna española que además constituye todo un hito como texto de la transición: *Historia de un idiota contada por él mismo* (1986) de Félix de Azúa.

1. *Niebla* de Miguel de Unamuno

Para comprender concretamente las diferencias que separan la modernidad tardía de la postmodernidad literaria hay que volver atrás y releer una de la grandes novelas de la Generación del 98. Leyendo *Niebla* de Miguel de Unamuno, nos damos cuenta de que la novela plantea una búsqueda desarrollada en varios niveles: en el nivel metafísico en el que Augusto busca la realidad, en el nivel erótico y en el nivel existencial. No es un azar que, en los años 60 y 70 del siglo XX, Unamuno fuera comparado con los existencialistas franceses, que también se inspiraron en la filosofía de Sören Kierkegaard, porque todos estos autores plantearon el problema de la existencia humana y de la actitud individual hacia Dios. En el caso de Unamuno, el problema existencial, mejor dicho el problema de la existencia individual está estrechamente asociado al problema de la existencia de Dios. En *Tres novelas ejemplares y un prólogo*, escribe Unamuno: "Hay, en efecto, cuatro posiciones, que son dos positivas: a) querer ser; b) querer no ser; y dos negativas; c) no querer ser; d) no querer no ser. Como se puede: creer que hay Dios, creer que no hay Dios, no creer que hay Dios, y no creer que no hay Dios." (Unamuno 1978: 50) En esta situación, la búsqueda de la propia identidad, del *yo*, aparece como indisociable de la búsqueda de Dios.

Dice el autor-narrador de *Niebla*: "Así cuando uno busca razones para justificarse no hace en rigor otra cosa que justificar a Dios. Y yo soy el Dios de estos dos pobres diablos nivolescos." (Unamuno 1978: 131)

Lo que distingue el *nouveau roman* francés de esta metafísica "nivolesca" (Unamuno llama "nivola" a su novela experimental) es la renuncia explícita a la búsqueda de Dios y a la búsqueda complementaria de la identidad subjetiva. Las preguntas *¿Quién soy? – ¿Quién es el otro?* son sustituidas por la intercambiabilidad de los personajes y de las identidades presentadas como indiferentes. En la novela *Le Voyeur* de Alain Robbe-Grillet el personaje principal tiene un nombre, se llama Mathias. Sin embargo es un individuo intercambiable que no tiene ni voluntad propia, ni carácter, ni un programa narrativo (según el término de Greimas) orientado hacia un valor político, ético o estético particular: obedece exclusivamente a pulsiones económicas (es un agente comercial) y sexuales.

Este anonimato de los personajes novelescos empieza con Kafka (con Josef K.) y Beckett. No por casualidad el nombre de Josef K. fuera abreviado: la abreviación señala una esfera anónima, impersonal que continúa en la obra de Beckett –en su teatro y en sus novelas experimentales.

2. *Historia de un idiota contada por él mismo*: los orígenes de la indiferencia en la novela

A propósito de la novela moderna escribe Carmen África Vidal: "La búsqueda de orden es una respuesta del artista a 'la incertidumbre del vacío': el artista moderno no es capaz de 'soportar la ansiedad' que la posmodernidad ha asumido ya por completo." (África Vidal 1989: 41) Es decir, la postmodernidad ya aceptó el vacío metafísico o –como diría Nietzsche– el nihilismo y abandonó todas las tentativas para superarlo. –"La postmodernidad"– añade Carmen África Vidal –"ha dejado de creer en el arte y en el yo, porque se ha dado cuenta de que es bastante menos presuntuoso aceptar la incoherencia que nos rodea." (África Vidal 1989: 43)

Esta breve característica de la postmodernidad, respecto al arte y a la novela, permite abordar los principales problemas de la novela de Azúa que podría leerse como una parodia de la búsqueda moderna: de la búsqueda de Unamuno, del joven Joyce, de Proust, Musil y Kafka. Esta parodia provoca un derrumbamiento de todos los valores defendidos por modernistas como T. S. Eliot, Marcel Proust o Kafka. *Historia de un idiota* es un texto dominado por indiferencia, es decir, por el sentimiento de intercambiabilidad de los valores y de la nulidad del individuo y del sujeto individual.

Desde la perspectiva actual es probable que *Historia de un idiota* sea una parodia consciente de la *Recherche* proustiana. En el tercer capítulo de esta novela postmoderna, encontramos a personajes muy proustianos:

> Más tarde he podido comprobar la función destructiva de bailes, meriendas y excursiones, gracias a uno de los pocos libros científicos que he leído, en el que se describe minuciosamente el efecto nocivo de tales aficiones sobre el protagonista –llamado Marcel– y algunos personajes emblemáticos (una princesa, una abuela, un noble bretón, un judío que se casa con una ramera, etc.), todos ellos conducidos lentamente a la más severa abyección por tomarse en serio tales distracciones. (Azúa 1986: 17)

Las culturas europea y norteamericana aparecen en este libro como epifenómenos de la comercialización y de la economía del mercado. La coexistencia de todas las formas culturales e históricas suscita el sentimiento de indiferencia, entendida como intercambiabilidad de todos los bienes culturales, de todos los estilos y de todas las individualidades. Dice el narrador de Azúa:

> Vean ustedes que, a diferencia de otras épocas, en la nuestra el así llamado 'estilo' es algo esencial PORQUE TODOS LOS ESTILOS SON BUENOS. A nadie preocupaba el estilo en el siglo XIV, pues sólo a un imbécil se le ocurriría proponer pirámides egipcias o incluso bóvedas de cañón y arcos de medio punto, cuando toda Europa, como un solo hombre, levantaba catedrales góticas. La cosa estaba clara y no había problemas de estilo. Pero en nuestro siglo se pueden construir ermitas románicas, catedrales góticas, zigurats mesopotámicos y a todo el mundo le parece estupendo porque todo vale, porque TODO DA LO MISMO. (Azúa 1986: 101)

Creo que vale la pena analizar este pasaje porque es muy característico de la situación social y lingüística de la postmodernidad. Poco importa la cuestión de saber si la descripción de la situación en la Edad Media en el texto es (o no es) aceptable desde un punto de vista medievalista. Lo que importa es la idea –de Azúa– de que la situación cultural del medievo estuvo caracterizada por la homogeneidad, mientras que la situación actual, es decir la situación postmoderna, lo está por la heterogeneidad y el pluralismo.

Pero me parece importante observar que en el pasaje citado las connotaciones del pluralismo no son positivas o eufóricas sino negativas o disfóricas (Greimas). En el contexto construido por Azúa, el pluralismo postmoderno al que se refieren los principales teóricos de la postmodernidad aparece como un aspecto de la indiferencia, definida como intercambiabilidad de los valores. "Todo vale, TODO DA LO MISMO", dice el narrador.

Eso no es, por supuesto, el pluralismo eufórico que defiende un filósofo postmodernista como Jean-François Lyotard en Francia o su discípulo alemán Wolfgang Welsch. Es un pluralismo dominado por el mercado y por su valor fundamental: el valor de cambio. La dominación de este valor hace imposible la búsqueda moderna de valores auténticos: de Dios, del arte, de la revolución proletaria, de la utopía ética o estética.

En *Historia de un idiota*, todas las actividades aparecen como variantes de la actividad económica: "[…] Se transforman en remedos de la actividad empresarial, ya que 'ganar dinero' es la gran excusa metafísica que ayuda a soportar los más abrumadores tedios". (Azúa 1986: 31) Pero no es mi intención establecer una relación directa entre la vida económica y el mundo de la novela (como lo hace por ejemplo Lucien Goldmann en *Pour une sociologie du roman*). Más bien se trata de leer el texto como una parodia genérica.

Toda la novela de Azúa puede leerse como una parodia de la búsqueda moderna porque está dominada por la idea de un trueque permanente de valores e identidades. Y esta idea aún excluye la búsqueda de sí mismo, de la propia identidad. Hablando de su amiga, dice el narrador: "Se me había inoculado su espíritu y yo era, en realidad, ella." (Azúa 1986: 61) En esta frase, la identidad humana aparece como intercambiable, como in-diferente.

Al final de la novela, la subjetividad del narrador se disuelve porque éste abandona todos los valores que ha encontrado durante su narración, su vida narrada que parodia el *Bildungsroman* alemán, las novelas de artista y –en general– las autobiografías. Como en algunas novelas de la modernidad tardía (en las novelas de Proust, Thomas Mann, James Joyce y Virginia Woolf), el arte aparece en ciertos momentos de la narración de Azúa como posible refugio de la verdad metafísica, como algo que podría justificar la existencia en el sentido del joven Sartre. "Así, como síntesis de infancia, religión, sexo, amor y muerte, se me presentaba el arte occidental, último tramo de la investigación sobre el contenido de la felicidad" (Azúa 1986: 94–95), dice el narrador al llegar a la última parte de su *investigación* que en francés podría traducirse con la palabra proustiana *recherche*.

En la gran novela de Marcel Proust (*À la recherche du temps perdu*) encontramos un pasaje análogo, el célebre pasaje sobre la literatura y el arte: "La vraie vie, la vie enfin découverte et éclaircie, la seule vie par conséquent réellement vécue, c'est la littérature [...]." (Proust 1954: 895) Comparando la modernidad con la postmodernidad, es importante tener en cuenta que la solución propuesta por el narrador de Proust al final de la novela no es una solución puramente individual, sino una visión colectiva que hallamos también en las obras de Mallarmé, de Thomas Mann, del joven Joyce y en la *Náusea* de Sartre.

La diferencia entre esta búsqueda modernista que puede orientarse hacia la literatura y el arte y la actitud postmodernista aparece claramente en los últimos capítulos de la novela de Azúa donde la solución estética o artística ya no es posible, sino que es rechazada por el narrador. Tampoco es posible para los otros representantes de la literatura postmoderna. El narrador de Azúa la considera como un anacronismo (tal vez modernista). "Es verdad", dice, "que el arte es el punto culminante de la investigación, pero ESTE NO ES TIEMPO PARA EL ARTE. Había llegado tarde." (Azúa 1986: 101) La segunda frase podría leerse como una paráfrasis de Hegel quien pensaba que el arte sería superado por la filosofía que Hegel llamaba "pensamiento científico".

En el contexto de la problemática postmoderna, el fracaso del arte que ya no puede ser considerado como un ancla metafísica, es acompañado por el fracaso del sujeto individual que pierde su sentido de la orientación, sus criterios de distinción y de selección que le permitían (en un pasado moderno) tener una identidad y tomar desiciones. El narrador de Félix de Azúa deja de ser un sujeto de este tipo y constata el fracaso de su memoria:

> Me encontraba como al comienzo, antes del primer tortazo, YA NO ERA YO. Aquél que había hecho el recorrido había quedado atrás. En el presente, lo único que me daba unidad era el recuerdo del camino recorrido, pero no el sujeto que lo había recorrido. Me sentía depositario de una experiencia sin sentido ni contenido, pero comprensible en tanto que pasado. (Azúa 1986: 119)

Podemos comparar estas frases finales otra vez con las frases finales del narrador de Marcel Proust que puede todavía asociar su subjetividad a su experiencia estética y artística. Después de tropezar con los adoquines desiguales en la corte de la residencia de los duques de Guermantes, se da cuenta de la *coherencia* de su vida sentimental. Es el azar que suscita el sentimiento de esta coherencia:

> Je n'avais pas été chercher les deux pavés inégaux de la cour où j'avais buté. Mais justement la façon fortuite, inévitable, dont la sensation avait été rencontrée, contrôlait la vérité du passé qu'elle ressuscitait, des images qu'elle déclenchait, puisque nous sentons son effort pour remonter vers la lumière, que nous sentons la joie du réel retrouvé. (Proust 1954: 879)

Es decir que, en la novela de Proust, el descubrimiento del arte coincide con el descubrimiento de la propia subjetividad, del YO auténtico basado en la *memoria*.

En el contexto de la problemática postmoderna, este YO auténtico que se recuerda ya no existe. Los narradores de las novelas postmodernas no lo encuentran. Para ellos, el mundo se convierte en una conglomeración de fragmentos dispersos: "Un mundo hecho pedazos, de imposible recomposición, esparcidos sin orden en el teatro ruinoso de mi memoria. La visión de un idiota." (Azúa 1986: 123)

Estas frases recuerdan el inicio de la novela de Azúa donde el sujeto de la narración intenta en vano imponer cierta coherencia a la realidad: coherencia científica, erótica o psicológica. Sin embargo, la fragmentación y la incoherencia son los rasgos salientes y determinantes de la cultura postmoderna que –según Burghart Schmidt (1994)– es una cultura del *olvido*. A propósito de esta cultura dice el narrador al inicio de la novela: "No es de extrañar que en la actualidad la población desarrollada sea prácticamente analfabeta, a la manera de los niños, es decir, con una cantidad ingente de información inútil ocupando la totalidad del cerebro." (Azúa 1986: 16) ¿Qué quieren decir estas observaciones pesimistas? Significan que la cantidad de las informaciones supera la capacidad intelectual del individuo, del sujeto individual. Esta tendencia, cuyo origen se halla en la modernidad, fue descrita por el sociólogo alemán Georg Simmel que distingue una cultura subjetiva (es decir, la cultura de cada uno de nosotros) de lo que podría llamarse cultura objetiva (es decir la cultura colectiva acumulada por las generaciones pasadas; cf. Simmel 1984: 92–93). En la novela de Félix de Azúa, la situación postmoderna está caracterizada por la imposibilidad subjetiva de adquirir la cultura objetiva. Esta crece todos los días (y nosotros contribuimos a este proceso de acumulación permanente) y el sujeto individual debe afrontar una cantidad inmensa de informaciones que no puede asimilar.

Historia de un idiota demuestra –en un contexto literario– la desintegración de la subjetividad individual y la incapacidad subjetiva de orientarse en la realidad. Una de las principales razones de esta decadencia del sujeto individual literario es la depreciación del arte como valor cultural, estético. La identidad del sujeto artístico, del sujeto literario pierde su razón de ser. Naturalmente que esta depreciación del arte forma parte de la depreciación de todos los valores culturales (cualitativos) en el contexto de la problemática postmoderna donde estos valores aparecen como intercambiables. El proceso más amplio responsable de esta depreciación de los valores –éticos, estéticos y políticos– es probablemente el proceso de secularización que es, al mismo tiempo, responsable de la autonomía del arte.

Desde esta perspectiva, la postmodernidad aparece no sólo como resultado de la comercialización y mercantilización de la sociedad, sino también de la secularización en sus últimas fases de desarrollo.

3. La depreciación del arte en la literatura postmoderna

Volvamos ahora a las discusiones entorno a la novela postmoderna. No sé si Félix de Azúa se considera a sí mismo como un autor postmoderno o como un crítico de la novela modernista. Pero no cabe duda que *Historia de un idiota* es una crítica parodística de esa novela, sobre todo de *À la recherche du temps perdu* de Proust.

Naturalmente parece difícil afirmar que la novela de Azúa es el único modelo de la novela postmoderna. Es cosa sabida que existen muchas novelas que los críticos literarios han definido como "postmodernas": novelas muy diferentes de *Historia de un idiota*. Comparando ese texto con algunas de las más célebres novelas postmodernas como *Il nome de la rosa* de Umberto Eco, *The French Lieutenant's Woman* de John Fowles o *Das Parfüm* de Patrick Süskind, se podría esgrimir que estos textos son tan heterogéneos que es casi imposible hablar de una novela postmoderna.

Existen, sin embargo, semejanzas sorprendentes. *Das Parfüm* de Süskind, por ejemplo, podría leerse, paralelamente a *Historia de un idiota*, como una parodia de la novela de artista. El autor alemán realiza su parodia, sustituyendo las artes de la visión (pintura) y del oído (música) por las sensaciones del olfato presentadas como un arte nuevo: la producción del perfume ideal. El personaje principal de la novela asesina a bellas muchachas para apropiarse de su perfume y para poder elaborar el perfume ideal. Es decir que se trata de una síntesis –carnavalizada– de dos géneros establecidos y bien conocidos: de la novela policíaca y de la novela de artista. En este proceso de síntesis, la novela de artista es parodiada: no solamente porque es asociada a la novela policíaca, sino también porque el personaje principal (Grenouille), además de ser un asesino, es un maestro en las artes del olfato.

En la sociedad postmoderna, que es una sociedad radicalmente pluralizada, un autor como Patrick Süskind podría objetar que hoy día es imposible defender la jerarquía de las artes y que –de todas maneras– la producción de perfumes es también producción artística. Podríamos añadir que la cocina también es un arte y que todo cocinero es un artista –y toda cocinera. Si aceptamos esos argumentos, podemos comparar Cervantes, Racine o Goethe con Bocuse…

En su breve novela *Lost in the Funhouse*, John Barth también parodia la novela de artista comparando el arte con un *funhouse* y la creación artística con la construcción de *funhouses*. El personaje principal de esta novela se llama Ambrose y evoca algunos rasgos característicos del autor, de John Barth. Al mismo tiempo se parece a Tonio Kröger de Thomas Mann. Pero se distingue de este protagonista de la modernidad tardía porque ya no construye una obra artística, sino un *funhouse*: "He wishes he had never entered the funhouse. But he has. Then he wishes he were dead. But he's not. Therefore he will construct funhouses for others and be their secret operator –though he would rather be among the lovers for whom funhouses are designed." (Barth 1968: 97)

Como en las novelas de Süskind y Azúa, el arte aparece, en la novela de John Barth, como un fenómeno cultural depreciado, como un valor devaluado. Podríamos concluir, entonces, que la literatura postmoderna es una literatura que ya no cree en el valor estético del arte.

4. Cuatro modelos postmodernos

El arte es, sin embargo, un tema particular de la literatura contemporánea y sería una simplificación inadmisible afirmar que el rechazo del arte como valor auténtico caracteriza toda la literatura postmoderna. Me parece necesario definir la literatura postmoderna empleando criterios más generales y construyendo modelos genéricos que permitan una orientación más comprensiva.

Adoptando este punto de vista, podríamos distinguir –al menos provisionalmente– cuatro modelos de literatura postmoderna: (a) una literatura que expresa una rebelión radical sin perspectivas revolucionarias o utópicas (Azúa, Werner Schwab, Thomas Pynchon, Christoph Ransmayr); (b) una literatura experimental que continúa las experiencias de las vanguardias europeas sin adoptar sus perspectivas políticas o revolucionarias (Nouveau roman, el último Joyce, Maurice Roche, Jürgen Becker, el último Italo Calvino); (c) una literatura de fácil consumo que vuelve a las tradiciones literarias del pasado asimilando algunas técnicas de las vanguardias (Umberto Eco, John Fowles, John Barth, Patrick Süskind); (d) por fin, una literatura ideológica: ecológica, feminista o eco-feminista que sigue denunciando los excesos del capitalismo tardío y de sus estructuras de dominación, pero sin desembocar en visiones revolucionarias. (Marge Piercy, Ernest Callenbach).

Quisiera empezar con el primer modelo que me parece que corresponde a la novela de Félix de Azúa, una novela que se rebela contra una sociedad nihilista, dominada por la indiferencia, sin proponer soluciones utópicas o revolucionarias. (a) Un elemento postmoderno de esta novela es su carácter post-revolucionario, es decir su incredulidad hacia las "grandes metanarraciones": "El jefe de célula (hoy conspicuo urbanista al servicio de una inmobiliaria californiana) tuvo un movimiento altivo [...]." (Azúa 1986: 22) (b) Ya he evocado el segundo elemento postmoderno de esta novela: el abandono del arte como garantía metafísica de la existencia del sujeto individual. (c) El elemento principal, sin embargo, parece ser la intercambiabilidad de los valores sociales, de las personas y de los sentimientos.

Los otros modelos postmodernos también pertenecen a esta problemática dominada por la indiferencia. Pero las novelas del segundo modelo –las novelas de Robbe-Grillet, Butor, Calvino, la prosa de Jürgen Becker– no se rebelan contra el orden social existente: lo critican con ironía, parodiando sus formas artísticas y narrativas. Becker por ejemplo se burla de la composición escolar, de la retórica política y de la jerga de la publicidad. Sin embargo, esta crítica no se deja inspirar por proyectos revolucionarios o utópicos: es una crítica unidimensional que renuncia a las grandes metanarraciones.

Eso es también válido para el tercer modelo: para autores como Umberto Eco, Patrick Süskind o John Fowles la novela es como un juego y ellos (al igual que los *nouveaux romanciers*) escriben para divertir o distraer a los lectores: a un público unidimensional que ya no exige de la literatura que proponga soluciones políticas o programas históricos –como lo hicieron Bertolt Brecht, el joven André Malraux, Christopher Caudwell o (en el campo de la derecha) Felipe Tomaso Marinetti. La crítica sigue desempeñando un papel importante en esta literatura, pero es una crítica que no rebasa los límites del orden establecido.

El modelo literario más moderno de la problemática postmoderna es tal vez la literatura ideológica: la literatura ecológica, feminista, étnica y eco-feminista que reacciona a la indiferencia general como las ideologías modernas reaccionaban a la ambigüedad moderna y la ambivalencia modernista. Esta literatura no acepta el orden existente –pero las alternativas que esboza no son ni revolucionarias ni utópicas en el sentido de las grandes metanarrativas racionalistas, roussaeuistas, hegelianas o marxistas. Se trata de utopías locales (como en el caso de Ernest Callenbach: *Ecotopia* y *Ecotopia emerging*). Digamos que la utopía ecológica o feminista de la problemática postmoderna se desligó definitivamente de las grandes metanarrativas revolucionarias. En las novelas "ecológicas" de Callenbach, por ejemplo, se trata de sobrevivir en comunidades aisladas en el margen de una sociedad que está progresando hacia la catástrofe. Es decir que en el contexto de la problemática postmoderna el concepto racionalista de *progreso* asume muchas veces connotaciones negativas.

5. Conclusión

Los cuatro modelos propuestos aquí seguramente no presentan una solución definitiva. Cualquier crítico literario podría pretender que haya un quinto o un sexto modelo –o de manera más deconstructiva– y/o que ninguno de los textos citados corresponda a uno de los modelos. Todo eso es verdad. Naturalmente, no es difícil inventar más modelos; pero afirmar –con Croce y algunos deconstructivistas– que cada uno de los textos, que cada una de las novelas es su propio modelo me parece ser una exageración nominalista.

A mi juicio, los cuatro modelos tienen aspectos comunes, y estos aspectos comunes nos ayudan a sacar a la luz una *problemática postmoderna dominada por la indiferencia como intercambiabilidad de los valores culturales*.

Uno de los resultados de esta intercambiabilidad es la imposibilidad de postular la superioridad (exclusividad) de un valor –religioso, político o estético– particular: "PORQUE TODOS LOS ESTILOS SON BUENOS" –dice el narrador de Azúa. Naturalmente no es así– y nosotros lo sabemos muy bien, porque tenemos nuestro estilo preferido. Pero es imposible probarlo: como es imposible, en una sociedad pluralista, demostrar la veracidad del arte, del marxismo o de la Biblia. A cada uno, a cada grupo su verdad, su convicción, su fe, dirían los ideólogos del pluralismo postmoderno. Estos ideólogos no ven o no quieren ver que el revés de este pluralismo es la intercambiabilidad, la indiferencia.

El individuo que se niega a reconocer esta indiferencia para poder continuar la búsqueda metafísica de la modernidad tardía (del modernismo) –de Proust, Unamuno, Sartre o Virginia Woolf– es el *idiota* de Azúa. Pues solo un idiota (*idios* = propio, particular) que mantiene su propio sistema de valores –como el protagonista-narrador de Azúa– sigue combatiendo la indiferencia estructural como Don Quijote combate los molinos de viento.

Bibliografía

Azúa, Félix de (1986): *Historia de un idiota contada por él mismo – o el contenido de la felicidad*. Barcelona: Anagrama.
Barth, John (1968): *Lost in the Funhouse*. London: Secker & Warburg.
Proust, Marcel (1954): *A la recherche du temps perdu*. Paris: Gallimard.
Schmidt, Burghart (1994): *Postmoderne – Strategien des Vergessens*. Frankfurt a. M.: Suhrkamp.
Simmel, Georg (1957, 1984): *Das Individuum und die Freiheit*. Berlin: Wagenbach.
Süskind, Patrick (1985): *Das Parfüm. Die Geschichte eines Mörders*. Zürich: Diogenes.
Unamuno, Miguel de (1914, 1978): *Niebla*. Madrid: Cátedra.
Vidal, Carmen África (1989): *¿Qué es el posmodernismo?* Alicante: Universidad de Alicante.
Zima, Pierre V. (1976): *La Escuela de Frankfurt. Dialéctica de la particularidad*. Barcelona: Galba Edicions.
Zima, Peter V. (1997, 2001): *Moderne/Postmoderne. Gesellschaft, Philosophie, Literatur*. Tübingen/Basel: Francke.
Zima, Peter V. (2001): "Konstruktion und Dekonstruktion des Subjekts: Unamunos *Niebla* und Pirandellos *Uno, nessuno e centomila*". En: Zima, Peter V. (2001): *Das literarische Subjekt. Zwischen Spätmoderne und Postmoderne*. Tübingen/Basel: Francke.

Gonzalo Navajas

La memoria de la novela y el cine contemporáneos

1. El tiempo del siglo XXI

Se ha argüido que el siglo XXI será el siglo de la globalización, la comunicación visual y electrónica instantánea y la ruptura de las fronteras nacionales y étnicas tradicionales. Las referencias al respecto, desde Pierre Bourdieu y Fredric Jameson a García Canclini, son numerosas. En el frenesí de esa consideración del presente como una fase proyectada inequívocamente a la transformación y el futuro, se tiende a desatender la relación de nuestro tiempo con la temporalidad concebida no sólo como un salto hacia adelante, que carece de interés en aquello que queda detrás de ese movimiento proyectivo, sino en sus nexos con los hechos y acontecimientos precedentes, la línea de la temporalidad que durante siglos ha señalado la trayectoria de la cultura humanística.

La cultura finisecular y del nuevo siglo se revela defensiva frente a la historia, la percibe con reticencias o la juzga como un lastre que impide la proyección hacia delante. El pasado, por tanto, como un impedimento o como una falsa referencia estéril que debe ser preterida o a lo más considerada en passant para ser sumariamente olvidada. El nuevo modo cultural se posiciona así distintivamente frente a dos modelos previos de la temporalidad.

En primer lugar, se opone a la linealidad temporal progresiva vinculada al optimismo positivista iniciado en el siglo XIX, que percibe el tiempo como un incesante transcurso hacia delante, un progreso ineludible que lo es precisamente porque mantiene la separación crítica frente a la insuficiencia del pasado y se concentra en un futuro que se augura necesariamente brillante (Comte, Zola, Renan, Marx). En segundo lugar, se separa del concepto de la temporalidad como un futuro apocalíptico que debe resolverse por la destrucción de las iniquidades de la historia colectiva e individual (el stalinismo, los fascismos, la negación existencial nihilista, las visiones de la ciencia ficción).

De manera diferencial, el nuevo modo cultural propone la desmemoria, la erradicación de los vestigios temporales, la supresión de las huellas porque esas huellas son vinculantes y nos impiden el hallazgo de configuraciones nuevas. Los ejemplos, desde Baudrillard al minimalismo estético y moral puesto de relieve por Lipovetsky y Jameson, son numerosos. El nuevo siglo tiene una incómoda relación con el tiempo como encadenamiento y condicionamiento de la situación presente, con todo aquello que lo conduzca a la inclusión del no-yo, de aquello que no sea él mismo, las parcelas pasadas de la realidad y el mundo que lo obliguen a la reconstitución de la cadena temporal, la preservación de algún modo de continuidad. Historia equivale aquí a estatismo y repetición en lugar de enraizamiento y conocimiento más profundo.

Mi propuesta en este trabajo es que el inicio del nuevo siglo XXI está destinado a ser la era de la temporalidad –de su reconsideración y reconfiguración– porque esta época epistemológicamente privilegiada pero axiológicamente minimizante ha llegado al impasse de sus propios principios y no puede dejar de superar el déficit ético y la ausencia de memoria histórica que la caracterizan. Es precisamente ese imperativo axiológico el que hace inevitable la emergencia de la reflexión temporal e histórica, nuestras conexiones con el pasado colectivo. El haber elegido la novela y el cine como puntos de referencia preferentes para mi análisis es debido a que esos dos medios de comunicación estética se hallan insertos en el medio de la temporalidad en el que queda ubicada ineludiblemente la narratividad.

2. La mirada retrospectiva. La fijación en el pasado

Hay un marco epistémico comprensivo prevaleciente y obvio en la actualidad. Se caracteriza por la negación o el olvido de la historia, la inserción global, la disgregación del inconsciente social colectivo, la concentración en la individualidad, el predominio de la comunicación visual y auditiva por encima de la escrita, la opción por las formas de la cultura popular al margen de la cultura académica y selecta. Fundamentalmente, esta posición se apoya en la cesura de la continuidad temporal y temática que ha caracterizado a la historia de la cultura. Empezar siempre de nuevo hacia un futuro abierto a sí mismo sin referencias adicionales.

Esta orientación, aunque predominante –es la *Weltanschauung* determinante de nuestra época–, no es la única. Es más, hay formas de oposición a ella precisamente porque la ruptura temporal causa incertidumbre e inseguridad, nos arroja al vacío de la no-significación. En la narración actual

—tanto la novela como el cine— se hallan ilustraciones de esta recuperación de la historia. Consideraré algunos casos específicos y, a partir de ellos, elaboraré mi propuesta de modo más preciso.

Soldados de Salamina, de Javier Cercas, es un ejemplo de opción deliberada por el pasado para descubrir en él lo que el presente no es capaz de proporcionarnos. El compromiso del texto se hace abiertamente con la historia de dimensiones hegelianas, la conflictividad y el enfrentamiento entre opciones ideológicas contrapuestas que conducen fatalmente a una resolución dramática y violenta de carácter abiertamente moral. Frente a la descalificación de la opción histórica, el cierre de la discursividad de Fukuyama y el pensamiento unidimensional de la supuesta descalificación de las ideologías, *Soldados de Salamina* reabre las puertas de la historia y hace que entre en ella el turbulento contexto de las ideas en conflicto que caracteriza —para bien y para mal— el siglo XX. En un giro de carácter antikierkegaardiano, se regresa a Hegel y su temporalidad absoluta en lugar de la temporalidad individual devaluada de los proyectos que cuestionan la totalidad temporal y que el movimiento posestructuralista y derridiano ha convertido en la garantía de una legitimidad metodológica (Heidegger 1953: 392).

En la novela irrumpen las grandes ideologías que han caracterizado el siglo pero desde una perspectiva distinta. No desde el punto de vista del liberalismo crítico frente a los totalitarismos para condenarlos como causantes de los horrores de ese siglo en el que han proliferado los acontecimientos apocalípticos, sino para proporcionarnos una perspectiva interna desde dentro del totalitarismo mismo. La elección de Rafael Sánchez Mazas como referente central de la narración tiene el propósito de presentarnos la motivación de la emergencia de la Falange dentro del contexto histórico del momento. El periodista-narrador elude el juicio crítico taxativo que convertiría a su narración en una expeditiva y justificable condena del movimiento fascista en el país. De modo diferencial, lo presenta, sin adherirse a él, de manera analítica y neutra, con un propósito investigador y no enjuiciador. Más que como un ejecutor central de la historia (Mussolini, Franco, los otras figuras decisivas de las opciones totalitarias), Sánchez Mazas aparece como una excrecencia de ese movimiento que él genera pero del que queda excluido por su incapacidad para la ejecución del programa ideológico, la inadecuación de su posición entre ideario y praxis política y su empeño en la adherencia a un programa por encima y más allá de las exigencias de las circunstancias. Sánchez Mazas fue fundador de la Falange, compañero y correligionario de José Antonio Primo de Rivera, inspirador de los principios fundadores del partido y, por tanto, responsable de sus funestas consecuencias para el país. Al mismo tiempo, fue víctima también del proceso por él desencadenado supuestamente para que, según el *dictum* de Spengler citado en el texto, un puñado de soldados salvaran al resto del país. El texto argumenta que la emergencia del fascismo no se produjo en un vacío incomprensible sino que ocurrió dentro del contexto de turbulencia de la época.

Sánchez Mazas aparece en su doble aspecto de agente y víctima de la historia. El que el acontecimiento central de la novela sea su condición de afortunado evasor de su propia ejecución sumaria en los días postreros de la Guerra Civil es una prueba de su naturaleza ambigua. De intelectual prominente pasa a prisionero y tránsfuga para evitar su muerte violenta. Esta ambigüedad se replica en su evolución desde miembro del gabinete de Franco a escritor decadente y marginado. El texto se interesa por la marginalidad de las grandes figuras y la excelencia humana y ética de los personajes anónimos. En ambos casos, se rastrea la dimensión heroica, la excepcionalidad que supera la mediocridad del medio actual.

Ese proceso de reconstrucción ética del pasado se hace a partir de la proyección retrospectiva de la compensación de las carencias que el presente manifiesta. Insertar en el pasado la grandeza que parece ausente en el presente. La memoria reconstructiva es el vehículo de esa reconstitución temporal. El pasado no sólo interesa arqueológicamente sino que se le otorgan cualidades emblemáticas para la actualidad. El propio narrador describe el proceso de modo lúcido: "ese suplemento engañoso de prestigio que a menudo otorgan los protagonistas del presente, que es siempre consuetudinario, anodino y sin gloria, a los protagonistas del pasado, que, porque sólo lo conocemos a través del filtro de la memoria, es siempre excepcional, tumultuoso y heroico" (72). Sánchez Mazas es una figura emblemática degradada cuyos orígenes sociales y familiares son desenmascarados implacablemente por la narración. Al mismo tiempo se reconoce en el texto la motivación de las opciones por él realizadas.

Miralles es su correlato opuesto. Desconocido en la historia pública, es potenciado en la narración como el emblema de una heroicidad segura. El texto, no obstante, oscila entre la promoción de esa heroicidad y la ruptura de sus fundamentos. El propio Miralles desvirtúa el mecanismo de esa heroicidad que el periodista admirativo le confiere: "Los héroes son héroes cuando se mueren o los matan. Y los héroes de verdad nacen en la guerra y mueren en la guerra. No hay héroes vivos, joven. Todos están muertos. Muertos, muertos, muertos" (199). El narrador se siente motivado por una visión utópica y surreal del pasado, transfigurado por el mecanismo de la memoria y Miralles habla a partir del prosaísmo del presente que menosprecia pero que sabe es la única vía pragmáticamente realizable. El texto elabora explícitamente la dualidad semántica y ética. Se presentan los absolutos históricos del pasado como genuinamente superiores desde un plano axiológico pero, al mismo tiempo, se deconstruyen sus premisas sustentadoras. El texto pone al descubierto los excesos de la opción utópica al mismo tiempo que afirma que ésa es la única opción genuina.

La aproximación de Cercas concuerda con la de otras posiciones paralelas en la narración visual y escrita. Juan Marsé, Manuel Vázquez Montalbán, Montserrat Roig, Pilar Miró y Vicente Aranda son ejemplos. Marsé es un caso paradigmático. En él, el presente interesa como un espejo a través del cual retrotraerse a un núcleo del pasado prístino arquetípico en el que se halla la pureza ética y humana de que el presente parece carecer. Ese proceso retroactivo conduce a una utopía y se autorreconoce a sí mismo como ilusorio y no realizable y, no obstante, los textos de Marsé siguen reincidiendo en él a pesar de la conciencia textual de su esterilidad práctica.

La elección de la marginalidad como centro semántico se relaciona con el rechazo de la orientación predominante de la historia actual señalada, en la cosmogonía de Marsé, por la usurpación de la palabra y la acción por los más poderosos. Marsé confiere voz a esos marginados condenados antes al silencio y expone, además, su situación para concederles la redención de la que se han visto privados hasta ese momento. La memoria asume una doble acción: expone la iniquidad del presente y, en esa revelación, descubre el filón utópico de la conciencia colectiva. Los textos de Marsé se fundan en el rechazo de la historia pública consensuada (la historia escrita y académica) para recrear una historia divergente –oral y popular–, deliberadamente periférica en torno a los marginados de esa historia prevaleciente. En Marsé, por tanto, la historia es un componente constitutivo del texto, pero para ser reescrita desde una perspectiva diferente. La reversión del punto de vista de observación es lo que caracteriza esta aproximación a la temporalidad.

La novela había experimentado ya antes con esta nueva versión de la historia a través del realismo social de los años treinta y luego de los cincuenta. Al amparo de los movimientos sociales de esos períodos y de la estética social, desde Trotzki a Lukacs y Goldmann, la novela había intentado una reversión del protagonismo de la historia con el propósito de que esa nueva versión artística operara transformaciones en la situación política y social. El texto no sólo asumía y representaba la historia de una manera fácilmente reconocible sino que aspiraba a ser un agente determinante en su desarrollo. Esa visión pragmática e instrumental del arte produjo resultados en general parcos, con la excepción del cine de Eisenstein. En novela, el realismo social, desde César Arconada al primer Juan Goytisolo y Antonio Ferres, hace patente que las relaciones de la literatura con la historia son más complejas y mediatizadas que la relación directa de causa-efecto por la que el texto revierte sobre la historia para cambiarlo, como el modelo social-realista proponía.

Marsé se inicia bajo la orientación del realismo social (*Últimas tardes con Teresa*, por ejemplo) pero, ya desde su inicio, introduce elementos suprarreales que ponen en cuestionamiento las posibilidades de esta visión estrictamente representacional y proactiva de la literatura sobre la historia. La ironía, los *shiftings* o sustituciones oníricas, los comentarios críticos autorreferenciales, la duda sobre los presupuestos propios reemplazan la seguridad inquebrantable propia del realismo. Marsé sabe que su textualidad está alejada de la representacionalidad y el verismo estrictos y opta por una exploración de los referentes arquetípicos indirectos en lugar de una representación verosímil de una realidad específica. Sus novelas *El amante bilingüe* y *Rabos de lagartija* son ejemplos.

Ambas emplean el contexto de la Barcelona marginal y proyectan a una figura emblemática victimizada (un paria social en la primera novela; un niño a merced de las circunstancias en la segunda) como protagonista de la reversión histórica. En *El amante bilingüe*, Faneca desenmascara las coartadas ideológicas del nacionalismo bienpensante. En *Rabos de lagartija*, se potencia la actividad clandestina de los primeros años del franquismo mostrando a sus figuras centrales como los preservadores de un orden ético que el franquismo había hecho aparentemente imposible. Víctor, el anarquista perseguido, y su hijo, se oponen a la brutalidad de un régimen que impone no sólo su ley sino también la lectura e interpretación de la historia que ese mismo régimen ha creado. La dicotomía que se plantea en Marsé es obvia: el sometimiento a esa ley de la fuerza o la oposición por encima de todas las consecuencias.

El diálogo entre Víctor y el teniente O'Flynn es ilustrativo al respecto: Víctor, fatigado y decepcionado por su larga e infructuosa oposición a un poder omnímodo, pretende borrar todos los vestigios de una historia que a él le ha proporcionado numerosas desgracias personales: "Me atormentan demasiado el dolor y la desesperanza, y sobre todo los infinitos horrores que he visto, incluyendo los que yo mismo he causado, así que espero que no quede memoria del más mínimo detalle de nada de eso" (Marsé 2001: 280). La historia deja aquí de significar de manera activa. La minimización temporal y axiológica parecen prevalecer. Pero no es ésta la única opción. A esta visión desmemorizadora se contrapone la aserción de las opciones absolutas incluso en su versión utópica y suprarreal. Esta versión corresponde a la del teniente O'Flynn, una figura de incierta consistencia objetiva, que afirma rotundamente los derechos de la historia: "Te equivocas, darling, dice el teniente O'Flynn [...] si se pierde la memoria de uno solo de estos detalles, se perderá todo y nos perderemos todos, el universo entero se perderá con nosotros. O nos salvamos todos con todo, o no se salvará nadie" (280). No cabe la ambigüedad en O'Flynn, veterano de la lucha contra el nazismo, que se asienta con convicción en la opción hegeliana absoluta por encima de la vacilación de su interlocutor que ha perdido la confianza en la acción para transformar la realidad.

El que la novela concluya con la exaltación heroica del fotógrafo víctima de la huelga de transportes de Barcelona de 1951 es una afirmación final de los derechos de la historia por encima de la banalidad del presente. *Guerra y paz*, de Tolstoi, es significativamente la última referencia literaria del libro. La dimensión heroica prevalece por encima de las ambigüedades que la historia circunstancial impone. La memoria se conviete así en el instrumento estético y filosófico privilegiado de la figuración novelística.

De modo paralelo a Cercas y Marsé, Muñoz Molina utiliza la focalización en el pasado ideológico heroico para convertirlo en el paragón del presente. Como en esos autores, la trayectoria retrospectiva se dirige en Muñoz Molina a dos contextos: el período en torno a la Guerra Civil y sus derivaciones represivas bajo el franquismo. El procedimiento es la transformación suprarreal de datos y hechos objetivos para, una vez recontextualizados, crear un nuevo ámbito interpretativo que no sólo recupera esos hechos olvidados ya en la vida cotidiana nacional sino, que les confiere una ejemplaridad incuestionable para el presente.

Beltenebros, bajo la referencia al *film noir* político de Hollywood de los años cincuenta, convierte a un asesino, Darman, en el brazo ejecutor de la justicia contra la iniquidad histórica de la dictadura franquista que paralizó la historia nacional. Darman emerge de su propia corrupción para desenmascarar la doblez y frialdad del comisario Beltenebros, una figura metafórica de toda la represión política del periodo. La memoria es aquí el instrumento de la rectificación de los errores de la historia, la afirmación de la libertad colectiva frente al supuesto destino fatal del país aparentemente subordinado siempre a la intervención nefasta de figuras mesiánicas. Este texto transfigura un periodo mediocre y servil y lo convierte en la ocasión para la aparición de figuras nietzscheanamente sobrehumanas, que se sitúan por encima de todas las opciones morales convencionales.

El jinete polaco fija el interés ético del texto en otro rasgo consuetudinario de la historia nacional: la exclusión de la diferencia y la marginación del exilio. En ese texto, la memoria recupera el sacrificio personal de los que participaron en las grandes *Ideologiekämpfe* de la mitad del siglo XX y se adhiere a la causa de los perdedores en ese enfrentamiento. En última instancia, su opción es de naturaleza ética: la memoria afirma la validez y la legitimidad plenas de los grandes proyectos colectivos por encima de la frivolidad y provisionalidad de principios que la condición posmoderna finisecular propone. Frente al minimalismo y reduccionismo subjetivizante, la aserción de los valores absolutos de la gran historia.

Plenilunio traslada esa aserción al presente y lo hace con relación a la violencia arbitraria e indiscriminada de las relaciones sociales (y por extensión metonímica, políticas) de la sociedad global. El terrorismo es el subtexto de la novela y, frente a su acoso anónimo y secreto, la entereza abierta y arriesgada del detective aparece como una réplica de la integridad moral del exiliado republicano de *El jinete polaco*. Todos ellos tienen como referente primordial último el programa de regeneración individual y colectiva que aportaron a la vida nacional las figuras irreprochables de la Institución libre de enseñanza y de sus discípulos directa o indirectamente influenciados por ella: Francisco Giner de los Ríos, Antonio Machado, Besteiro, etc. En la novela de Muñoz Molina, la historia entra de nuevo sin reservas y, a través de ella, una temporalidad en la que el sujeto individual puede incorporarse de manera plena. La disolución de la personalidad y el tiempo, convertidas en características determinantes de la condición finisecular, se reconsideran y se replantean de nuevo a partir de premisas renovadas de consideración.

El cine sigue una orientación paralela entre la afirmación y el rechazo de la memoria reconstructora. Los clásicos modernos del cine son una ilustración. Me concentraré en tres casos paradigmáticos como ilustración: Pilar Miró, Carlos Saura y Vicente Aranda. En todos ellos, la atracción del pasado es determinante en su configuración del presente. Es más, el presente carece de significación sin antes examinar el pasado y mostrar sus ramificaciones con la actualidad.

Pilar Miró se ha apropiado de algunos grandes textos clásicos adaptándolos a la visualidad instantánea de la cámara. *Werther*, de Goethe, y *El perro del hortelano*, de Lope de Vega, son algunos ejemplos de su vinculación con la literatura canónica y su deseo de establecer una continuidad entre la gran cultura escrita del pasado y la nueva cultura de la imagen. En lugar de una ruptura de continuidad con ese pasado para afirmar la identidad singular e intransferible del presente, Miró asume la identidad clásica y se reconoce así como miembro de una comunidad cultural común.

En su reposesión de la cultura textual canónica, Miró llega, en algunos casos, al homenaje admirativo y, a través de él, consigue, por ejemplo, el refinado deleite estético de *El perro del hortelano*. Su orientación preferente es, no obstante, la reconversión acerbamente crítica de la historia. En ambos casos –tanto la adhesión a la historia cultural normativa como su disección analítica–, la retrospectividad temporal predomina.

El crimen de Cuenca, Beltenebros y *Tu nombre envenena mis sueños* constituyen tres ejemplos ilustrativos de la versión reposesionadora de la temporalidad. En los tres films, el desenmascaramiento de la versión convencional de la historia es el agente fundamental del objeto artístico. La rectificación de los hechos se convierte en el objetivo de la película afirmando así el imperativo temporal de la condición contemporánea, su negativa al olvido, su compromiso con la reescritura de la historia de acuerdo con unos principios éticos que trascienden situaciones circunstanciales.

En las tres películas, el encubrimiento de la represión queda al descubierto ya sea en el caso de la justicia corrupta de la España de la Restauración o en la posguerra franquista. Porque la historia es importante, la obra debe asumirla plenamente. Es más, en el caso de Miró, el arte puede suplir el desarrollo histórico y trazar una versión de la historia que corrige subliminal y arquetípicamente los errores del pasado y presenta una alternativa ética superior. Por ello, en *Beltenebros* y *Tu nombre envenena mis sueños*, los agentes de la violencia y represión sufren un castigo ejemplar que los juzga y condena de manera definitiva y, a través de ese acto de justicia indirecta, los hechos y consecuencias históricas del franquismo experimentan un modo de rectificación y cambio.

Consideremos ahora el caso de Saura. Es conocida su preferencia por la cultura histórica y escrita, desde *La prima Angélica* a *¡Ay, Carmela!* Como Miró, Saura ambiciona para el cine una capacidad de reescritura y rectificación que inserte el componente ético en los parámetros de la historia. *Goya en Burdeos* y *Tango* posicionan al arte como testimonio de una situación histórica indefendible. De nuevo, ante el olvido colectivo de unos actos injustos, el arte revela otros posibles cursos implícitos de la historia. En el caso de *Goya en Burdeos*, se pone al descubierto la situación dramática del exilio que margina a un gigante de la pintura. El medio fílmico transfigura al exiliado en un protagonista y observador privilegiado de la historia posible dentro de la que se supera la mediocridad y mezquindad de lo ocurrido de manera real. La historia suprarreal posee el atributo de ejemplaridad que la historia real coarta. El destino de Goya es el alegato en contra del despotismo característico de la historia moderna del país. *Tango*, por su parte, practica una reescritura paralela de los desmanes de la dictadura argentina, que es puesta en evidencia a partir del encuentro con los orígenes primordiales de la historia del país. El tango porteño y las notas epifánicas del *Nabuco* de Verdi introducen el valor catártico del arte frente a la historia objetiva.

Vicente Aranda, con un repertorio amplio de películas en torno a la naturaleza paradójica e ilusoria de la realidad tangible, ve en la fundamentación histórica del presente un hecho decisivo. *Amantes* desencubre la mezquindad colectiva de la posguerra por la que la inocencia y la integridad (materializadas en Trini) se convierten en el objeto de la victimización y el abuso de los otros. *Libertarias* nos traslada a la dimensión heroica de la retaguardia en Barcelona durante la Guerra Civil dando a la mujer el protagonismo de esa heroicidad. En otras películas de Aranda, la mujer puede verse convertida en un objeto pasivo de la intencionalidad sexual masculina. De modo diferencial, en *Libertarias* la mujer asume la iniciativa de la acción y el cambio histórico. *Juana la loca* tiene a otra mujer como protagonista y esta vez, como Trini en *Amantes*, aparece como extrañamente culpable de su amor genuino frente a las razones de estado de los hombres que la rodean. De ese modo, la historia reafirma en Aranda su presencia como una ficción elusiva e inconcreta pero que modela inequívocamente todos los hechos del presente.

3. La mirada proyectada

Tras haber considerado la reinserción de la memoria dentro de la discontinuidad temporal contemporánea, consideraré la otra tendencia actual determinante: la ruptura de la continuidad y la aserción absoluta del presente. A diferencia de la tendencia previa, la historia se considera en este caso con sospecha y desinterés e incluso menosprecio ya que revela sólo los errores cometidos por otros falsamente en nombre de un país o de la humanidad. Los principios que se asocian con el pasado suponen un impedimento para el presente. La historia equivale a monumentalidad estéril y paralizante y, por consiguiente, las referencias al pasado se juzgan como denotativas de una proclividad hacia lo ya ocurrido en detrimento de lo actual o futuro. La historia, por tanto, como lastre y no como guía y orientación para la actualidad. La desconexión temporal y la negación de la cadena temporal lógica son un modo de afirmar una identidad distintiva frente a las señas de identidad heredadas del pasado. Ya que no es posible romper con la herencia del lenguaje que proviene del otro –la maldición de la palabra ajena de Heidegger y Lacan– es al menos posible reconfigurar nuestras relaciones con la temporalidad de manera personal y singular.

Hay numerosos textos procedentes de la cultura escrita que materializan esta relación de ruptura con la temporalidad. Provienen, en particular, de la cultura joven determinada por los medios de la comunicación global e instantánea, la intercambiabilidad de los objetos culturales y la equiparación de los componentes de la cultura académica y la popular. En la narración escrita, los ejemplos proceden de la novela joven (desde Ray Loriga a Lucía Etxebarría, entre otros). En la visual, los nombres emblemáticos son Amenábar y Almodóvar, en el cine español, y Wim Wenders y Philippe Leconte en el cine europeo/americano. Estos son algunos casos obvios e indiscutibles. No obstante, para mi trabajo prefiero concentrarme en un ejemplo más ambigüo y complejo pero que revela mi propuesta de manera paradigmática. Es Javier Marías.

Es cierto que Marías es un conocedor extenso de la cultura canónica y en particular la anglosajona clásica: el teatro isabelino, Shakespeare, Conrad, etc. Sus referencias a la Universidad de Oxford, centro de la cultura canónica occidental, son otro índice de que sus textos tienen conexiones con el pasado y que la historia, en lugar de negarse u ocultarse, es un componente constitutivo de esos textos. La historia, el pasado aparecen con prominencia en las narraciones de Marías. Sin embargo, esa referencia carece de la certeza y la seguridad de la estética representacional que se funda en una visión newtoniana clásica del tiempo y el espacio. Marías nos presenta una temporalidad sesgada, irónica e indirecta que, en el mismo momento de elaborarse y ser emitida textualmente, se desvirtúa de inmediato a sí misma y queda en tela de juicio. En otras palabras, se autodestruye por medio de la paradoja y la meditación o reflexión irónica. Los ejemplos son numerosos.

Todas las almas es una crónica de una estancia del narrador/autor como profesor de literatura en la universidad de Oxford. Tanto el lugar como la actividad del narrador están esencialmente conectados con el pasado. Son, por definición, una aserción del imperativo de la historia, la necesidad de mantener activa la influencia del pasado sobre el presente. La universidad de Oxford se remonta a la época medieval y la cultura clásica, que es un componente constitutivo del currículo de esa universidad, es una afirmación fehaciente de ese pasado. Los datos significativos esenciales de la novela nos orientan, en principio, hacia la continuidad, la permanencia inmutable del tiempo, la elucidación de la naturaleza definitoria del presente a partir de la historia pasada. Si existe un lugar donde el peso de la historia cultural se hace evidente de manera flagrante, ése lugar es Oxford. Y, no obstante, el texto es un comentario crítico que devasta los objetivos y procedimientos de ese medio cultural exquisito y desenmascara las aberraciones que ese peso del pasado monumental puede acarrear en la conducta de aquellos que se ven sometidos a su influjo. El narrador aparece como un observador privilegiado de esas consecuencias y finalmente, con su partida de la ciudad, afirma el derecho a la diferencia, a distanciarse de un pasado tan magnífico y glorioso como asfixiante.

Otras novelas de Marías siguen una trayectoria similar en su relación con la temporalidad. *El hombre sentimental* ejerce una crítica acerba contra el mundo de la alta cultura ejemplificado en la ópera. El tenor El León de Nápoles y sus compañeros de profesión aparecen como figuras megalómaas y psicóticas, torpes caricaturas del refinamiento y la belleza que se asocian generalmente con esa forma artística. La sentimentalidad anunciada en el título se ridiculiza, mostrando el origen prosaico de las emociones más nobles, como el amor. *Corazón tan blanco* y *Mañana en la batalla piensa en mí* insisten en esa similar descalificación de las grandes emociones humanas revelándolas como derivadas de la retórica del lenguaje, desencializadas y desnudadas de su larga carga literaria que les confiere su elevada ascendencia.

El narrador de *Negra espalda del tiempo*, por su parte, afirma de manera taxativa que, a pesar de todos los intentos, no es posible hacer una hermenéutica inequívoca de la temporalidad y por ello, su metodología narrativa se define a partir de la imposibilidad de definir y fijar los hechos situados en el tiempo: "Queda por contar todavía tanto reciente y lo venidero, y yo necesito tiempo. Pero sé que… seguiré contándolo como hasta ahora, sin motivo ni apenas orden y sin trazar dibujo ni buscar coherencia, sin que a lo contado lo guíe ningún autor en el fondo aunque sea yo quien lo cuente… ni tenga por qué formar un sentido ni constituir un argumento o trama u obedecer a una armonía oculta" (*Negra espalda del tiempo* 418). Tras revisar y analizar críticamente numerosos componentes del repertorio cultural occidental, el narrador pone de relieve la impostura del sistematismo, la encadenación lógica y la coherencia que han regido la estética moderna desde Goethe en adelante. El magma de significado acaba por prevalecer como la posición más coherente y consecuente frente a la historia.

En textos de otros autores, en lugar de una referencia temporal irónica, hallamos la elisión escueta del pasado. Son las novelas de los autores más jóvenes y que, por tanto, se han educado íntegramente dentro del último discurso cultural de la imagen y la comunicación internacional instantánea y más allá de las fronteras nacionales. En esos autores, está ausente el archivo de la gran cultura escrita y artística canónica que configura todavía la novela de Marías. Ni siquiera ese archivo actúa de manera indirecta o popularizada, como ocurre en Pérez Reverte, por ejemplo.

La eliminación de los referentes culturales del pasado equivale a la desaparición de la conciencia abierta de las posibles vinculaciones del relato con otros relatos. La narración se ubica abiertamente en un presente absoluto con referentes que en general proceden de la cultura no académica y literaria.

Los resultados son relatos que suelen producir el rechazo para una lectura que proceda de los principios de la cultura escrita ya que esa lectura no puede hallar en la narración ningún eco de los referentes convencionales Esos textos son, no obstante, significativos para una sociología de la cultura ya que ponen de manifiesto la voz de los que hasta ahora no habían podido manifestar su identidad por carecer de los medios para realizarlo. Como la cultura pop en general, la nueva novela sin memoria histórica da poder y protagonismo al desprovisto de poder cultural y, en particular a los que no participan en lo que Bourdieu denomina la lógica del dominio lingüístico creada y defendida por los que ocupan el poder social y político (57). La novela de Ray Loriga, *Tokio ya no nos quiere*, es una ilustración apropiada.

Como otros textos del grupo de novelistas jóvenes, desde Angel Mañas a Pedro Maestre y Lucía Etxebarría, entre otros, en Loriga se trata el tiempo presente en relación con los jóvenes de modo autosuficiente, desconsiderando las conexiones entre el contexto juvenil y lo que lo precede y rodea. El presente en el vacío, poblado por figuras que carecen de conciencia histórica. Es más, en el caso de la novela de Loriga, hay un intento manifiesto por borrar todas las huellas de conexión con el pasado. El protagonista de la novela es un vendedor de un producto para eliminar la memoria y borrar todos los recuerdos de la mente del que toma el producto. El propio vendedor experimenta con el producto y, como consecuencia de ello, lo olvida todo en su vida. El presente inmediato, el movimiento ininterrumpido hacia delante, la ausencia de fines y objetivos se convierten en el horizonte de su trayectoria. La película *The Shining* con Jack Nicholson, los libros de viaje de Conrad, la trayectoria existencial de Antoine Roquentin en *La nausée* son algunos puntos de contacto extrasubjetivos, más allá de la personalidad solipsista de este personaje adicto al consumo de productos químicos artificiales. Sus intentos de comunicación humana se hacen progresivamente más escasos e insatisfactorios y finalmente su contacto con los demás se reduce a algún encuentro sexual fugaz y anónimo y el deambular por diversos países y ciudades después de una estancia en el hospital para ser desintoxicado.

El contexto global sustituye el estrecho ámbito local de Madrid que el protagonista desprecia por rutinario y provinciano. Sin raíces de identidad nacional y familiar, sin una memoria personal y colectiva, este personaje constituye el epítome de los rasgos negativos que la crítica del modelo global y posmoderno ha propuesto desde Habermas y Bourdieu a Manuel Castells. El nihilismo de Sartre se concebía todavía como una protesta frente a la mauvaise foi de la conciencia complaciente, adherida confiadamente a una vida cultural roma y sin ambiciones. En su rebelión, Roquentin anticipaba ya la oposición a la sociedad del mercado y las relaciones reificadas que caracteriza al Sartre posterior. Esa rebelión era una llamada a una posición personal y filosófica más genuina y legítima con la que enfrentarse a un tiempo hostil. Sartre podía incluso proclamar que su negación de toda opción ontológica y trascendente podía generar un tipo de humanismo superior. Roquentin podía ser concebido como una figura prometeica que, en su autoexilio del ámbito occidental común, superaba un vacío que él mismo había generado de manera meticulosa y persistente.

No es posible decir lo mismo del protagonista de *Tokio ya no nos quiere*. Su deambular carece de motivo ulterior y su actuación confirmaría la necesidad de tener algún apoyo personal y colectivo, el fundamento de la herencia del otro, que nos integre en un proyecto supraindividual. Sería inapropiado, no obstante, extrapolar de un solo texto la crítica de todo un modelo hermenéutico. Esta novela da, no obstante, indicios fehacientes de las ramificaciones de la pérdida de la historia en el marco epistemológico contemporáneo.

En el cine, Almodóvar y Amenábar han explorado las relaciones del objeto artístico con la temporalidad. Ambos se oponen al exceso de la reconstrucción de la Guerra Civil y sus consecuencias que ha caracterizado una parte del cine español posfranquista, desde *Canciones para después de una guerra* a *La lengua de las mariposas*. Almodóvar afirma la legitimidad estética y existencial del presente desde una perspectiva popular y no intelectual y académica. *Todo sobre mi madre* traslada, por ejemplo, la perspectiva heroica masculina en torno a la gran historia y las grandes ideologías hacia la mujer y la narración personal y mínima. Cinco relatos imbricados de mujeres anónimas clausurados con el monólogo ironizante de un travestido que afirma su derecho a ser sin compromisos con los principios consuetudinarios.

Amenábar explora en *Abre los ojos* las dimensiones insólitas de un yo transensorial y se adentra en la dimensión einsteniana del tiempo. En vez del yo estable inmanente clásico, un yo que se extiende hacia otras opciones. En lugar del tiempo convencional, la exploración de una temporalidad que se expande más allá de la percepción lógica.

4. La memoria reasumida

El debate en torno a la temporalidad no puede tener una clausura y probablemente tampoco una conclusión. Constituye un punto ineludible y determinante de nuestra reflexión sobre la condición contemporánea encuadrada en la globalidad y la afirmación de la diferencia. La posición antihistórica ha servido el propósito fundamental de romper la sistemática y excluyente continuidad cultural que jerarquizaba y definía los componentes de la historia de manera rígida y previsible. Ésa es la contribución más notable de su esfuerzo.

Al mismo tiempo, después de la primera eclosión de la deshistorización, se ha hecho progresivamente evidente que a la actividad humanística –a diferencia de la científica– no le es fácil prescindir de la herencia en la que parece tener que apoyarse para su actividad. Frente a la deshistorización, la reconfiguración lateralizada, desesencializada, de la trayectoria previa común parece ser la opción más persuasiva para la condición epistémica del nuevo siglo que se abre ante nosotros de manera acelerada.

Bibliografía

Baudrillard, Jean (1976): *L'Echange symbolique et la mort*. Paris: Gallimard.
Bourdieu, Pierre (1999): *Language and Symbolic Power*. Cambridge: Polity Press.
Castells, Manuel (1999): *The Rise of the Network Society*. Oxford: Blackwell.
Cercas, Javier (2001): *Soldados de Salamina*. Barcelona: Tusquets.
García Canclini, Néstor (1999): *La globalización imaginada*. México: Paidós.
Heidegger, Martin (1953): *Sein und Zeit*. Tübingen: Niemeyer.
Jameson, Fredric y Masao Miyoshi (Eds.) (1998): *The Cultures of Globalization*. Durham: Duke University Press.
Loriga, Ray (2000): *Tokio ya no nos quiere*. Barcelona: Plaza y Janés.
Marías, Javier (1989): *Todas las almas*. Barcelona: Anagrama.
Marías, Javier (1994): *Mañana en la batalla piensa en mí*. Madrid: Alfaguara.
Marías, Javier (1995): *El hombre sentimental*. Madrid: Alfaguara.
Marías, Javier (1996): *Corazón tan blanco*. Barcelona: Anagrama.
Marías, Javier (1998): *Negra espalda del tiempo*. Madrid: Anagrama.
Marsé, Juan (1990): *El amante bilingüe*. Barcelona: Planeta.
Marsé, Juan (2001): *Rabos de lagartija*. Barcelona: Lumen.
Muñoz Molina, Antonio (1989): *Beltenebros*. Barcelona: Seix Barral.
Muñoz Molina, Antonio (1991): *El jinete polaco*. Barcelona: Planeta.
Muñoz Molina, Antonio (1997): *Plenilunio*. Madrid: Alfaguara.

Muñoz Molina, Antonio (1999): *Carlota Fainberg*. Madrid: Alfaguara.
Navajas, Gonzalo (2002): *La narrativa española en la era global*. Barcelona: EUB.
Sartre, Jean-Paul (1947): *La nausée*. Paris: Gallimard.
Virilio, Paul (1996): *Un paysage d'événements*. Paris: Galilée.

Fernando Cabo Aseguinolaza

Memoria de la Transición y modelo picaresco. Notas de lectura

Sabido es que la picaresca sigue concibiéndose en muy buena medida bajo el presupuesto decimonónico de la relación entre la literatura y las instituciones sociales, y que no es fácil librarse de la tendencia a entender esta forma literaria como una vía particularmente favorable para reivindicar las relaciones entre la literatura y la vida y el entorno social e histórico. Es así, naturalmente, en el caso de la historiografía de la literatura, en cuyo ámbito cobró forma esta conexión, pero también en el de la escritura literaria en sí misma, que acude una y otra vez a este referente en busca de una pauta formal y temática aprovechable para intereses muy diversos.

Siguiendo esta vía, no debería sorprender que la picaresca reciba su cuota de atención en un seminario dedicado a la *Memoria literaria de la transición en España*. Hay varias razones fundamentales. En primer lugar, el hecho de que los modelos picarescos han tenido una incidencia más que considerable en la narrativa española posterior al año 1975. Por supuesto, se trata de una relación con el antiguo género clásico que no ha de considerarse como mimética, ni siquiera como el resultado de la prolongación de un antiguo linaje literario, sino como una vinculación compleja que se ha acrecentado y enriquecido con otras presencias también muy sustanciales. Cabría añadir además su relación con la importantísima presencia de la opción narrativa por la primera persona en la literatura contemporánea, una forma de enunciación, sin duda variopinta y heterogénea, que admite modulaciones casi infinitas, desde la autoficción y las formas memorialísticas, pasando por registros afines a la novela de detectives, hasta la proximidad de lo que cabría considerar como formas vinculadas de un modo u otro a la tradición picaresca.

El segundo argumento apunta a la circunstancia nada extraña de que esta tradición neopicaresca –aceptemos provisionalmente el término– haya acogido con notable perseverancia la Transición como referente histórico de sus tramas; a veces sólo de manera episódica, como blanco de un potencial satírico que le permite incorporar a sus argumentos referencias a personajes y circunstancias del horizonte histórico más inmediato, y en alguna otra ocasión, a la que nos referiremos más adelante, convirtiendo la Transición, como tal, en tema esencial y fundamento ineludible de su propuesta literaria. Esto es, que tanto el conjunto de hechos y acontecimientos ligados a lo que ahora se entiende como un proceso histórico más o menos definido como el propio concepto de Transición (¿dónde empieza y dónde termina?, ¿qué es lo que cambia y en qué se transforma?...) han sido abordados desde esta peculiar perspectiva neopicaresca. No está de más recordar a este propósito que la Transición ha dado en funcionar como etiqueta periodológica, pero que antes (y también después, cuando se habla, por ejemplo, de una segunda Transición o de la Transición inacabada) fue sobre todo un elemento movilizador y un programa político e ideológico.

En tercer lugar, la picaresca, al lado de su dimensión internacional, ha sido presentada desde el inicio mismo de la tradición historiográfica sobre la literatura española como uno de sus elementos más característicos y definitorios. La picaresca es, pues, inevitable en la consideración de una tradición literaria española, y por ello tomarla como referente es una vía para replantearse el sentido de esa tradición y la disposición ante ella de distintas generaciones de escritores. Se trata, en otras palabras, de un instrumento privilegiado para hacer patente una toma de posición en el marco literario español. Y así ha ocurrido no sólo en el período posterior al año 75, sino también antes en varias ocasiones muy significativas.[1]

Estos factores podrían avalar la tesis de que es en esta orientación donde hallaríamos una de las formas más relevantes para la reflexión literaria sobre el presente histórico o el inmediato pasado que identificamos con la Transición. De hecho uno de los caracteres básicos de la picaresca se presta especialmente a ello, al tiempo que introduce la peculiaridad de un ámbito propio que condiciona en buena medida la mirada que proyecta sobre el entorno: me refiero a la interconexión tan sutil entre lo privado y lo público, siempre desde una posición de marginalidad, mediante esa especie de relé social e ideológico que es la figura del narrador picaresco (ya ocurriría así en el *Lazarillo* o el *Guzmán*).

Pensemos, a la luz de todo lo anterior, en la importancia de este referente picaresco en la inmediata posguerra y en los usos diversos e incluso contrapuestos que hicieron de él autores como José Antonio Zunzunegui, Cela o Darío Fernández-Flórez. Personajes como el Pascual y el Lázaro celianos

---

1   Me detengo en esta cuestión en el trabajo de Fernando Cabo Aseguinolaza: "La novela picaresca y los modelos de la historia literaria". En: *Edad de Oro*, XX (2001), pp. 23–38.

(*La familia de Pascual Duarte*, 1942; *Nuevas andanzas y desventuras de Lazarillo de Tormes*, 1944) o la Lola del escritor de Valladolid (*Lola, espejo oscuro*, 1950), inconmensurables como son, muestran facetas bien distintas de esa relación constitutiva entre lo público y lo privado, pero también de otros aspectos no menos importantes como las maneras distintas de entablar la conexión con la tradición literaria –muy radical en el caso del Cela de la década de los cuarenta, mucho más superficial y oportunista en el de Fernández-Flórez– y como la incorporación de otros modelos que actualizan la tradición y la dotan de nuevas potencialidades. Habría que recordar, para proponer un caso relevante, la impronta decisiva de la obra de Dostoievski en el caso de Cela, o la relevancia en su obra de los ecos de la picaresca anteriores a la Guerra Civil y también a la República que se asocian a los nombres de Ciro Bayo (*Lazarillo español*, 1911), de Josep Pla (*Vida de Manolo contada per ell mateix*, 1928) o incluso de Florián Rey y su peculiar adaptación cinematográfica, hoy perdida, del *Lazarillo* (1925).[2]

La neopicaresca de posguerra constituye en este sentido, y por eso considero apropiado traerla a escena, un término de comparación iluminador. Son varios los aspectos que llaman la atención. Resulta significativo, por ejemplo, que en ambos momentos, el de la posguerra y el actual, se haya acudido al referente picaresco para acoger, de modo más o menos oblicuo o translaticio según los casos, una reflexión sobre la historia inmediata. También es digna de notarse la incorporación reiterada en ambos casos de un elemento de la tradición comúnmente relacionada con Dostoievski, por otro lado tampoco extraño a la picaresca más tradicional ni a la sátira menipea, aunque seguramente ahora planteada con una radicalidad más patente: se trata de lo que Bajtin denominó con indudable eficacia *el umbral*.[3] Es decir, la situación de los hechos, incluso de la propia escritura, en un momento de crisis, de ruptura, condicionando con gran intensidad la calidad misma del mundo de ficción. Y, por supuesto, habría que notar asimismo la afinidad en cuanto a los rasgos que autorizan en último término a hablar de neopicaresca (tal y como se ha utilizado con profusión el término en el ámbito latinoamericano y brasileño); así la estructura episódica, la diversidad de ambientes, la dimensión satírica y humorística, el empleo de la primera persona, la subalternidad social de los protagonistas, con frecuencia la idea de ascenso y medro y, fundamentalmente, la encarnación de la

---

2   Agustín Sánchez Vidal (1991): *El cine de Florián Rey*. Zaragoza: Caja de Ahorros de la Inmaculada de Aragón, pp. 53
3   Mijail Mijailovich Bajtin (1989): *Teoría y estética de la novela*, traducción castellana de Helena S. Kriúkova y Vicente Cazcarra. Madrid: Taurus, p. 399.

realidad de la ficción en una voz, hecha experiencia, que es radicalmente ajena.

Pero la comparación entre ambos momentos no es menos pertinente en lo que se refiere a la distancia que las separa, empezando por la manifiesta diferencia del impacto social y literario conseguido en ambos casos por el uso de estos procedimientos (aspecto que no es ni mucho menos anecdótico) y por la inserción de las neopicarescas actuales en un entorno estético, intelectual e ideológico muy alejado del de la posguerra. La huella de Dostoievski, directa o indirectamente, sigue ahí en más de una ocasión, pero evidentemente hay que añadir según los casos otras presencias que han contribuido poderosamente a modelar los discursos de estos narradores: desde Günter Grass a Nathanael West –asociados a la visión crítica y extrañante de la Alemania de preguerra y del sueño americano, respectivamente– pasando por ese uso de la primera persona, imponiendo su capacidad digresiva y de comentario sobre la mera narración de hechos, que acaso se podría filiar –componiendo un linaje genuinamente postmoderno– con Sterne y una larga nómina en la que no faltarían Machado de Assis o Italo Svevo.

Pero vayamos al asunto. Un punto de referencia que nos proporciona una perspectiva interesante sobre ciertos usos recientes de la picaresca lo tenemos en *Historia de un idiota contada por él mismo o El contenido de la felicidad* (1986), de Félix de Azúa.[4] No le faltan huellas y referencias textuales que apuntan a los relatos de pícaros del Siglo de Oro; por ejemplo, un eco del episodio en el que Lázaro es golpeado contra el toro de piedra de Salamanca por el ciego (p. 11). También es patente el peso de Dostoievski, una de las lecturas predilectas del protagonista. Sin embargo, no se trata de un relato que cabalmente admita ser calificado de picaresco. Hay, con todo, algunos elementos que interesa poner de relieve, ya que anticipan varios aspectos decisivos de la manera de representar la Transición de alguna de las obras mucho más claramente neopicarescas en las que nos detendremos.

En la obra de Azúa nos encontramos con una voz que indaga y deconstruye el pasado, una tarea en la que se imponen las ideas de vacío, de inconsistencia y de simulación. Hay también una lúcida denuncia de la idea de felicidad como destino o proyecto de tipo social, por lo que tiene de falacia ideológica y de coartada para la ocultación del sufrimiento. Se ahonda además en el carácter apocalíptico que adquieren a veces este tipo de narraciones, convertidas en relatos desde las postrimerías, desde el

---

4   Félix de Azúa (^{5}2000): *Historia de un idiota contada por él mismo o El contenido de la felicidad*. Barcelona: Anagrama.

acabamiento de la realidad que se aborda y cuya verdad se pretende desvelar, hasta el punto de pergeñar a partir de esta percepción una poética bastante precisa:

> Cuando digo el 'mundo verdadero' quiero decir el que ES, en el presente presente, pero sólo se hace visible, sólo es evidente, a la memoria o como memoria. Es el mundo aquí y ahora, pero DEBEMOS VERLO COMO PASADO, porque debemos verlo COMO SI YA HUBIÉRAMOS PASADO. (p. 89)

Y a esto debe añadirse la fuerte dimensión satírica hacia tipos sociales (en especial de burguesía catalana) y personajes históricos y reales, a veces introducidos en clave y otras de manera tan transparente, que ni siquiera se puede hablar de encubrimiento. Todo lo cual sirve de marco para valoraciones sobre el sentido último de la transición hacia la democracia y el papel desempeñado en ella por distintos grupos. Del siguiente modo se valora, por poner un caso expresivo, la relegación de quienes habían militado contra la dictadura en favor de una clase política emergente, aunque no por ello libre de implicaciones más o menos disimuladas con el franquismo:

> Es natural. La política es una profesión que no puede dejarse en manos de editores, arquitectos o bailarines. En vida del general los verdaderos políticos se dedicaron a negocios financieros, dejando la resistencia en manos de los pobres, que no tienen nada que perder, y de los aficionados, que es gente de buena fe; pero una vez inaugurada la democracia emergería del fondo de las moquetas un número increíble de políticos profesionales a quienes nadie conocía, pero cuyo aplomo nadie fue capaz de quebrar. Los individuos como Pepe Barras, los huelguistas de hambre azuzados por el episcopado, o las revistas del Gran Corazón como *Cuadernos para el Diálogo*, incluso las verdaderas víctimas, es decir, los pobres, desaparecerían del mapa en cuanto se hicieron necesarios los políticos profesionales ... Franco había aplastado sin la menor astucia, a su manera borde y primaria, todo cuanto sonara a catalán, vasco o gallego, contando con la colaboración de las clases altas catalanas, vascas y gallegas. Estas mismas clases altas estaban dispuestas a quedarse en usufructo el País Vasco, Cataluña y Galicia, en cuanto desapareciera el Amo. Para lo cual bastaba con decir que no habían sido ellos los trituradores del País Vasco, Cataluña y Galicia, sino unos extrañísimos hombres de Madrid (que a su vez eran vascos, catalanes o gallegos), y que ahora ellos iban a rehacer el País Vasco, Cataluña y Galicia. (pp. 107–108)

Tenemos, pues, la presencia de una actitud indagatoria, con un fuerte contenido moral en algunos momentos, que se apoya en una concepción de la memoria muy determinada. Y podríamos decir que también en una relación fluida de la ficción con un ámbito de referencia social y político contemporáneo preciso. Sin embargo, no se trata de un modelo de relato social o político en el sentido tradicional, precisamente porque el papel de la memoria individual, de la incerteza de los objetos y realidades que constituye, de la ausencia de un proyecto utópico y de la situación de autoexclusión histórica en la que se sitúa la escritura define una posición irreconciliable con cualquier forma de realismo crítico, aunque no por ello carezca la novela de una notable capacidad de crítica basada en la postulación de la realidad histórica como apariencia.

Evidentemente, no todos los textos que cabría aproximar a la tradición neopicaresca comparten estos rasgos, aunque ni mucho menos se limiten a una poética individual. Hablando así de neopicaresca, sería fácil allegar un amplio repertorio de textos de autores tan conocidos como Eduardo Mendoza, Felipe Benítez Reyes, Andrés Trapiello o, entre otros, Luis Landero, que de forma más o menos nítida se han aproximado a algunos aspectos del modelo picaresco para abordar circunstancias y facetas de la vida española que podrían inscribirse en el no siempre preciso concepto de Transición.

Últimamente, sin embargo, varios autores más próximos generacionalmente a Benítez Reyes que a los otros nombres citados –autores nacidos al principio de la década de los 60– han vuelto con nuevo entusiasmo y eficacia sobre ciertos aspectos de la picaresca, para construir a partir de ella novelas en algunos casos muy estimables, que además insisten de forma directa sobre el territorio cada vez más literaturizado de la Transición. En buena parte este período, por indefinido que sea, coincide con la adolescencia y juventud de los narradores. El proceso histórico de la democracia española se ha solapado biográficamente con su conversión vital en hombres y mujeres maduros; o si se quiere, la normalización de la democracia los ha conducido hasta la edad que sus padres tenían cuando el comienzo de la traída y llevada Transición. Un círculo que se cierra y que sitúa este período en una perspectiva de experiencia muy concreta, la cual permite conjugar de modo especialmente trabado la valoración ideológica de la Transición como discurso público –discurso fundamentalmente ajeno, podría decirse que como discurso paterno– con la consideración mucho más privada y vital del ámbito de experiencia que conduce a la madurez y, en consecuencia, a la posibilidad, y muchas veces la necesidad, de comenzar a considerar las cosas como pasadas y objeto de la memoria. Como quería Azúa, pues, la literatura se proyecta sobre el mundo para verlo "como si ya hubiéramos pasado". Y la picaresca puede actuar como instrumento de indagación de gran atractivo en ese contexto, porque además introduce el factor extrañante que supone la figura de un protagonista dislocado respecto al horizonte de experiencia más previsible y al que se añade también una patente capacidad para actuar como tenor metafórico o simbólico.

Esa dimensión recapitulatoria está presente en dos novelas (o quizá cuatro, ya que la segunda es en realidad una trilogía), que manejan referentes picarescos desde la particular perspectiva de experiencia que se acaba de describir y que, por otra parte, concuerdan también en otros dos rasgos que ya se han mencionado: la adopción de la lógica ficcional y narrativa del umbral (en el sentido bajtiniano del término) y la situación en ese ámbito de posterioridad o de postrimerías con respecto al mundo al que se da aliento literario en estos relatos, aunque sea como condición paradójica para penetrar en lo que posea de auténtico. Estas similitudes, no obstante, permiten aproximaciones de talante muy diverso al espacio histórico que identificamos con la Transición, como se verá. La primera de estas novelas es *La mala muerte* (2000), de Fernando Royuela, y la segunda –o las otras tres, según se quiera– *El día del Watusi* (2002–2003), de Francisco Casavella (*Los juegos feroces, Viento y joyas, El idioma imposible*).[5]

La mala muerte, título que remite al lenguaje de los ejercicios espirituales, nos presenta como protagonista a un enano, Goyito, que desde los prolegómenos de su sorprendente muerte –que ha de infligirle el narratario, quien a la postre se identifica con el lector en pleno ejercicio metaléptico– rememora su vida. Una vida violenta y sórdida, de reconocibles tintes celianos,[6] que, tras una infancia rural (hijo de una prostituta de un bar de carretera que lo vende a un circo), conduce al protagonista al triunfo económico y hasta cierto punto social al enriquecerse con una cadena de pizzerías (emblema palmario de la nueva cultura urbana y semiopulenta). En ese trayecto, la Transición, como período histórico, está vivamente presente en la narración: es su trasfondo referencial, así como el objeto de los comentarios más diversos por parte del protagonista-narrador.

De forma concreta, vale la pena reseñar la actuación delatora de Goyo, a quien se le atribuye el conocimiento del célebre viaje clandestino de Santiago Carrillo, disfrazado con una peluca, a España el año 1976 para

---

5 Fernando Royuela (2000): *La mala muerte*. Madrid: Alfaguara. Francisco Casavella (2002): *Los juegos feroces. El día del Watusi*. Barcelona: Mondadori; *Viento y joyas. El día del Watusi*, Barcelona: Mondadori 2002; *El idioma imposible. El día del Watusi*. Barcelona: Círculo de Lectores 2003.

6 Sobre la relación de Royuela con Cela, véase por ejemplo la columna del primero, "Las barbas de Sandokán", en la que reflexiona sobre su admiración por la obra del padronés en *Blanco y Negro Cultural*, 5 de mayo de 2001.

ofrecer una rueda de prensa conciliatoria, a los pocos días del referendum para la reforma política. O la turbia relación del protagonista con Fe Bueyes, anciana líder comunista regresada del exilio –con muchos rasgos de Dolores Ibárruri–, que a medida que se impone el cambio político va perdiendo su ascendiente. Goyo se pone a su servicio y se convierte en un peculiar asistente y amante; y la forma en que esa relación se presenta, asociándola a la superficie de los cambios políticos de la época, resulta una buena muestra de lo que nos interesa en este momento:

> y yo, burro y pelele, me encaramaba sobre las sábanas y le refrescaba el cuerpo con mi saliva, de atrás adelante, de arriba abajo, con parsimonia y lentitud insanas hasta que en mi falo se encendía la necesidad inmediata de la excreción y aprovechaba algún desmonte no protuberante de su esqueleto para por fin derramarme sobre ella. La carne seca recuerda al sabor silúrico del sebo, la boca se empasta y el paladar se embota. Saciado con ella el apetito, sólo el vómito era susceptible de aliviarme más tarde la conciencia. Con ese introducirme entre sus carnes le remediaba la decrepitud y ella me acariciaba complacida y se dejaba servir de lo bien dotado de mi tamaño. En el trascurso de los meses le fui escrutando con claridad y escrotando con caridad hasta embarrancar en la simbiosis. Conforme se iba adentrando la reforma del Estado en pos del logro de una Constitución duradera y las tendencias políticas de cada quien devenían en tan legales como las de cada cual, su influencia en los compañeros de militancia fue decayendo hasta el quicio de la extinción. (333)

Este pasaje exhibe la profunda interconexión de lo, llamémos así, público y privado, al tiempo que sugiere unas implicaciones ideológicas y valorativas bastante precisas, entre las que el juicio apreciativo de la Transición resulta predominante, a pesar de la perspectiva distorsionada por la que se ha optado. O quizá precisamente por ello, ya que se sustenta con demasiada frecuencia sobre imágenes y clichés muy previsibles, desde la sexualidad del enano a la figura de la vieja comunista. El posibilismo y el contrautopismo serían seguramente los trazos más destacados de esta visión fundamentalmente acomodaticia, o acaso sólo escéptica, del proceso político por mucho que los tonos del relato sean oscuros y muy afines al territorio estético de lo grotesco. Al fin, Royuela se declara deudatario de Cela en la adopción del "escepticismo, el descreimiento y la actitud vital desengañada como estética desde la que mirar al mundo más de cerca para entenderlo si acaso más de lejos".[7]

---

7   Art. cit.

Probablemente la consideración última de este proceso no se halle demasiado lejos, salvando distancias y énfasis, de lo que escribe Savater a propósito de la matanza de Atocha en su reciente autobiografía:

> Lo cierto es que quedaban franquistas entre los criminales, pero apenas entre los políticos. Mucho más que una ideología el franquismo era ya una coalición de intereses; y la sociedad democrática liberal ofrecía formas de defenderlos de manera más eficaz. Este planteamiento aparentemente cínico pudo desesperar en su momento a algunos integristas pero resultó socialmente muy beneficioso para la mayoría. La dicotomía entre reforma o ruptura era capciosa, a pesar de la cantidad de tinta y saliva que hizo correr en aquellos tiempos: la llamada reforma no fue más que una hondísima ruptura gradual con el horizonte dictatorial, que no desmontó todas las injusticias ni los abusos pero acabó eficazmente con la autocracia como sistema político.[8]

Ciertos aspectos de esta apreciación están también en el panorama de la Transición que nos ofrece Francisco Casavella en *El día del Watusi*, especialmente el diagnóstico del que parte la reflexión de Savater y que apunta a la naturaleza proteica de unas identidades mutantes, sujetas a unos procesos de adaptación muy rápida, si bien éste se distancia en la apreciación general del fenómeno basada en un notorio pragmatismo y la confianza que delata la aceptación subyacente de un 'bien está lo que bien acaba'. Algo relevante, puesto que uno de los atractivos de las novelas de Casavella es que la Transición es, como tal, tema de la obra y no sólo trasfondo.[9] Quiero decir con ello que la Transición como idea, como construcción discursiva e ideológica, se sitúa en el centro mismo de la sobresaliente fábrica literaria que es *El día del Watusi*. Y se identifican además algunos de sus hitos sustanciales que van marcando una un decurso en la que se encarna su sentido profundo: el asesinato de Carrero y la muerte de Franco, el Referendum para la Reforma Política, la legalización del PC, el golpe del 23 de febrero, el asalto al Banco Central en Barcelona, hasta los Juegos Olímpicos, y, en otro orden de cosas, los payasos de la tele, el destape o la movida.

Esta perspectiva global, que manifiesta la distancia suficiente para considerarla concluida y que tan estrechamente asociada se encuentra a lo que es una trayectoria biográfica y una experiencia particular, se asocia de

---

8   Fernando Savater (2003): *Mira por dónde. Autobiografía razonada*. Madrid: Taurus, p. 269.
9   Véanse al respecto los comentarios de Jesús Martínez Gómez: "Un tiempo para el recuerdo. Sobre *El día del Watusi*, de Francisco Casavella". En: *Quimera*, nº 238-239 (enero de 2004), pp. 85–90.

forma íntima a una estructura formal muy ligada a una lectura de la picaresca. No faltan, en ese sentido, las evidencias. Como en el *Lazarillo*, por ejemplo, Fernando Atienza, el protagonista y narrador de estas tres novelas, escribe por encargo, casi por imposición, de su innominado narratario, aquí aludido como *el Lector*, con quien trata de jugar ampliando hasta casi desvanecerlo el asunto de interés sobre el que Atienza debe elaborar un informe. Por otra parte, la voluntad de medro, la capacidad para desenvolverse en los pliegues y recovecos de la sociedad, el carácter lumpen del protagonista, su capacidad para recorrer los más variados entornos y situaciones sociales o su preocupación primaria por la supervivencia son, entre otros muchos, elementos que remiten a un formato picaresco, el cual se halla aludido en más de una ocasión en las páginas de *El día del Watusi*.[10] Claro que no todo se reduce a esa tradición y la presencia de otras referencias, desde Valle y Marsé a Nathanael West,[11] son muy pertinentes, además de la presencia totalmente decisiva del cine (*The Warriors, Reservoir Dogs...*) y la música popular, en el sentido más amplio del término: *El Watusi* es el título de una composición de Ray Barretto, que prefiguró al guapo o valentón que en la novela adquiere resonancias de mito urbano.

Pero como en la mayoría de los relatos picarescos, la circunstancia del acto narrativo resulta capital para la presentación del universo diegético. El momento de la narración, desde el que Fernando Atienza relata su informe, es también decisivo para la interpretación narrativa de la Transición: Atienza escribe en 1995, desde la percepción del declive de los gobiernos socialistas y el efecto de los escándalos financieros (de la Rosa, Rumasa, Mario Conde...) y los asesinatos del GAL. Un ambiente de conspiraciones y chantajes con la continua amenaza del desvelamiento de secretos que pondría en solfa las instituciones y el proceso político asociado a la implantación de la democracia; tal es la atalaya desde la que se entiende su escritura y la que da sentido último, en el plano público, a la percepción de los años del cambio político.

El arranque de la primera parte de la trilogía, *Los juegos feroces*, es de sobra indicativo: la llegada en helicóptero –todo un advenimiento paródico– de un doble de Ernesto del Pistacho (trasunto de Javier de la Rosa),

---

10 Merecen destacarse en este aspecto la relación entre el protagonista y Guillermo Ballesta, que se modela en algún momento sobre la de Lázaro y el escudero (*Viento y joyas*, 140); o la que une a Fernando Atienza con su hermanastra adoptiva Marta (*Él idioma imposible*, 357).
11 La vinculación de parte de la obra de Nathanael West con el mito del apocalipsis es particularmente pertinente. Véase por ejemplo el trabajo de Kevin Lewis, "Nathanael West and American Apocalyptic", en http://people.cas.sc.edu/lewiske/west.html.

condenado en la cárcel, al parque de atracciones del Tibidabo para repartir, con el fondo musical de *Las cuatro estaciones*, unos supuestos regalos a un grupo de falsos huérfanos que acuden al lugar custodiados por unas monjas ante cuatro periodistas desinteresados. En esas circunstancias de simulacro y suplantación recibe Fernando Atienza el encargo de elaborar un informe sobre un tal José Felipe Neyra por parte de un subordinado del misterioso personaje que se convertirá en narratario explícito del conjunto del relato.

Así se plantea Atienza las características del informe que se dispone a realizar: "Unos papeles que, si nadie lo impide, serán un relato sobre raras variaciones de las que he sido testigo a lo largo de mi vida. Y esas variaciones, no han sido rígidas, ideales; no hay cielo, ni infierno, ni sus ilusiones: uno encuentra laberintos sin plan, construcciones espirituales, construcciones espirales sin centro y monstruos, muchos monstruos, nunca iguales, nunca diferentes, rendidos al misterio de una vida secreta que un aprendiz de mago ha vuelto ópera bufa" (*Los juegos feroces*, 9). Una idea en la que parcialmente se reincide, aunque con un tono algo más grave, ya casi al final del tercer volumen cuando se resume el contenido del informe presentándolo como un libro de transformaciones: "Que cuenta el modelar de monstruos que viajan por todas partes, ascienden y descienden, cambian, se transforman, mutan, pero vuelven siempre al punto de partida. Un extraño número coreográfico. El baile de la metamorfosis" (*El idioma imposible*, 359).

El entorno del parque de atracciones y la forma de anticipar y resumir el contenido del informe podría hacer pensar en una lógica postmoderna de la *funhouse*. No obstante, la negación de unas referencias firmes y, por supuesto, de cualquier aliento utópico –algo descartado por la situación postrimera, hasta cierto punto en una especie de suspensión de la historia, del narrador– no implica la renuncia al afán por desvelar alguna forma de verdad o autenticidad, o, para utilizar el término al que se recurre en más de una ocasión, la *seriedad* de lo sucedido. En este punto, Casavella se muestra fiel a lo que propugnaba el narrador de la *Historia de un idiota*; recordémoslo: "Cuando digo el 'mundo verdadero' quiero decir el que ES, en el presente presente, pero sólo se hace visible, sólo es evidente, a la memoria o como memoria".

La empresa de Fernando Atienza constituye, pues, una indagación sobre el mundo verdadero, pero a través de una memoria, sobre todo personal, que lo conduce por un dédalo de apariencias, transformaciones y simulacros que afectan tanto a su trayectoria particular como a la idea de la Transición: proceso con el que existe, primero, una identificación vital (mucho más que ideológica) y, después, una quiebra, un distanciamiento escéptico y desencantado (*El idioma imposible*, 172). Al fin, se trata de mostrar, como escribe el protagonista, que "la normalidad era un camelo" (*El idioma imposible*, 198), donde el *era*, más que un pasado, indica la perspectiva apocalíptica adoptada por el narrador; y la *normalidad* apunta al status quo democrático, o a la autosatisfecha felicidad mediática y social que habría resultado de la Transición.

El carácter errático y engañoso de una realidad en la que no se adivinan asideros firmes no debe entenderse sólo como una actitud estética ni como una adhesión superficial a un talante postmoderno. Es cierto que el artificio narrativo tiene algo de eso, aunque la actitud hacia el postmodernismo como tal sea más bien reticente. La lógica del simulacro, incluso en muchos casos afín a la de la sociedad del espectáculo que caracterizó Guy Debord —recuérdense sus palabras: "La verdad de esta sociedad es la negación de esta sociedad"—, se halla permanentemente en juego, pero sobre todo como parte de esa realidad que se vuelve objeto y construcción de la memoria y que está lejos de oponerse a, por decirlo así, una realidad real. Es en buena medida lo propio también de un modo satírico que denuncia la impostura social sin apuntar alternativas éticas o ideológicas, cuya viabilidad sencillamente no se vislumbra, a no ser como pura fidelidad a la propia experiencia. Los tres lemas que encabezan *Viento y joyas*, la segunda parte de la trilogía, permiten apreciar el permanente trampantojo, difícil de igualar ciertamente, que se atribuye al entorno social en el que el protagonista vive sus propias transformaciones,[12] a la vez que el designio negativo que parece orientar sus efectos. El primero es una cita de Torcuato Fernández Miranda: "Si algo niego, lo hago porque lo que afirmo previamente me lleva a las negaciones circunstanciales que configuran y definen la afirmación que mantengo". El segundo se atribuye a Jordi Pujol: "La financiación de los partidos es un misterio, pero un misterio de aquellos que no son un misterio, porque están muy claros, pero siguen siendo un misterio". Y el tercero de los lemas introduce a Nathanael West: "Sin transición alguna, lo posible se convertía en probable y terminaba por ser inevitable". La necesidad de adaptación, la

---

12 "En *El asno de oro*, Lucio, su protagonista, se unta de una sustancia mágica que habrá de convertirle en pájaro, pero le vuelve burro. Es la historia de mi vida. Pero también dice Apuleyo por boca de Lucio: '…quedarás admirado, Lector, con la sucesión de situaciones de unos hombres que cambian de forma y condición para recuperar nuevamente su primitiva imagen según les interesa. Yo he conocido a esos hombres y mujeres, he conocido esas calles y esas casas, y, lo más importante, reconozco aún el espacio entre las casas y el vacío que deja la ausencia y el cambio. Todo es magia y metamorfosis, o todo es engaño y también metamorfosis'." (*Los juegos feroces*, 59).

especiosa negación de lo que se afirma y la constatación de un decurso que se va imponiendo en lo que parecía un contexto abierto e incluso caótico.[13] La Transición se presenta así ante todo como metamorfosis o transformación, con toda la carga satírica que tienen estos términos.

El día del Watusi no incurre, sin embargo, en la delectación en los juegos de espejos o el frenesí del baile de máscaras, sino que, como antes decía, reincide en el ansia de verdad, o quizá en su añoranza. Resulta así relevante percatarse en algunos aspectos que contribuyen a una mejor apreciación de cómo se resuelve todo ello desde un punto de vista literario; entre otras razones, porque de nuevo la referencia picaresca adquiere un papel importante. Como Lázaro o Guzmán, Atienza reelabora y reitera el relato de su vida en numerosas de ocasiones a lo largo de las tres partes de su informe, pero también otros personajes cuentan repetidamente sus pasos. Esta proliferación de narraciones, que se solapan, de continuo libera dimensiones nuevas de lo real, más allá de la superficie aparente, aunque no cabe decir que instauren una verdad de referencia; esto es, no actúan como revelación, salvo en lo que se refiere a su complejidad e inasibilidad, a la actuación permanente de las transformaciones y al papel que en ella desempeña el olvido, el engaño y la simulación. Por ejemplo, en el caso de Guillermo Ballesta, mentor de Fernando Atienza en su incursión política, antiguo militar y miembro de un grupo anarquista, quien se revela al final de la obra como el misterioso Lector que pone en marcha el proceso mismo de la escritura del informe, pero también como el que se esconde tras la figura de Neyra, el personaje sobre el que debería versar este informe encargado a Atienza, y al que este último, en un bucle final, acabará encarnando.

Otro aspecto descollante sería el de las formas diversas de intertextualidad (cita, parodia, homenaje, pastiche…) que pueblan el texto, confiriéndole una densidad realmente muy sugestiva. Y en tercer lugar habría de señalarse el empleo de procedimientos próximos a lo que Lotman llamó "el texto en el texto". El intercambio frecuente de relatos entre los personajes es una muestra de ello. Pero sobre todo lo encontramos en la relación entre los prólogos con cada una de las partes del informe y las que mantienen éstas entre sí. O en la ficcionalización del episodio del Watusi, y de otras experiencias del protagonista, cuando, en *El idioma imposible*, construye a partir de él un guión para un cómic japonés, de cuyo éxito dependerá su relativa y precaria fortuna final. Así como la relación que contrae el informe de Atienza con un libro casi clandestino que acabará

---

13   Esta cita de West tiene un eco en *El idioma imposible*, 172 que aclara su sentido.

por tener un papel decisivo en el desenlace final: una investigación en clave conspiratoria sobre la Transición, donde Fernando Atienza figura representado con un papel nada desdeñable. *La sociedad impalpable*, tal es el título de esta obra escrita por un tal Gaspar Pérez ("el hijo desequilibrado de un miembro del Opus Dei al que han metido a cura, ha estudiado ciencias físicas y tras un ataque de ateísmo ha corrido en busca de un dios que le resulte más incómodo, pero más suyo". *El idioma imposible*, 396), que es presentado como verdadero contrainforme y que resalta, por contraposición, el tono caótico, confuso, frívolo y grotesco del que realiza Fernando Atienza.

En tal sentido, ha de tenerse presente que la segunda parte, *Viento y joyas*, es la que se centra en la Transición (si por ello entendemos el período transcurrido entre la muerte de Carrero Blanco y la legalización del PC) y donde Fernando Atienza se convierte, de la mano de Guillermo Ballesta, en uno de los promotores de un partido que a punto estará de integrarse en la UCD. Las otras dos partes, escritas en un tono muy diferente, constituyen algo así como un prólogo y un epílogo; y de ellas la primera, *Los juegos feroces*, presenta el episodio infantil del protagonista que da título a la trilogía: Fernando y su amigo el Yeyé el día 15 de agosto de 1971 huyen por Barcelona tras ser considerados testigos de la presunta violación y muerte de la hija de un jefe del hampa de la zona del Tibidabo por parte de un matón conocido como el Watusi. En esta magnífica primera parte, los dos niños emprenden a su vez la búsqueda del Watusi al que sólo encontrarán, o eso creen, flotando ya cadáver en las aguas del puerto mientras todo el episodio parece disolverse en el aire como si nunca hubiese sucedido. Hasta que ya cerca del final de la tercera parte un nuevo encuentro casual, diecinueve años después del día del Watusi, provoca que el episodio aparezca como una completa impostura, como un trampantojo violento y sórdido.[14] El olvido, el no querer saber, la presencia del secreto, la concepción de la verdad como sólo un momento de la mentira (*Viento y joyas*, 346), el escamoteo de los muertos, y también

---

14 Escribe José María Pozuelo ("Laberintos del azar", *Blanco y Negro Cultural El Cultural*, 5 de julio de 2003) sobre esta escena, poniendo de relieve el trasfondo satírico próximo a la menipea, que es uno de los ingredientes básicos de la obra: "Es antológica, por ejemplo, la narración desveladora que hace el personaje Dora, en una escena que me ha recordado la que hace la bruja Cañizares a Berganza en *El coloquio de los perros* cervantino, tanto por lo que revela del caso, esta vez de qué ocurrió realmente con el Watusi, enigma que había novelado la primera entrega de la trilogía, como por la tremenda calidad de la voz narrativa de esta semibruja, en estilo directo, y todo su rosario de lenguaje del hampa, reconstruido con una sensibilidad oidora muy atenta a modismos coloquiales de esa procedencia".

la capacidad para constituir mitos personales y sociales en relación con una cultura de tipo popular, contribuyen a hacer funcionar esta primera parte como analogía o metáfora con la que se medirá el resto de la trayectoria del protagonista, y en particular de su vivencia y entendimiento de la Transición; así como la W que identifica simbólicamente al fantasmagórico Watusi se convertirá en *Leitmotiv* de toda la obra.

En todo lo anterior subyace una hipótesis de lectura. La Transición se ha convertido de la mano de un grupo de escritores generacionalmente próximos en una entidad discursiva, sí, pero ligada inextricablemente a una determinada valoración de la experiencia. El entenderla como discurso alienta las posibilidades de inscribirla en una vorágine de referencias textuales y culturales, y a una lógica cercana a la del simulacro o a la del espectáculo. Sin embargo, al asociarse tan estrechamente con una forma de experiencia, la ligada a la frustración de la madurez y a un extrañamiento radical del mundo y el estado de cosas circundante, se corta de raíz la tentación de una aproximación meramente lúdica. Es, en fin, la plasmación de una relación confusa entre lo privado y lo público, polos de una falsa oposición que queda deconstruida por la lógica narrativa de estos autores. Seguramente resulte oportuno recordar unas palabras de Francesc Marc Álvaro que se referían a escritores como Royuela y Casavella en un texto titulado "Escribir tras la revolución que no fue", aunque no sea más que para contrastar lo que hemos visto con lo que en ellas se afirma con un tono casi de manifiesto generacional:

> Podría decirse, pues, que nos hallamos con una generación escritora que ha preferido partir del espacio privado que del espacio público y que, en su sana huida de las trampas y chantajes del llamado compromiso, ha ido dejando de lado su dimensión política. El coste de esta gozosa recuperación de la individualidad creativa en el primer plano ha sido una pérdida del papel del escritor en la sociedad. Queríamos echar a Sartre por el agujero del fregadero y casi acabamos perdiendo también a Camus. Podemos preguntarnos si queremos un papel especial para el escritor en tanto que ciudadano privilegiado que vive de escribir, que vive de observar e imaginar, que vive de pensar. Nos dicen que el tiempo de la revolución ha pasado, vemos que la revuelta es rápidamente convertida en objeto para el mercado, y la rebelión no casa mucho cuando hemos aprendido que el naufragio es siempre cosa de uno. ¿Qué nos queda? Quizás únicamente nos quede la insolencia, la vieja y difícil cualidad —según nos ha recordado Michel Meyer— de atrevernos a hacer las preguntas inconvenientes y de distanciarnos de la ficción social. La cualidad de una escritura que no se resigne ni se conforme con la mirada preestablecida y

escape a toda sumisión. Una literatura que, antes que nada y después de todo, en un escenario donde todo parece ya dado, sea un acto de necesaria insumisión.

En cualquier caso, la picaresca está ahí como instrumento formal e ideológico, en estrecha alianza con la perspectiva del umbral y el mito apocalíptico. No siempre es así, claro está. Ni tampoco se libra siempre de actuar como mero subterfugio de la vocación casticista de algunos escritores, pero a veces consigue hurtarse del paradigma nacional y a través de la hibridación y la ampliación de sus horizontes de referencia logra la complejidad necesaria para resituarse con respecto a la tradición y alcanzar aquello que parece obligado en toda novela: resultar significativa para los lectores contemporáneos.

Béatrice Rodríguez

Madrid ante la "década prodigiosa" o la ciudad y sus mitologías en *El secreto de la lejía* de Luisa Castro

> Car la rencontre n'est jamais une relation de sujet à objet. Il n'y a de rencontre qu'entre deux visages qui se regardent: il peut s'agir du visage d'autrui comme de cette œuvre qu'est la ville quand elle fait signe.[1]
> Alain Cambier, *Qu'est-ce qu'une ville* ?

La obra narrativa de Luisa Castro consta hasta ahora de cinco novelas.[2] La novela que se publicó en el 2001 y que recibió el Premio Azorín de la Novela otorgado por la Diputación Provincial de Alicante, en colaboración con Editorial Planeta, nos proporciona la primera ocasión para hablar de la ciudad en su narrativa. En efecto, hasta la publicación de ésta, el marco espacial de sus ficciones era un espacio rural, escueto, recóndito y que se podía resumir al "Cuatro Calles" que aparecía en su primera ficción, *El somier* (1990), y que el lector volvía a encontrar en *La fiebre amarilla* (1994). Este lugar se iba convirtiendo para los lectores aficionados a su escritura en un lugar mítico, digno del "Macondo" de Gabriel García Márquez en el que las historias familiares se iban entremezclando con las historias locales. Así pues, cuando el lector, acostumbrado a este universo rural tan peculiar y tan íntimo, se encuentra en el Madrid de los años 80 en *El secreto de la lejía*, reencuentra las mitologías asociadas con la Movida madrileña. Esta ciudad ha sido el escenario y el testimonio urbano de los cambios históricos

---

[1] Cambier 2005, p. 90: "Porque el encuentro no es nunca una relación de sujeto a objeto. Sólo se produce el encuentro cuando dos caras se miran: puede tratarse de la cara de alguién como de esta obra que es la ciudad cuando se convierte en signo". La traducción es mía.
[2] Luisa Castro (1990): *El somier*. Barcelona: Anagrama.
Luisa Castro (1994): *La fiebre amarilla*. Barcelona: Anagrama.
Luisa Castro (2001): *El secreto de la lejía*. Barcelona: Planeta. Todas las citas remiten a esta edición.
Luisa Castro (2003): *Viajes con mi padre*. Barcelona: Planeta.
Luisa Castro (2006): *La segunda mujer*. Barcelona: Seix Barral.

acaecidos en España durante la Transición democrática y estos años se denominaron para la posteridad: la "década prodigiosa" (Delacampagne 1987).

Esta novela de Luisa Castro nos permite ver cómo la ciudad no sólo resulta ser un marco espacial realista que le da una referencialidad a la diégesis sino que, por el imaginario que acarrea, desencadena una serie de espectativas para el lector. El Madrid de los años 80 es indudablemente sinónimo de creación y de libertad; es un espacio privilegiado para poder cambiar de identidad y de estatus para la joven protagonista del relato. En cierto modo, *El secreto de la lejía* entronca con la novela de otra mujer que trata también de las esperanzas que le proporciona la gran ciudad a una joven: *Nada* (1945) de Carmen Laforet. *El secreto de la lejía* escenifica el relato retrospectivo de una joven gallega, África, cuando llega a Madrid con sus veinte años. Así como *Nada* escenifica la estancia de Andrea durante un año en la casa familiar de la Barcelona de la posguerra y el nacimiento del sujeto femenino a la escritura, *El secreto de la lejía* podría leerse también como el nacimiento del sujeto femenino a la literatura, creando una reflexión sobre la literatura como espacio enajenante.

En esta novela, la ciudad no es sólo un escenario en el que los personajes evolucionan: Madrid es a la vez una ciudad que se escribe describiéndola, una ciudad en la que se escribe desde los espacios interiores –"las casas"– y que se va convirtiendo en receptáculo de los dramas individuales. La ciudad como espacio exterior y abierto se convierte en una ciudad interiorizada que deja de ser el escenario de las transformaciones de los personajes para convertirse en un lugar que modifica el espacio psíquico de los que en él viven. El espacio psíquico se sobrepone poco a poco al espacio urbano lo que provoca un cuestionamiento del género en el que se inscribe la novela.

Para intentar exponer este proceso de interiorización de la ciudad y de sus efectos enajenantes, seguiremos una lectura lineal de la obra para distinguir tres etapas: en un primer momento, la llegada de una forastera a la gran ciudad provoca una descripción de ésta como un lugar de paso, de tránsito y de enfrentamiento con lo desconocido. Se va construyendo una serie de oposiciones en las que la periferia se opone al centro, lo ajeno a lo familiar. La ciudad es un horizonte abierto en el que todo puede ocurrir. Es lo que llamamos "la ciudad y su filosofía".

En un segundo momento, cuando la protagonista decide establecerse en la capital y dejar de ser una forastera, la ciudad se convierte en un lugar desde el que se escribe: como habitante de la ciudad, la escritora encuentra un recinto desde el que puede expresarse como creadora. Sin embargo, la ciudad se define por sus habitantes y no sólo por su arquitectura: al haber establecido una compleja red de relaciones entre los personajes, éstos se transforman en una gran familia urbana en la que el individuo como ser singular deja de existir para asumir y repetir el pasado de esta nueva tribu configurada por los lazos urbanos.

La ciudad, inicialmente presentada como espacio abierto y de libertad, se convierte poco a poco en un *locus* en el que las fuerzas chtonianas se desencadenan contra la que pensaba quedarse fuera de él. Por una serie de reducciones, Madrid resulta ser la misma ciudad de todos los dramas individuales. *El secreto de la lejía* rompe con el imaginario de la ciudad como espacio de libertad y el espacio urbano cambiante se desvanece detrás de la escritura de la enajenación: la ciudad y su geografía proporcionan aquí una ocasión para la escritura de "lo ajeno como algo propio" o para actualizar el enunciado de Rimbaud, "Je est un(e) autre".

1. La ciudad y su filosofía: el Madrid de la Movida

Espacio vs locus.

En su obra titulada, *Qu'est-ce qu'une ville?*, Alain Cambier propone un breve repaso semántico de la noción de "ciudad" desde los romanos hasta la actualidad y establece así una serie de paradigmas para definir la ciudad. Cabe notar que una de las características más interesantes que destaca dentro de este breve ensayo, es el hecho de evocar el principio de "u-topía"[3] como principio fundador de una distinción semántica entre "el lugar" y "el espacio". Dice Alain Cambier:[4]

> La ciudad ha sido el regazo de la emancipación del hombre porque reside en el principio de "u-topía", en el sentido etimológico de la palabra, es decir la

---

3 Cambier 2005, p. 16: "La ville a été le giron de l'émancipation de l'homme parce qu'elle repose sur le principe d'u-topie, au sens étymologique du terme, c'est-à-dire de la négation du lieu. Elle résulte de la structuration et du déploiement d'un espace indépendant du lieu. Comme le relève Max Weber: 'Partout dans le monde, la ville fut essentiellement un rassemblement de personnes jusqu'alors étrangères au lieu'. La ville est le fruit d'une disjonction fondatrice entre l'espace et le sol (*topos* ou *locus*). Elle se soustrait au génie des lieux parce qu'elle est le fruit de l'ingéniosité humaine et de ses projets. L'originalité paradoxale de la ville est d'établir l'espace du vivre-ensemble, sans que celui-ci soit déterminé dans son mode par le lieu d'origine de ses habitants et par les liens chtoniens que ce dernier induit nécessairement. Elle permet de soustraire l'homme au despotisme du terroir, déterminé par le sang et par le sol, et de mettre fin à la dictature du local."
4 La traducción es mía.

negación del lugar. Resulta de la estructuración y del despliegue de un espacio independiente del lugar. [...] La ciudad es el fruto de una disyunción fundadora entre el espacio y el suelo (*topos* o *locus*). Se sustrae al genio de los lugares porque es el fruto de la ingeniosidad humana y de sus proyectos. La originalidad paradójica de la ciudad es la de establecer un espacio del vivir-juntos, sin que éste sea determinado por el lugar de origen de sus habitantes y por los vínculos chtonianos[5] que éste último necesariamente induce. Permite que el hombre se sustraiga al despotismo del terruño, determinado por la sangre y por el suelo, y acabar con la dictadura de lo local.

Estos elementos de reflexión y de síntesis nos permiten a nuestra vez analizar este proceso de desprendimiento del "lugar" que pretende emprender la protagonista de la novela de Luisa Castro al dirigirse a la capital española. En efecto, la narradora en primera persona que abre el relato crea un "horizonte de espera" en el lector, situándose como una forastera "gallega" que nos va a contar su aventura en la capital madrileña, en un momento histórico en que Madrid es el lugar de todas las posibilidades y de libertad absoluta –el Madrid de los ochenta:

> Claro que lo que voy a contar ocurrió en Madrid, y, entonces, en esa ciudad sucedían cosas bastantes inauditas. Hace quince años, todo el mundo estaba dispuesto a que le sucediera algo. (Castro 2001: 7)

Simultáneamente, esta posibilidad de vivir cosas inauditas está asociada con el nombre de otra mujer, Piedad: "En el momento de mayor zozobra, yo misma, sin ir más lejos, quise embarcar en mi bote a una persona... increíble, sí; alguien verdaderamente increíble. Se llamaba Piedad. Piedad Hero." (Castro 2001: 7-8). Rápidamente, la narración instaura una dicotomía entre el presente de la escritura (finales de los 90) y esa fecha en que la narradora llegó a Madrid como poeta:

> Hace quince años, antes de mi llegada a Madrid, yo no tenía muchas ganas de sorpresas. [...] Quizás por eso escribía poemas, una manera como otra de evitar la vida, sumergida en una realidad que se desarrollaba aparte de los hechos [...]." (Castro 2001: 8)

---

5   Este término remite a la idea "de la tierra, subterráneo, infernal". No aparece en el *Diccionario de La Real Academia Española* y sin embargo ha sido vulgarizado para la crítica literaria por el uso que hace de él Gilbert Durand en su obra *Las estructuras antropológicas del imaginario*, Fondo de Cultura Económica, Antropología, 2004, traducción española de Durand 1995.

A partir de este momento y de la anécdota de la llamada de Isaac, un locutor de un programa de radio de Madrid, el relato cobra una forma lineal, y el lector se encuentra camino a Madrid con la joven poeta que quería ser "escritora". La gran ciudad se viene a oponer al espacio familiar en el que evoluciona la joven poeta, una pequeña ciudad costera llamada "Armor", en la que se impone la figura materna. Los dos espacios mencionados, Madrid y Armor, ya actúan como espacios que remiten a dos personajes femeninos: Piedad Hero y "Mi madre" (Castro 2001: 12). Así, África se enfrenta con la oposición mencionada anteriormente: el "*locus*" con sus figuras familiares y el "espacio" urbano madrileño con su retahíla de desconocidos. De hecho, en vez de ir a casa de sus tíos maternos, África decide quedarse en casa de una desconocida, Belén, con la que acaba de viajar a Madrid. El hecho de romper con la lógica familiar le permite crearse con el imaginario de la ciudad como espacio de libertad y de anonimato y acabar así –en palabras de Alain Cambier–, "con la dictadura de lo local":

> La libertad, que siempre había despreciado [...] se me revelaba ahora como un don. Vagaba por las calles al sol, podía o no coger un autobús, incluso podía ir a ver cuadros a algún museo. Tenía tiempo. Todo aquello, al final, formaría parte de un breve episodio que podría contar al volver a mi casa, a la rutina deliciosa con mis padres y mi hermana." (Castro 2001: 34)

De hecho, el personaje de Isaac tiene una importancia determinante en la trayectoria de la protagonista por la ciudad ya que tiene una triple identidad: es locutor de radio, dueño de un bar de copas y editorialista. El que la hizo venir a Madrid ya tiene una triple identidad social que abarca una gran cantidad de esferas sociales y de redes relacionales. Un primer desembrague narrativo interviene cuando la protagonista va a ver al que llama su "mitad hada madrina, mitad matón", es decir Isaac. Cancelado el programa de radio, África ya no tiene ningún motivo para permanecer en la ciudad. Desde ese mismo momento, el tiempo narrado transcribe fielmente los días y las horas pasadas en la capital, que se convierte en la ciudad de los misterios. Como una promesa más de lectura, Isaac le dice a la joven:

> Madrid está lleno de misterios, de maravillas. Cuando yo tenía tu edad, esta ciudad fue para mí como el cielo. Piérdete por ella. Algún día me agradeceras haberte traído. (Castro 2001: 42)

"La casa de Manoteras": la ciudad se escribe.

Aunque en los primeros capítulos (1–4), su llegada a la ciudad está presentada como una elección ajena y aunque se insiste en el hecho de que está de paso, eso no le impide establecerse en una casa que rápidamente se convierte para ella en "su" casa (Castro 2001: 58). El descubrimiento de la ciudad empieza por la periferia. El barrio de Manoteras va a ser su primera morada. Al contrario de los héroes de las novelas del siglo XIX y de principios del XX que llegan a la ciudad para hacerla suya, África parece permanecer fuera de ella. Así, va desgranando las horas y los días en compañía de un vecino gallego, Euleterio Costa, con el que decide escribir la historia de su pueblo, "La Tilleira", en este barrio periférico de la capital:

> El tiempo corría deprisa en aquel apartamento de Manoteras, buscando adjetivos y adverbios para acabar de impresionar a Euleterio con un retrato fidedigno de la Tilleira, una prueba que certificara mi calidad de *poeta del pueblo*,[6] de poeta digna de Armor. (Castro 2001: 74)

Ya interviene aquí una primera disociación entre "la poeta del pueblo" que pretende ser y la narradora de este espacio urbano: como si ya coexistieran dos espacios literarios en el texto, el lector no tiene acceso a lo que escribe África y sin embargo, se ha convertido en la narradora en primera persona de la vida del barrio y de su geografía urbana.

La casa de Manoteras se ensancha al "barrio de Manoteras". Éste es un primer espacio que se asocia con el mundo nocturno y que instaura un movimiento pendular del centro a la periferia con los vaivenes de la protagonista al bar de Isaac:

> Cuando regresaba a la casa en el "búho", el último autobús nocturno que conectaba la red de San Luis, en plena Gran Vía, con el sector norte de la ciudad, en medio de los últimos despojos de la noche, junto a drogadictos terminales y borrachos autómatas que entraban y salían del bus con los ojos cerrados, la única voz que me recibía al llegar al barrio, en medio de aquel esplendoroso silencio, era el estertor misterioso de la gran depuradora de agua. (Castro 2001: 76)

El Madrid nocturno se convierte en el espectáculo de la vida de los anónimos, a la que se asocia la del escritor y éstos son, en su mayoría,

---

6   El subrayado es mío.

los marginados: "La vida de un escritor no es sana. Uno se muere alcoholizado o arruinado. Parece un tópico pero es así." (Castro 2001: 76). Este barrio parece cobrar vida no sólo con sus habitantes sino también con sus construcciones artificiales, como la depuradora, que de repente cobra los rasgos de un animal mitológico, el Cancerbero infernal:

> [...] tardé en descubrir que aquel ruido pavoroso era de una máquina, pero luego para mí siempre fue el de un gran perro tutelar y doméstico que nos recibía a los que llegábamos solos a casa y salíamos solos de casa. (Castro 2001: 76)

Este barrio periférico proporciona una buena coyuntura para escribir la vida de la ciudad en un momento de su historia en que la creatividad tiene lugar de noche. Esta vida bohemia, propia del imaginario de los "poètes maudits", que África había emprendido durante el primer mes de su estancia en la capital, se interrumpe de repente cuando empieza a trabajar en el bar de Isaac como camarera y decide dejar el piso de Manoteras que comparte con Belén y con su novio Alberto cuando éste desaparece misteriosamente. Se concluye una primera etapa en la escritura de la ciudad:

> De mi estancia en Madrid, yo tenía ahora mi trabajo de camarera y aquellas cuartillas que iba desgranando para mi soñoliento lector. [...] Antes de acudir al bar como cada noche había quedado en una galería de arte con Isaac. Aquello iba a ser mi despedida. Mi aventura madrileña había durado exactamente un mes, el tiempo suficiente para constatar la vacuidad del elemento en el que me movía, la inestabilidad de aquel barco a la deriva, y recuperar la ruta de la retirada. (Castro 2001: 81)

Pero, como en un juego de vasos comunicantes, cuando el espacio urbano parece carecer de interés, se abre el espacio humano creado por los encuentros en la ciudad. Se cancela la primera etapa en la que imperaba la ciudad como espacio exterior para dejar sitio a la ciudad como lugar de encuentros. La ciudad se convierte en un espacio cerrado que va atrapando a los que se creían fuera de su alcance.

2. Encuentros y metamorfosis: Madrid y sus misterios

Misteriosa Piedad: el encuentro

Desde la primera mención de la ciudad, habíamos subrayado la proximidad entre la evocación de la ciudad y el nombre de "Piedad" que comparten incluso una gran proximidad sonora: "-I-DAD". Cabe notar que en los cuatro primeros capítulos, este personaje no se había mencionado y su aparición actúa como un nuevo desembrague en la ficción:

> Pero nunca se anda el mismo camino, ni se desanda. En el mío de regreso, que había iniciado con la despedida de Isaac, apareció como una alondra la inefable Piedad, la mujer que iba a darle la vuelta al vaso de agua en el que yo me ahogaba sin que una gota cayera, la última casualidad que iba a estrechar el cerco de mi destino. (Castro 2001: 81)

> Había algo misterioso en ella, algo que capturó mi curiosidad desde el primer momento. Piedad apareció en mi vida como una sirena sucia salida de una marea negra. Su aspecto no podía ser peor. Y sin embargo, debajo de aquella mugre me pareció que se ocultaba un bonito vestido de escamas de plata, y su alegría contrastaba tanto con la contaminación que la envolvía en aquella sala de arte que mi reticencia se fue relajando, mientras ella, con mucha normalidad, iba desgranando nombres familiares y hechos que efectivamente habían ocurrido hasta el punto de causarme la impresión gratísima de estar ante una persona que me conocía a la perfección. (Castro 2001: 82)

Uno de esos misterios de Madrid resulta ser esta pintora. Este primer encuentro con la que a partir de este mismo momento se convierte en un doble femenino inquietante, se prolonga en la visita que le hace a su apartamento /sótano. Así, cuando se prosigue la descripción del encuentro con este personaje que había sido nombrado en el *incipit*, la narración se encauza hacia nuevos caminos, provocando simultáneamente una visita de África a la casa habitada por Piedad, en un sótano del barrio de Chamberí, "calle Españoleto". La descripción de este espacio mínimo y asfixiante ya crea un paralelo entre el ser y el espacio que ocupa; Piedad está asociada al mundo subterráneo y oscuro:

> [...] el resto de la casa era un sótano con dos tragaluces a la calle, donde había montado un catre provisional, un par de estanterías con libros muy usados y un tablón sobre dos caballetes, que tenía encima un flexo encendido,

la única luz eléctrica de la estancia. Hacía frío, a pesar del pequeño radiador que luchaba impotente contra la humedad de las paredes. (Castro 2001: 89)

La conversación que mantienen las dos mujeres revela que Piedad está "de vuelta" en esta ciudad que la ha visto nacer, hace diez años, como artista, y que mantiene un parentesco con Isaac, el hombre que provocó la llegada de África, y también con Alberto, el amante de Belén, la chica que la alojó en Manoteras. Alberto se convierte así en el segundo misterioso personaje en torno al que se va a organizar el resto de la diégesis. De ahora en adelante, Piedad y Alberto son los dos hilos de Ariadna que permiten seguir las peripecias de la joven por la ciudad y también los dos seres que van reduciendo su geografía urbana.

En la lógica de huida/atracción, el encuentro con Piedad acelera la decisión de África de dejar esta casa de las afueras de Madrid y mudarse a un ático de la "calle Zurbano". La evocación de los lugares ocupados por la narradora es cada vez más reveladora de la asimilación del ser al espacio que ocupa: al querer huir de este cerco que Piedad dibuja a su alrededor, África se adentra un poco más en la ciudad. El movimiento que va de la periferia al centro también evoca una integración progresiva del espacio por parte de la narradora:

> Creo que el encuentro con Piedad fue para mí un pulso con la ciudad. Había llegado a Madrid arrastrada por una soga, pero ahora estaba allí, con una mesa, una máquina de escribir y varias cuartillas. Y ella no me iba a echar. (Castro 2001: 101)

El encuentro con Piedad introduce, a partir de este momento, dos retratos casi antitéticos del artista según el lugar que ocupa; dos modelos de creación disociados, creando así una geografía espacial vertical, con el "ático" por una parte y con el "sótano" por otra. Si el espacio urbano, según señala Alain Cambier retomando a J.P. Vernant,[7] permite "pasar de una concepción jerárquica del mundo y de la *polis* a una representación homogénea e igualitaria del espacio urbano" (Cambier 2005: 17), aquí, por el contrario, la espacialidad se asocia con el espacio "escalonado y valorizado de las antiguas cosmogonías" en las que presiden las fuerzas chtonianas. Entre estos dos espacios, están la casa de Manoteras y el lugar ocupado por Alberto.

---

7   La traducción es mía. Vernant 1965, pp. 207–229: "D'une part, les notions fondamentales pour la géométrie, de centralité, d'égalité et de réversibilité définissent un nouvel espace circulaire et homogène qui se substitue à l'espace étagé et valorisé des anciennes cosmogonies."

Mientras que Piedad cobra el aspecto de la artista malvada y bohemia, que hasta ahora había reivindicado África en sus baladas nocturnas en el "búho" del centro a la periferia, África decide aislarse en un espacio prestigioso, cual poeta en su torre de marfil, capaz de crear fuera del alcance del mundo y de los demás. ¿Será para encontrar en este lugar en el que se dedica exclusivamente a la escritura, la "habitación propia" que Virginia Woolf pedía para la creación femenina?[8]

"La casa de Zurbano": escribir en la ciudad.

> Aquella casa no tenía nada que ver con la de Manoteras, nada de gitanos, nada de toxicómanos, [...] [e]l silencio en aquella finca era total, lo que me permitía seguir escribiendo cada noche un capítulo de la historia de La Tilleira, que enviaba cada mañana por correo a la casa de Manoteras [...] [E]n eso estaba, entregada a la absurda tarea de escribir la historia de La Tilleira, la miserable historia de nuestras Hurdes gallegas desde un ático en pleno centro de Madrid. (Castro 2001: 102)

La calle Zurbano es el contrapunto social e imaginario de la casa de Manoteras, así como el "sótano de Españoleto" es la antítesis de Zurbano. Este nuevo espacio ocupado por África le da la ilusión de estar cerca de la creación y lejos de la vida. A lo largo de los dos capítulos siguientes (5–6), el mundo urbano se reduce a la figura familiar del portero de un piso del centro de Madrid. Todo transcurre como si los seres humanos que hasta ahora poblaban la ciudad hubieran dejado de existir. Así, la materia novelesca de la escritura sigue siendo el material encontrado en un habitante de Manoteras con la historia del pueblo del vecino psiquiatra y escritor, Euleterio Costa. Esta breve pausa en la narración, en que la narradora pretende haber alcanzado la soledad indispensable para la creación, se ve trastornada por la intromisión de pequeños elementos que vienen a romper el equilibrio precario de su estatus usurpado:

> Y allí me quedé, viendo amanecer, disfrutando de un apartamento en el centro de la ciudad, sentada en la silla frente a la máquina de escribir, contemplando unas vistas que me estaban costando lo que seguramente mi amigo Isaac había cobrado por matar a un hombre al que yo conocía. O por pagar para matarlo. (Castro 2001: 118)

---

8   Título de la obra teórica de Virginia Woolf acerca de las mujeres y de la creación: *Una habitación propia*

Con motivo del dinero prestado por Isaac que le permitió alquilar esta casa, el mundo nocturno retoma su lugar. Este mundo nocturno va cobrando cada vez más el aspecto de un mundo chtoniano. A partir de este momento, África dejará de ser una espectadora de la ciudad para convertirse en un miembro más de la gran familia en la que para ella se ha transformado este Madrid literario, uniendo así la periferia con el centro, "Manoteras" con "Zurbano", Alberto con Isaac y Piedad con su propia persona.

Poco a poco, la novela que se está escribiendo cobra la forma de una novela negra, en que se iran confundiendo los futuros crímenes con los crímenes pasados. El capítulo seis es decisivo dentro de la lógica de la penetración de la ciudad y de sus habitantes en la vida de esta forastera, "poeta del pueblo" (Castro 2001: 74), hasta habitarla completamente y provocar su desaparición. Así, vuelven a aparecer uno a uno los personajes mencionados anteriormente, hilvanando el resto de los vínculos que habían quedado sin explicitar. África se ve atrapada en la red de sus encuentros y su cárcel dorada va a ser el primer espacio dañado por esta intromisión de los que definen la ciudad. Piedad, quien se convierte cada vez más en un personaje amenazador, es el agente de invasión del espacio propio. Para ella el espacio urbano se reduce a unos cuantos nombres: "Madrid es muy pequeño, ya ves, esto es lo que tiene de bueno." (Castro 2001: 123)

A medida que se van estrechando los vínculos entre los personajes, se van abriendo nuevas moradas, todas situadas en el centro de Madrid. Los movimientos intra-urbanos ya no son del centro a la periferia, sino de una casa a otra, que distan poco unas de otras: la acción se desarrolla ahora en un pequeño triángulo situado en los barrios de Chamberí, Salamanca y Delicias, que cobijan en su centro el parque del Retiro.

Una de las consecuencias de esta contaminación del espacio es que el proceso de la escritura se ha interrumpido para la protagonista: las peripecias le impiden seguir escribiendo la historia del pueblo gallego, ya que su propia persona ha sido alcanzada por la lógica de la ciudad, íntimamente ligada al nombre de Piedad:

> Yo era una recién llegada, yo quería hablar de libros, quería alejarme de todo aquello, pero Piedad ya se había convertido en una pesadilla para mí. Una pesadilla que lo invadía todo, una pesadilla decidida a filtrarse en cada recodo de mi limitada geografía. (Castro 2001: 120)

La historia de la Tilleira deja paso al género asociado a la ciudad, es decir, a la novela negra; y, en cierta manera, hasta el último capítulo, la novela se podría leer como una novela negra en la que la joven África es arrastrada por una ciudad vorágine, cloacal y laberíntica que cobija en su seno a monstruos sagrados y asesinos. Así lo formula con mucha ironía la narradora en el capítulo nueve, subrayando el carácter arquetípico de los personajes de la novela que se está escribiendo a pesar de que la otra, la "poeta", se empeñe en escribir la historia de un pueblo:

> Ahora no tenía un duro, pero tenía una historia que contar. Todo lo que dejaba atrás le hubiera bastado a cualquier novelista para montar una novela. Desde luego, los ingredientes no faltaban. Estaba Isaac el Bueno, estaba Stoneman el Oscuro, estaba Piedad la Víctima, estaba Lucía la Mala, y Alberto, ¿quién era Alberto? […] A mí me había tocado encontrármelos a todos. Nadie a quien se lo contara se lo creería. Que tuve en mi poder un dinero destinado a liquidar a un tipo, que lo devolví, y que acabé acostándome con él.[…] Madrid me había hecho un buen regalo nada más llegar. Pensaba que con aquello ya podía vivir de las rentas por una eternidad, pero que ahora tocaba hacer mi propia fortuna y seguir insitiendo en mi pobre y desatendida historia de La Tilleira. (Castro 2001: 177)

Como ya ocurrió una vez en el capítulo cuatro, en que se proponía un final a la novela, la narradora configura nuevas posibilidades de escritura, abriendo nuevos vías al provocar nuevos encuentros, cuando el lector cree haber llegado al final del camino. Así ocurre cuando África llega a la casa de Zurbano después de haberse deshecho del dinero que Isaac le había prestado, pensando que éste sería el motivo de su enajenación y después de haber hecho una serie de comentarios metadiegéticos para distanciarse de la aventura que está contándole al lector. Y sin embargo, al llegar a su casa despojada del dinero, la llegada de Piedad a esta casa de Zurbano provoca esta vez su expulsión. África huye así de esa casa desde la que sólo pretendía escribir su "historia de La Tilleira". La presencia de Piedad en "su" casa y su desalojamiento nos lleva a ver cómo el "yo" ha sido sustituido por "otro": esta sustitución en el espacio urbano es ya el anuncio de la sustitución del espacio urbano por el espacio psíquico.

3. Del espacio al locus: "A contrapelo"

¿Teseo en femenino?

En un primer momento, la expulsión del espacio "propio" de África provoca una *errancia* a través de la ciudad. Sin embargo, los diversos encuentros han ido creando una geografía humana que permite establecer una serie de lugares familiares, una serie de "casas" en las que refugiarse. En los capítulos siguientes (9, 10) se abre una nueva morada: "la casa de Alberto", el personaje inquietante en torno al que se ha ido centrando la intriga y que se podría considerar como el doble masculino de Piedad. En la "casa de Delicias" es donde decide refugiarse la protagonista después de haber sido desalojada de su casa y, como formula la voz narrativa, ese sitio puede cobrar la forma del infierno:

> Necesitaba refugiarme en algún lugar, pero no quería meterme en cuatro paredes. [...] Tener un sitio a donde ir da una gran tranquilidad, aunque ese sitio sea el infierno. (Castro 2001: 183)

La estancia de África en esta casa va a ser la ocasión para darle la última vuelta de tuerca a la escritura de la ciudad como espacio enajenante. En cierta manera, el resto de la diégesis confirmará el hecho de que el espacio abierto de la ciudad se va reduciendo a un espacio mínimo y asfixiante, como si toda la dinámica espacial de la novela consistiera en dirigirse a un centro diabólico, alojarse en él. Ya no estaríamos en una ciudad-laberinto en la que la protagonista/Teseo trataría de encontrar y de matar al monstruo, sino que la ciudad permitiría, más bien, ir a su encuentro y conocerlo. Toda la lógica que ha consistido en volver a crear lugares familiares a través de la instauración de una multiplicidad de "casas" tiene como última consecuencia el hecho de reconectar con la lógica familiar, del *locus* que Alain Cambier definía en estos términos: "[el] genio de los lugares". Aquí, el monstruo podría cobrar rasgos femeninos (Piedad) y rasgos masculinos (Alberto) y, sin embargo, es con su propia interioridad desdoblada con la que va a tener que luchar. ¿Cómo matar a este monstruo sin provocar su propia muerte?

Poco a poco, se va imponiendo el registro del doble, de lo extraño, de la repetición de las anécdotas pasadas vividas por Piedad en el propio cuerpo de la narradora: "Todo lo ajeno era mío y todo lo mío se hacía ajeno" (Castro 2001: 186); y el relato empieza a cobrar una nueva forma genérica: una novela con efectos fantásticos. El "pulso con la ciudad" resulta ser un pulso con el género de la novela que se está escribiendo y aquí los espacios interiores contaminados por lo ajeno van cobrando cada vez más relevancia. Cuando vuelve a aparecer en la "casa de las Delicias" el ruido de la depuradora de agua, ruido característico de la "casa de Manoteras", ya actúa como una señal de la reunión y de la confusión de los diversos espacios urbanos mencionados, así como de la confusión mental que se está instalando en el corazón de la protagonista. La ciudad se hace señal y signo:

Y al fondo sólo aquel estertor profundo y rítmico, aquella respiración lenta de animal que descansa o agoniza, lejos y cerca, dentro y fuera de la casa, no sabía bien si dentro o fuera de mi alma. [...] Por un momento pensé que estaba soñando y que me encontraba en la casa de Manoteras, escuchando el trabajo sordo y lento de la depuradora de agua. Era el mismo ruido, era aquella máquina. Me quedé maravillada, como si aquel ruido quisiera decirme algo. (Castro 2001: 211)

La desaparición simultánea del cuerpo de Alberto esa misma noche reitera así pues, su primera desaparición en la diégesis de la casa de Manoteras. Asimismo, se une a la historia vivida por Piedad diez años antes, provocando de nuevo la huida de la protagonista a través de la ciudad para ir a refugiarse, esta vez, a un lugar público, el parque del Retiro:

No sé por qué mis pasos me llevaron allí. Los parques nos llaman a veces. Cuando ya no tienes casa ni alma, las ciudades te ofrecen un parque. Son refugios para quien nada espera. (Castro 2001: 214)

El espacio urbano es el último recinto cuando ya nada queda y, sin embargo, reencontramos una dinámica espacial: el Retiro está en el corazón de la ciudad y África se viene a cobijar "en el mismo corazón del parque" (Castro 2001: 215). La penúltima morada urbana de la protagonista resulta ser un espacio urbano para anónimos en el que, sin embargo, vuelve a ser conocida por sus habitantes vagabundos, ya que se la confunde con su doble, Piedad, que unos años antes había encontrado refugio en este mismo lugar. Los lugares anónimos ya no existen en la ciudad y lo ajeno ya define hasta su propia identidad. Huyendo de la repetición, África no hace sino escribirla de nuevo sin cesar. Huyendo de la ciudad, no hace sino hacerla cada vez más presente.

El proceso de regresión: "el sótano de Españoleto"

Encontramos la última etapa en este proceso de la escritura de la enajenación en el capítulo 11, cuando la protagonista se encauza hacia el desenlace trágico de su estancia en la ciudad, atraída por una fuerza que la lleva inexorablemente al corazón de este laberinto sin monstruo externo, pero ubicado en "el sótano de Españoleto":

[...] mis pasos me llevaron de un modo irreflexivo hacia el sótano donde Piedad me había recibido por primera vez. Caminé a tientas, dejándome llevar por la intuición a través de las calles de Chamberí. [...] Me parecía que había pasado mucho tiempo desde que había estado allí, tanto como el que media entre la lucidez y la locura, entre la claridad y la confusión, sólo que ahora era al revés. (Castro 2001: 229)

Finalmente, la experiencia de la esquizofrenia se materializa en un recorrido "a contrapelo" de todos los espacios ocupados por ese doble que la habita, Piedad. Escribir la enajenación supone aquí un viaje por los espacios ocupados por "el otro" hasta ocupar su centro. Y sin embargo, la ciudad actúa ya como una espectadora pasiva de los cambios que surgen en el corazón de los seres humanos:

> Volver a los lugares donde has vivido tiene algo de espectral. Que todo siga igual, los mismos olores, los mismos edificios, cuando dentro de ti todo ha cambiado, toma de pronto la forma de un reproche. O ni siquiera eso. Indiferencia. Es como si la arquitectura de la ciudad, imperturbable, te mirara pasar. (Castro 2001: 236)

Esta concepción de la ciudad es, asi pues, simétricamente opuesta a la concepción de un Baudelaire, quien, en su poema "El Cisne", escribía: "La forma de una ciudad cambia más deprisa que el corazón de un mortal".[9] Aquí, África viene a demostrar que la ciudad sigue siendo el lugar de las fuerzas chtonianas y de la tragedia humana, mientras que el corazón del ser humano ha pasado por la mayor experiencia vital; y así reescribiría el verso del poeta: "La forma de una ciudad *no* cambia *tan rápido* como el corazón de un mortal". En el último capítulo se produce el gran salto temporal: África vuelve a recorrer cada espacio –desde Manoteras hasta Zurbano– después de haber pasado diez años "1983–1993" (Castro 2001: 248) en un sanatorio; y su recorrido repite este movimiento de la periferia al centro que había sido su primer trayecto al llegar a Madrid. Esta repetición conlleva, sin embargo, una transformación de la mirada de su vivencia urbana: como un gran círculo que se cierra sobre sí mismo, conteniendo en su seno a un ser quebrado e híbrido, Madrid era el otro nombre del lugar que tenía que venir a ocupar la joven para escribir su novela: Piedad. Así acaba la novela:

> No podía salvarme de mi propia vida, como no habían podido salvar a Piedad hasta que yo ocupé su *lugar*.[10] [...] [y]o no era consciente de ningún sufri-

---

9 "Le cygne", en Baudelaire 1964, p. 107: "(la forme d'une ville Change plus vite, hélas! que le coeur d'un mortel)".
10 El subrayado es mío.

miento, sino acaso de un trabajo hecho, cumplido, de una tarea a la que se me había convocado y que terminé con éxito, hasta el final. […] Por eso yo vine a Madrid. (Castro 2001: 249)

Aunque como a primera vista el universo urbano podía introducir una ruptura en el mundo ficcional de Luisa Castro, en realidad, resultó ser el escenario para que se desplegara una vez más la escritura de lo *Unheimlich*, de "lo inquietante familiar". Aquí, Luisa Castro trastorna las categorías clásicas de la concepción de la ciudad como espacio de la modernidad. La diégesis rompe con el pacto de lectura inicial que pretendía describir un momento histórico de la capital madrileña y nos lleva a ver cómo el espacio mental sustituye al espacio urbano, después de que éste le haya ofrecido todos los elementos geográficos y humanos para poder escenificar la experiencia de la locura, provocando así una vacilación para la crítica en el momento de nombrar el género en el que inscribir la novela.

El Madrid de la "década prodigiosa" permite el paso de la historia de la poeta del *locus* a la novelista urbana. El "prodigio" dentro del propio sujeto femenino durará otra "década": en búsqueda de su compleja identidad literaria, el sujeto femenino viene a contaminarse semánticamente al lugar de su acogida, hasta asimilarse a él y devolvernos así una escritura, en femenino, del Madrid de la Transición.

Bibliografía

Baudelaire, Charles (1964): *Les fleurs du mal*, Paris: Flammarion.
Cambier, Alain (2005): *Qu'est-ce qu'une ville ?* Paris: Vrin.
Castro, Luisa (2001): *El secreto de la lejía*. Barcelona: Planeta.
Delacampagne, Christian (ed.) (1987): *Madrid: la décennie prodigieuse*. Paris: Autrement.
Durand, Gilbert (1995): *Les structures anthropologiques de l'imaginaire*. Paris: Dunod.
Imbert, Gérard (1986): "Mythologies nocturnes : la ville comme parcours (le Madrid de la Movida)". En: *Mythologies hispaniques dans la seconde moitié du XXè*. Dijon: Université de Dijon, pp. 47–52.
Vernant, Jean-Pierre (1965): *Mythe et pensée chez les Grecs*. Paris: Maspero.

Hans-Jörg Neuschäfer

1979: La Transición como crisis de orientación (en la perspectiva de Rosa Montero y de Antonio Muñoz Molina)

Han pasado más de tres años desde el encuentro de Berlín y he preferido dejar mi comunicación en la forma casi anecdótica que entonces le daba y que ahora se revela como un esbozo de una problemática que ha vuelto a cobrar importancia. La pequeña charla que di entonces se ha convertido, mientras tanto, en un extenso ensayo que, bajo el título de "Wann endet die spanische transición? Texte und Filme als Indikatoren des Wandels" ("¿Cuándo termina la Transición española? Textos y películas como indicadores del cambio") se publicará en breve dentro de un nuevo libro mío. Además de textos de Rosa Montero y Antonio Muñoz Molina, se tratan en él libros de Miguel Delibes ("Los Santos Inocentes"; "377 A. Madera de héroe"), Mercedes Carlón ("La acera rota"), Eduardo Mendoza ("La ciudad de los prodigios") y Manuel Vázquez Montalbán ("Los mares del sur"; "Autobiografía del General Franco"), así como películas de Carlos Saura ("La prima Angélica"), Pedro Almodóvar (sus primeros cortos), Juan Antonio Bardem ("El puente"), Mario Camus ("Los santos inocentes") y Jaime Camino ("El largo invierno"). Todo ello en el marco de una reflexión sobre el concepto de una transición que, según mi juicio, comenzó —en el campo cultural— ya antes de la muerte del dictador y duró al menos hasta la mitad de los años noventa, cuando al fin se podía hablar sin miedo del pasado reciente. Hoy, sin embargo, tengo mis dudas sobre si la Transición se puede considerar realmente terminada, concluida no solamente en el plano constitucional, sino también asumida en el plano mental y en la conciencia de todos los españoles. Pues parece casi que en la vida política ha vuelto a aparecer, sobre todo después del 11 M de 2004, la vieja fisura entre las dos Españas.

Teresa Vilarós (1998), en su meritorio *El mono del desencanto*, ha desarrollado la tesis de que, en la literatura de la Transición, no predominaba el optimismo, sino el malestar. Malestar porque se comenzaba a reprimir el pasado; desilusión porque se tenía que hacer "borrón y cuenta nueva", y desencanto después de haber desaparecido la estrella fija que había guiado durante cuatro décadas el destino de los españoles, incluso el de la izquierda, aunque haya sido para dar un sentido a su rechazo. "Contra Franco estábamos mejor" decía, con sarcasmo, Manuel Vázquez Montalbán al comentar esa pérdida de orientación negativa.

Al buscar sus ejemplos en un período bastante extenso (1973 a 1993), Teresa Vilarós ha construido una "crítica cultural de la Transición española" sincrónica, sin tener en cuenta diferencias históricas. Yo, en cambio, quiero enfocar el fenómeno de la Transición de una manera más concreta, contrastando dos textos que escogí no por razones literarias, sino exclusivamente por su valor testimonial; dos textos, además, que se refieren al mismo momento histórico, el año 1979, en el que todavía no era previsible el rumbo que iban a tomar los acontecimientos. Entonces ya se había abandonado la orilla 'antigua'; pero no se había llegado aún a una ribera 'nueva', ni se sabía, a ciencia cierta, qué aspecto iba a tener; incluso hubo no pocos intentos de dar marcha atrás. El 23 F de 1981 fue tan solo el síntoma más visible de un posible retorno.

Los dos textos difieren bastante, tanto por su punto de partida como por su punto de vista; pero a pesar de ello –o precisamente a causa de ello– ofrecen, desde la retrospectiva del año 2003, la oportunidad de una mirada estereoscópica. Lo que más se pone de manifiesto en ellos es algo muy peculiar de finales de los años 70: la incertidumbre, el titubeo y la falta de orientación.

El primer texto es *Crónica del desamor*, un reportaje novelesco de Rosa Montero, escrito y publicado en 1979, sin distancia histórica, como quien dice emitido 'en directo' desde las vivencias cotidianas de un grupo de mujeres madrileñas. El segundo texto es *Ardor guerrero* de Antonio Muñoz Molina en el que el autor y narrador recuerda la época de su servicio militar en el País Vasco (1979/80) desde la distancia de casi 20 años (el libro se publicó en 1995), una distancia que es evocada también en su subtítulo: *Una memoria militar*. El texto de Rosa Montero refleja una mirada femenina, el de Muñoz Molina es la memoria de un mundo exclusivamente masculino.

I

Crónica del desamor se desarrolla en Madrid. Consta de catorce capítulos. En el centro de cada uno se encuentra un personaje femenino de cuya situación social, laboral y anímica nos enteramos a través de las informaciones dadas por un narrador omnisciente, y también a través de sus propios comentarios y diálogos con otros personajes, en la mayoría femeninos también, que pueden convertirse, a su vez, en protagonistas de otros capítulos. De todo ello resulta que la mirada sobre la Transición es, en *Crónica del desamor*, además de femenina, exclusivamente urbana.

Todas las mujeres de la novela tienen recuerdos más o menos traumáticos de la época dictatorial recién acabada, y estos recuerdos siguen influyendo en su comportamiento actual impidiéndoles hacer uso razonable de las nuevas libertades.

Los hombres tienen una función más bien marginal en el texto de Rosa Montero: como jefes, a los que se odia o se hace la pelota; como ex-compañeros o ex-maridos; como amantes fugaces en relaciones inestables donde pronto se convierten en una molestia; como adictos a la droga o traficantes de mujeres; como rebeldes políticos desfasados... El único personaje no femenino en *Crónicas* que tiene cierta importancia y juega un papel digno es Cecilio, un periodista homosexual.

Las mujeres, en cambio, son activas o al menos aspiran a serlo. Casi todas tienen un nivel cultural bastante alto; muchas, incluso, han terminado una carrera universitaria. Trabajan en los sectores de la sanidad, de la educación y de los medios de comunicación donde hacen un buen trabajo, pero tienen puestos precarios y siguen dependiendo, al fin y al cabo, de la protección masculina. Todas ellas tienen entre treinta y cuarenta años, todas han tenido o están teniendo desilusiones en sus relaciones con hombres, sean éstos maridos, compañeros o amantes (de ahí el título *Crónica del desamor*). Una de ellas, Ana, la que más veces aparece y está presente en casi todos los capítulos, es la mediadora más importante para el lector. Ana ha vivido durante tres años con Juan –"tres años de más, en cualquier caso" (Montero 1979: 7)–; la relación ha sido, pues, como tantas otras, un desencuentro. De ella ha nacido Curro (que tiene ahora cinco). Ana sola se ocupa de su educación, siempre torturada por la mala conciencia que ocasiona el estrés profesional, agravado además por el hecho de tener que luchar por un puesto fijo. Sueña con poder escribir un libro, en el que relataría las experiencias típicas durante la Transición: no sólo las suyas, también las de sus amigas:

> Sobre la vida de cada día, claro está. Sobre Juan y ella. Sobre Curro y ella. Sobre la Pulga y Elena. Sobre Ana María, que ha perdido el tren en alguna estación [...]. Sobre Julita, muñeca rota tras separarse del marido. Sobre manos babosas, platos para lavar, reducciones de plantilla, orgasmos fingidos, llamadas de teléfono que nunca llegan, paternalismos laborales, diafragmas, caricaturas y ansiedades. Sería el libro de las Anas, de todas y ella misma, tan distinta y tan una. (Montero 1979: 8)

En realidad, *Crónica del desamor* no es otra cosa que la realización de este proyecto, en el que la historia de Ana es al mismo tiempo el prototipo de las de sus amigas. Me limito, en lo que sigue, a lo que es común a todas ellas:
 1. Los tradicionales lazos familiares ya no existen. Ni una vez se habla de padres o hermanos. Tampoco existen relaciones estables entre parejas; y las que las sustituyen son fugaces y superficiales. Se busca una compensación en la solidaridad entre mujeres, en el grupo, una solidaridad que también es precaria, porque nadie tiene tiempo dentro de su lucha por la vida, en la que la mujer va por libre; y como no quiere depender más que de sí misma, se encuentra sola. El compañerismo de los tiempos de la universidad, cuando todas y todos estaban unidos por su postura antifranquista y por el miedo de las represalias, ya no es más que un recuerdo nostálgico.
 2. La figura de la madre soltera y luchadora en el mercado del trabajo es el nuevo símbolo de la 'mater dolorosa'. Su éxito profesional se ve limitado, por no decir amenazado por la maternidad. Y sus obligaciones profesionales reducen su capacidad de dedicarse al niño. En este *double bind* se agota Ana y se precipita de una obligación a otra. Es una vida ajetreada, que lleva consigo una creciente irritabilidad, un estado de ánimo que se refleja también en el estilo inquieto, a veces incluso precipitado con el que se narran los acontecimientos.
 3. El trabajo sigue estando repartido de manera desigual: las mujeres ganan menos que los hombres y están en puestos subordinados y poco seguros. Esto les impone un comportamiento contradictorio, por no decir esquizofrénico: por un lado, y fruto de una nueva autovaloración, desprecian a los jefes masculinos que quieren aprovecharse de la dependencia y abusan de su poder. Pero, por otro lado, es precisamente ese poder el que ejerce cierta atracción erótica y hace caer a las mujeres en viejas trampas, incluso en la ilusión de haber encontrado el gran amor —ilusión a la que suele seguir un desengaño casi de inmediato.
 4. En cuanto a la vida sentimental y sexual reina cierta anarquía en el entorno de Ana. Frecuentemente se cambia de pareja; también hay relaciones multilaterales bastante complicadas. Pero aunque las severas costumbres de antaño han quedado atrás, nadie goza realmente del sexo. "Follamos tan mal" se dice lacónicamente en el texto. A esto contribuye, en cuanto a las mujeres, la educación represiva que les había impuesto la familia, la escuela y la iglesia. Por no hablar de la completa falta de conocimientos sexuales que, al emanciparse las mujeres de las trabas familiares y religiosas, las lleva a embarazos involuntarios y a primitivas y clandestinas prácticas abortivas (ya que el aborto 'libre' estaba aún considerado como un crimen). Aún

'hoy', o sea en la actualidad del texto, reina una inseguridad generalizada en torno a los métodos anticonceptivos.

5. Un lugar importante en el libro lo ocupan también las evasiones a los paraísos más o menos artificiales. Son sobre todo las drogas, blandas y duras, cuyo tráfico, consumo y efecto se describe en el fulminante capítulo noveno en el que una parte del grupo se vuelve a encontrar en un bar de la Movida en el que, pocos años atrás, se habían reunido habitualmente. Ahora ya van menos, lo que indica que también la Movida comienza a tener su resaca y a experimentar su propio "mono del desencanto". También se habla de los mundos evasivos del oriente, tan a la moda entonces, sobre todo la India, presentada aquí como estación término de un periplo que lleva a otro desengaño: el de darse cuenta que las huidas tienen sus límites y que, inevitablemente, llevan a un punto desde el que ya no se puede escapar más lejos.

Característico del texto de Rosa Montero y de la situación precaria en que se encuentran sus personajes son dos conceptos clave. El primero es el concepto de "desamor", de "desencuentro", de "relación desastrosa" que se refiere a la poco satisfactoria relación entre ambos sexos. Son desastrosas por la situación contradictoria en la que se hallan las mujeres de la novela: por un lado tienen una clara conciencia de la igualdad entre los sexos (en este sentido ya se han alejado, pues, de la antigua usanza), y por el otro, sobre todo en el mercado de trabajo, se las tienen que ver todavía con los tradicionales privilegios de los hombres. Por consiguiente, el deseo de emancipación de las mujeres está limitado aún, en Crónica del desamor, a una deconstrucción más bien simbólica del prestigio y de la autoridad de los hombres. Ya se sabe que esta deconstrucción continúa, con más sarcasmo aún, en novelas posteriores de Rosa Montero, por ejemplo en *Te trataré como a una reina* o *Amado amo*. En *Crónica del desamor* la vemos sobre todo en la última secuencia, cuando de Santiago Amón, el máximo jefe de la editorial, aparentemente tan superior y un ser casi divino, no queda, después de un *one-night-stand* con Ana, más que un *Häufchen Unglück*, un pedacito de desgracia, un pobre infeliz al que la misma Ana ha de consolar como a un niño pequeño.

Pero Ana, en su relación con Santiago Amón, tampoco se muestra segura de sí misma, lo cual nos conduce directamente al otro concepto clave en el texto que se describe con palabras como "inseguridad" y "timidez". Y es que las mujeres *no* tienen aún una clara idea de su propio valor y de lo que les va a esperar en la 'otra' ribera de la transición. Por eso hay en ellas un continuo titubeo entre un obstinado espíritu de rebelión y la resignación, por no decir la sumisión ante un patriarcado que, por debilitado que sea, aún perdura.

Resumiendo: en el texto de Rosa Montero, mientras que las viejas certidumbres ya se han desvanecido, con respecto a lo que va a llegar en un próximo futuro, reina la desorientación total.

Hay que añadir, sin embargo, que el texto de Rosa Montero reflejaba la mentalidad de una capa relativamente reducida: la de un público femenino, madrileño y culto, no la de la mayoría de aquellas mujeres aún marcadas por las pautas del tradicionalismo autoritario y clerical. Este tradicionalismo no persistía solamente en la provincia, sino también en las grandes ciudades. A esta mayoría, un texto como *Crónica del desamor* no llegaba; y si hubiera llegado, difícilmente hubiese sido aceptado. Hay que darse cuenta también de que muchas mujeres seguían un programa de radio que, en los años 70, tenía una enorme audición. En él, una figura ficticia que decía llamarse "La señora Francis", daba, con una voz comprensiva y al mismo tiempo con intención inapelable, sobre un fondo de música semirreligiosa, consejos a las mujeres, especialmente a las jóvenes, sobre cómo había que evitar toda clase de tentaciones ilícitas, si aspiraban a llegar intactas al matrimonio, donde ELLA ha de entregarse exclusivamente a EL. *Crónica del desamor*, uno de los primeros textos del postfranquismo dedicado primordialmente a un público femenino, puede considerarse, por lo tanto, como un discurso *contra-Francis*.

II

También la visión masculina en *Ardor guerrero* de Muñoz Molina podría resumirse bajo los lemas de inseguridad e incertidumbre. Sin embargo, la "memoria militar" de un Antonio procedente de la España profunda, es decir de la Andalucía más provinciana, para hacer su servicio militar en el País Vasco, parte de otras premisas que el reportaje de Rosa Montero. En este caso se trata de la rememorización de una vivencia traumática desde una distancia temporal muy considerable. Es verdad que aquí también se evoca detalladamente la vida cotidiana, concretamente la de los reclutas que se sienten en el País Vasco como los mercenarios de una legión extranjera. El protagonista tampoco sabe, en ningún momento, si llegará alguna vez a una orilla nueva o si tendrá que volver a una situación política que, mientras estaba en la vida civil, parecía ya superada. Incluso se intuye, desde la perspectiva del mundo militar de 1979, bastante más probable el retroceso que el avance. Pero lo que diferencia *Ardor guerrero* de *Crónica del desamor* es el hecho que el narrador (en este caso practicamente idéntico con el autor), se encuentra ya en la nueva orilla donde, en el fondo, ya no tiene dudas y donde, precisamente al escribir esa "memoria militar", se distancia de aquella época que durante muchos años le había perseguido aún en sus pesadillas. O sea que la 'memoria militar' de Muñoz Molina se encuentra asentada en la certeza de las al fin alcanzadas y estabilizadas libertades democráticas.

A pesar de aquel firme punto de vista, no deja de ser emocionante la retrospectiva hacia aquel año transicional de 1979/80, pues el autor acierta a reactualizar el pasado como si fuese presente y lo hace de una manera tan intensa como si lo viviera en un sueño.

> Hasta hace no mucho he soñado con frecuencia que tenía que volver al ejército.[...] En el sueño [...] yo era un soldado asustado y vulnerable, retrocedido a los terrores de la infancia y de la primera adolescencia, dócil a la brutalidad, a la disciplina, a la sorberbia de otros. [...] yo volvía a estar en Vitoria [...] o en San Sebastián [...] a donde me destinaron después de la jura de bandera, y mi identidad verdadera y mi vida habían dejado de existir, hasta mi nombre. Y lo peor de esta parte del sueño era que casi todas sus exageraciones oníricas se correspondían exactamente con los hechos más crueles de la realidad. (Muñoz Molina 2000: 9–11)

Como vemos, Muñoz Molina recuerda su servicio militar como una regresión a la minoría de edad, como una recaída en un estado en el que uno estaba privado de dignidad y autonomía, obligado a toda clase de cobardías a la vista de un poder prepotente y arbitrario. Una de las auto-designaciones más recurrentes en el texto es, precisamente, la de "conejo", palabra que no solamente es sinónimo de recluta, sino también reconocimiento del acobardamiento personal del narrador durante todos aquellos meses. El ejército de 1979/80 aparece en su relato como un residuo del franquismo, en el que sobrevivían los viejos rituales y los viejos rencores, en el que seguían omnipresentes los retratos del Caudillo y en el que se propagaba abiertamente la necesidad de un golpe que debería acabar de una vez con la Transición y reinstalar en España una dictadura militar y clerical. Así, las condiciones de vida en el campamento de Vitoria y, más tarde, en el cuartel de San Sebastián aparecen no solamente como residuos del pasado, sino también y al mismo tiempo como signos premonitorios de un futuro no improbable.

Visto así, el texto de Muñoz Molina es más que un informe sobre la experiencia personal de un recluta sensible que, por sus inclinaciones intelectuales y, sobre todo, por su afición a la lectura, está siempre a punto de ser considerado como un afeminado y que, durante el año y medio de su calvario, queda relativamente indemne gracias tan sólo a haber conseguido un puesto en la oficina del cuartel. También es más que una severa crítica del espíritu militar que, en la opinión del autor, intentaba inculcar mediante sometimiento a una disciplina absurda, un patriotismo vacío de sentido y un agresivo nacionalismo o castellanocentrismo y que, en realidad, no lograba más que producir un *je m'en foutisme* general, una falta de responsabilidad de vastas dimensiones. No es casual que otro de los vocablos más frecuentes del texto sea el de "escaqueo" o de "escaquearse". No, más allá de todo esto, *Ardor guerrero* es también un testimonio de lo precaria y vulnerable que era la Transición: todo menos un camino recto que llevaba de una orilla a la otra, del pasado al futuro, sino una ruta amenazada y curvada que no solamente podía llevar en una dirección equivocada, sino también directamente al fracaso, incluso al fiasco de una nueva guerra civil.

Lo que más impresiona en *Ardor guerrero* es el empleo del *futur dans le passé*, una técnica narrativa con la que se reactualiza el pasado y se hace comprender hasta qué punto eran inciertas las cosas en los años 79/80, y cómo esta incertidumbre y la consiguiente desorientación volvieron a producir en el recluta Antonio aquel estado de miedo paralizante que ya le había atormentado en el colegio de curas durante el franquismo y, luego, en la universidad poco después de la muerte del dictador. Y ni que decir tiene que "miedo" es otra de las palabras clave que se encuentran con frecuencia en el texto:

> Quiero acordarme de la textura peculiar del miedo, de su calidad del todo física, a la vez una punzada como de vértigo o de náusea y un peso sobre la respiración, una suma instantánea de todas las formas del miedo a la autoridad que uno había conocido en su vida, en su infancia escolar y franquista, […] y en el siniestro invierno entre 1976 y 1977, cuando había empezado a llegar la libertad sin que se retirase todavía la dictadura y vivíamos en una confusión turbia y asustada, en oscilaciones de alegría […] y de pavor […]. (Muñoz Molina 2000: 185)

Entre los pavores originados por la experiencia del servicio militar se halla también el miedo a ser aplastado entre dos fanatismos nacionalistas, el del ejército y la derecha revanchista por un lado, y el de ETA y sus seguidores, por el otro, un fanatismo que podría llevar a la vorágine de una nueva guerra civil:

> Yo tenía la impresión de que entre unos y otros nos iban a arrastrar a todos a un desastre de banderazos y de trágalas, de banderazos de ikurriña y banderazos de bandera roja y gualda, de abertzalismo y españolismo, de oír vivas roncos al ejército español y goras a Eta militarra proferidos por amables matrimonios de San Sebastián que caminaban en las manifestaciones detrás del pelotón de los bárbaros, tan untuosamente como si salieran de misa. (Muñoz Molina 2000: 296)

Es cierto que el informe de Muñoz Molina está enmarcado por la impresión de haber llegado, por fin, a buen puerto. Y para el año 1995, en el que se publicó su texto, es posible que esa impresión fuera justificada. El lector de hoy, sin embargo, que ha tenido que aprender, mientras tanto, qué frágiles son, incluso, las democracias más prestigiosas de nuestro hemisferio, y cuán amenazantes se han vuelto los banderazos del nacionalismo, en Europa, en Oriente próximo, en Estados Unidos (y Dios sabe dónde todavía próximamente); el lector actual, pues, está inclinado a volver a tomar muy en serio el incierto *futur dans le passé* de esta impresionante memoria y de considerar la certeza de su marco como algo que, desgraciadamente, ya ha vuelto a pasar al mundo de las bellas ilusiones.

Bibliografía

Mainer, José-Carlos/Santos, Juliá (2000): *El aprendizaje de la libertad (1973–1986). La cultura de la transición*. Madrid: Alianza.

Montero, Rosa (1979): *Crónica del desamor*. Madrid: Debate.

Muñoz Molina, Antonio (1995): *Ardor guerrero*. Madrid: Alfaguara. (La edición citada en mi artículo es la de "Punto de lectura", Madrid 2000).

Vilarós, Teresa M. (1998): *El mono del desencanto. Una crítica cultural de la transición española (1973–1993)*. Madrid: Siglo XXI de España Editores.

Janett Reinstädler

De la pizarra mágica a la cajita dorada: estrategias mnemónicas en tres autoras de la Transición española

1. Haciendo memoria

"La mémoire ne fait pas revivre le passé, mais elle le reconstruit" –esa constatación hecha por Maurice Halbwachs en 1925 (Halbwachs 1935: 403)¹ explica el problema esencial de cualquier relación del hombre con el pasado: lo que sucedió en otros tiempos se ha perdido irrecuperablemente, y cualquier referencia a lo anterior es nada más que una reproducción que muchas veces pretende ser auténtica, pero que nunca lo es. Según afirma Halbwachs en *Les cadres sociaux de la mémoire*, esa reconstrucción del pasado realizada por la memoria es determinada por el lenguaje y el sistema de normas que establece una sociedad. Pero mientras que la memoria depende del sistema presente que rodea al individuo, la percepción de ese presente es determinada, a su vez, también por los recuerdos personales y la memoria:

> En même temps qu'on voit les objets, on se représente la façon dont les autres pourraient les voir [...]. Il n'y a donc pas de perception sans souvenir. Mais, inversement, il n'y a pas alors de souvenir qui puisse être dit purement intérieur, c'est à dire que ne puisse se conserver que dans la mémoire individuelle. (Halbwachs 1935: 371).²

---

1 Maurice Halbwachs (1877–1945), sociólogo francés y profesor del Collège de France, fue deportado por los nazis y murió en el campo de concentración de Buchenwald. La virulencia de su teoría en la investigación actual sobre memoria testimonia la imposibilidad de extinguir su pensamiento. Acerca de la recuperación de su teoría en las ciencias sociales alemanas ver Assmann 1992.

2 La cita pone de relieve que el interés de Halbwachs no se dirige tanto a diferenciar *recuerdo* en el sentido de 'subjetivo-privado' y *memoria* en el sentido de 'amplio y oficialmente legitimado' (cf. Weinrich, p. 12), sino más bien a precisar la diferencia entre *memoria colectiva* y *memoria individual*. Tanto el recuerdo como la memoria individual se entienden como la(s) experiencia(s) de un individuo determinado, que sin embargo son prefiguradas por factores exteriores y sociales. Halbwachs entiende por *memoria colectiva* los conocimientos del pasado producidos por un grupo cultural o una sociedad. (Halbwachs, ver. Assmann, pp. 35). En este artículo utilizaré la palabra

La conclusión de que toda percepción y todo recuerdo son definidos por la sociedad (tesis perfeccionada más tarde por la teoría del discurso de Foucault) tiene consecuencias para la definición de lo que es la *memoria de la Transición española*. Al constatar la gran influencia que tiene el entorno cultural sobre toda consideración del pasado (y el presente), Halbwachs anticipa la renuncia posmoderna a la convicción positivista que postulaba la objetividad y la independencia de la ciencia.[3] Dentro del trabajo científico sobre la memoria resulta entonces que el objeto de estudio coincide con el resultado: estudiando la memoria, la construimos. La *memoria de la Transición* no es por lo tanto una referencia fija, sino un objeto variable e inconstante que depende de la instancia que la constituye. Considerada así, la *memoria de la Transición* es el saber del tiempo histórico de la transición,[4] tiempo a ser recordado y (re)construido cada vez de nuevo.

Existe, sin embargo, una *memoria de la Transición española* como 'hecho histórico', que puede ser concebida como la memoria individual y cultural producida en aquel entonces. La literatura especializada la define como la forma problemática en que los españoles (no) recuerdan el medio siglo anterior de guerra civil y régimen totalitario franquista con las duras experiencias de terror estatal, la persecución política y el exilio. Es bien conocido (y ha sido muy estudiado) que los españoles de la transición no beben de la fuente de Mnemósine, sino más bien de la de Leteo. Una vez muerto el dictador, un pacto político de silencio, basado en la suposición de que sólo así se podía garantizar una transición pacífica a la democracia,[5]

'recuerdo' en el sentido de un fenómeno más bien aisolado, momentáneo, mientras que por 'memoria individual' entiendo el conjunto más general de recuerdos que tiene un individuo.

3   Halbwachs, obligado al etos positivista de las ciencias de su época, no llevó su teoría a esta última consecuencia, y nunca dudó de su objetividad científica. (ver Assmann, p. 45ss.)

4   La palabra *transición*, definida por el Diccionario de la Lengua Española como "Acción y efecto de pasar de un modo de ser o estar a otro distinto" (2001: 2211), describe en el contexto político y español el cambio del totalitarismo franquista a la democracia de la monarquía constitucional. La delimitación temporal es, sin embargo, muy controvertida: las propuestas llegan desde una definición estrecha (de la muerte de Franco en 1975 a la aprobación de la constitución en 1978), hasta una temporalización muy abierta: p.e. del plan de estabilización de 1957 a la victoria del PP en 1996 (ver Gimber 2003). Abriendo la perspectiva a todos los fenómenos sociales, la sociedad española experimenta unos cambios tan decisivos en tantos sectores que sería más adecuado utilizar el plural y hablar de *Transiciones*. Cardús i Ros relaciona la época histórica con la memoria establecida en ella y constata: "[…] the Transition lasted as long as it took to overcome the fragility of the newly invented memory." (Cardús i Ros, p. 25). Entendida así, la transición política en España es un proceso interminable que recomienza con cada nueva generación.

5   Ésta suposición es quizás el mito más duradero de la Transición. Cardús i Ros afirma 25 años después de la muerte de Franco: "[…] the Transition to democracy was made

sepultó la memoria colectiva española de los crímenes dictatoriales. Continuó oficialmente así la "alianza entre poder y olvido" (Assmann 1992: 55)[6] practicada por el franquismo; el ejemplo más famoso de esta estrategia lo dio el ex jefe de estado Felipe González, quien en 1986 afirmó que "una guerra civil no es un acontecimiento conmemorable" (Gimber 2003: 113). En consecuencia, una investigación sobre la *memoria de la Transición* muy bien podría acabar estudiando el *olvido de la Transición*,[7] si no fuera por la memoria que se opone a los discursos oficiales y monolíticos: la memoria como resistencia.[8] Haciendo caso omiso de las leyes de censura, ya durante el franquismo los artistas españoles se rebelaron contra el silenciamiento y el olvido, y a partir de 1975 las obras que tematizan detalladamente las experiencias de la Guerra Civil y el franquismo aumentaron tan considerablemente que Juan Luis Cebrián constata once años después: "Todo está escrito ya, e incluso en demasía." (Cebrián, p. 1).

Desde la teoría del análisis del discurso, es claro que nada estará nunca escrito en demasía. Los estudios recientes sobre el tema prometen arrojar nuevos resultados, instándonos a dedicarnos otra vez al fenómeno de la *memoria de la Transición*, sobre todo al de su literatura, siendo ésta el

> arte mnemónica *par excellence*: crea la memoria de una cultura, traza la memoria de una cultura, es la memoria en acción, se inscribe en un espacio mnemónico hecho de textos, esboza un espacio mnemónico en el que los textos precedentes son incorporados mediante escalones de transformación. (Lachmann 1990: 36)

Esa relación entre memoria e intertextualidad propuesta por Lachmann – "La memoria no es un acumulador pasivo, sino un mecanismo complejo de producción textual" (Lachmann 1993: XVII)–, significa en último término que *memoria* consiste en una conexión interminable de textos: en nuestro caso, los discursos de la crítica literaria producen un corpus 'mnemotextual' de textos literarios (de la Transición), los que a su vez proyectan un espacio lingüístico de memoria que evoca textos anteriores, que también

---

possible by the active erasure of the social memory that had been hegemonic up to 1975." (Cardús i Ros 2000: 19).
6   Las traducciones del alemán al español son mías.
7   El tema de la desmemoria (también en la literatura) ha sido estudiado por Resina 2000.
8   "Bajo las condiciones de la represión, la memoria puede convertirse en una forma de resistencia." (Assmann 1992: 73). Esa resistencia contra la máxima oficial del olvido tiene tradición en España. Respecto a procedimientos literarios de resistencia contra la censura ver Neuschäfer (1994) y Knetsch (1999). Lo que sí es nuevo es la insistencia y la expresividad con las que la crítica social presenta temas anteriormente tabuizadas (política, eroticismo, homosexualidad, etc.; ver Ingenschay/Neuschäfer 1994).

son intertextuales, de modo que la teoría se mueve junto a su objeto y ambos se condicionan y se nutren recíprocamente. La productividad de una acumulación tal intertextual por parte de la memoria, su "conglomerado de sentido o dispersión de sentido" (Lachmann 1990: 7), constituye el lema de este artículo. Se tratará de recordar cómo, alrededor de 1975, las escritoras ocupan el espacio literario amplificando los temas y estéticas de la literatura española, no sólo en lengua castellana.[9] Mi interés se centra en la manera específica en que un procedimiento textual construye los momentos de recuerdo y memoria. ¿Qué tipo de 'trabajo de memoria' realizan los textos narrativos? ¿Cómo se produce el enfrentamiento con el pasado en un clima político signado por el olvido? Para intentar responder a estas preguntas seleccioné tres textos en donde el tema central es el acto de recordar. Estos relatos muestran cómo se determina la producción literaria a través de la reflexión personal y social hecha desde una perspectiva marcada por la situación específica de la mujer en la sociedad española. Carme Riera, Esther Tusquets y Carmen Martín Gaite *representan* y *constituyen* de forma acumulativa y generativa la memoria cultural de la Transición española.

2. Reescrituras del pasado: Carme Riera y *la pizarra mágica*

Tal vez por la inseguridad jurídica del 'tiempo de la premuerte', tal vez porque fue publicado en lengua catalana (mallorquín), a fines de 1974 el cuento *Te deix, amor, la mar com a penyora* de la mallorquina Carme Riera (*1949) pudo burlar la censura franquista y llegar al público a través de la revista catalana *Recull*. Premiado con el *Premi de Narració* del mismo año, el cuento tiene todos los ingredientes para haber desatado un escándalo, desde una serie de provocaciones a la ideología franquista, tales como la crítica a la política y al militarismo represivos, hasta la disolución de normas conservadoras de moral y feminidad, además de la tematización abierta del amor y el erotismo homosexuales. En 1980, la autora reescribe (y 'radicaliza') el cuento en español para publicarlo con otros relatos en la antología *Palabra de mujer. Bajo el signo de una memoria impenitente*.[10] Este lema determina

---

9   Hay una literatura muy abundante de mujeres que empiezan a publicar en castellano y en los idiomas regionales ibéricos después de 1975. Para una orientación general ver la excelente compilación de Bierbach/Rössler (1992) y la visión de conjunto de Rössler (1992).
10 Existen tres versiones del cuento: una en catalán (mallorquín), la adaptación al español por la autora de 1980 y una traducción del original por Luisa Cotoner en 1991. Acerca de las implicaciones que surgen a raíz de estas tres versiones respecto a la conexión entre lenguaje, género y sexualidad ver Epps (1995: 333).

también la narración "Te entrego, amor, la mar, como una ofrenda". El cuento responde a la necesidad de tomar la palabra (y la realidad mediante la palabra) para ejercer un recuerdo liberado de la penitencia cristiana. Son los recuerdos –de una persona, de un amor, de un deseo corporal desde hace mucho tiempo ausentes– los que animan a la protagonista a redactar el texto, una carta compuesta en un estilo dialógico y vivaz, a la vez que elegante y lírico. Dirigida a la persona amada, la misiva está escrita 'sobre' otros textos anteriores. La protagonista, una mujer joven y embarazada que presiente que morirá durante el parto, recuerda a María, su amor doblemente imposible de hace diez años: porque era su profesora y –más problemático aún– porque era mujer. Al ser descubiertas, el padre de la protagonista consigue por la fuerza la separación, y ésta tendrá que dejar Mallorca para continuar sus estudios en Barcelona.

Los recuerdos escritos evocan este deseo prohibido por 'la ley del padre', un deseo indecible, condenado a ser olvidado –"el amor del que nunca, por aquella época, hablábamos" (Riera 1980: 14)–, y alejado de los discursos oficiales: "Ni en los libros, ni en las películas, aprendía a vivir la historia de nuestra historia." (Riera 1980: 13). Riera duplica el tema de la invisibilidad de la mujer lésbica en la construcción del argumento del cuento, pues hasta la última página no desvela la identidad sexual del (de la) profesor(a) de matemáticas. Brad Epps define lúcidamente esa estrategia doble de nombrar y ocultar la identidad lésbisca (que repite la estrategia social de la marginalización de los homosexuales) como un "writing of unreadability" (Epps 1995: 319), como estrategia cuyo resultado consiste en una 'virtualización del lesbianismo':

> The suspense, silence and invisibility of the name; the subtle allusion to the "real nature" of the sexual body; and the remembrance of letters whose messages have been hidden or destroyed: all attest to the unconventional potential of poetic conventions [...], to a complexity beneath the apparent simplicity of the story. What they also attest to, [...] are the ways in which a particular reality, and its experiental contents, may be withheld, suspended, *virtualized.* (Epps 1995: 318).[11]

Enfocando la memoria expresada en la carta, el texto narra la lucha entre un olvido proscrito y las estrategias de preservación. El procedimiento central

---

11 Rodríguez (1999: 139) sigue esta argumentación: "Tal vez lo más revelador para entender el desarrollo de la historia sea precisamente aquello que queda velado o tan sólo parcialmente des-velado: las prohibiciones, las alusiones al escándalo público y el camino de la depravación delineado por el padre."

de esta memoria de resistencia constiste en el acto de escribir. Escribiendo, la protagonista mantiene (la ilusión de) su amor en el pasado, continuando la comunicación prohibida a la vez que callándola: "todas las noches te escribía y guardaba cuidadosamente las cartas en un cajón cerrado a cal y canto" (Riera 1980: 18). Lo difícil, lo imposible, no es recordar, sino olvidar: "intentaba borrar tu imagen, talarte de mi memoria. [...] Mi voluntad, sin embargo, se negaba a arrancar las raíces." (Riera 1980: 30) La protagonista escribe a la mar porque "insistía en olvidar tu nombre y tus señas" (Riera 1980: 26), lo que sin embargo no alcanza para sustituir a la mujer ausente. Como indica el título y como se confirma al final del relato, la mar se convierte en el *lieu de mémoire*[12] de la narradora, la metáfora que garantiza la supervivencia del recuerdo: "Te entrego, amor, la mar como una ofrenda" (Riera 1980: 9 y, ligeramente variado, 32). Haciendo alusión a *la* mar, el amor homoerótico, vivido y perdido en el pasado por la intervención social, es expresado como la pérdida irrecuperable de otra lógica, de un espacio que transgrede las coordenadas del (fa)logocentrismo: "Este amor que no conduce a ninguna parte, que no tiene ninguna finalidad... [...] la única finalidad del amor era, es sencillamente, el amor." (Riera 1980: 22). Mientras que la relación amorosa de las mujeres surge como un espacio paradisíaco más allá de la sociedad, un no-lugar que la *memoria individual* asocia con emoción, corporalidad, naturaleza y mar (metáfora de lo femenino), la *memoria colectiva* aparece cuando la narradora menciona su primera relación heterosexual. El amante masculino es relacionado con un acordarse de los acontecimientos que pertenecen al recuerdo colectivo: la resistencia política antifranquista –Javier es un "militante antifascista con años de cárcel a cuestas [... y la experiencia de] años de exilio." (Riera 1980: 23)[13] El cuento enfrenta así otra memoria prohibida y silenciada, la memoria de la represión política, el terror policial y las torturas cometidas por los militares: "En una celda, en los sótanos de Jefatura, había un compañero preso, torturado tal vez. Le habían detenido por la mañana mientras participábamos en una manifestación." (Riera 1980: 27)[14]

---

12 La mnemotecnia antigua aconsejaba situar las imágenes que representen lo recordado en lugares específicos para así mejorar la memoria personal. (Acerca del mito de Simonides ver Lachmann 1990). Pierre Nora (1989) acuñó el concepto *lieu de mémoire* en los años 80 con su gran proyecto de investigación en los lugares de memoria de la nación francesa (los que pueden ser monumentos, emblemas, símbolos, rituales, manuales, textos básicos etc.).

13 Llama la atención que la descripción de Javier (Jaume) sea mucho más corta y apolítica en la versión catalana de 1974: "aquell estudiant de Medicina [...] que arribà a Ciutat del País Basc, perseguit per la policia, et molestares." (Riera 1974: 20)

14 Consta de nuevo el efecto liberador de la abolición de la censura en 1978: la alusión a la tortura en el texto de 1980 es omitida en la versión de 1974.

Otra vez la acción de escribir se convierte en resistencia contra la represión: "Y entre la angustia y el miedo ensayaba, con torpeza, sobre el papel, un leve resquicio de esperanza." (Riera 1980: 27s.) Esa actitud de transformar una realidad destructiva, nihilista e ilegible en un texto optimista, ese ímpetu por pasar de víctima pasiva de la sociedad a constructora activa de un discurso sobre la historia, se refleja también en la redefinición positiva del pasado personal: "Debo a la memoria impenitente de mis horas amargas el don de afianzarme en el pasado, devolviéndomelo en todo su esplendor, un esplendor que muchas veces no tuvo." (Riera 1980: 27)

Esta experiencia escrita y sobreescrita (a la carta que leemos precede una carta parecida, destruida en el pasado, y las muchas cartas escondidas en la caja), este movimiento de recuerdos desdoblados, multiplicados, representados, guardados y a la vez nebulosos, recuerda el "Wunderblock" o 'pizarra mágica' que Sigmund Freud utiliza metafóricamente para explicar el funcionamiento del aparato psíquico. La 'pizarra milagrosa', un antiguo juguete para niños, está compuesta por una tabla de cera tapada por dos papeles de celuloide, uno fino por debajo y el de la superficie más espeso y transparente. Al escribir sobre la superficie de éste último, el celuloide de abajo se pega a la cera del fondo y así aparece lo escrito. Despegando este celuloide de la cera, la escritura desaparece y la pizarra milagrosa está preparada para recibir nuevas inscripciones. Según Freud, la ventaja de este portador de significado consiste en su eterna capacidad para recibir información, pues en la pizarra se puede escribir y borrar y volver a escribir indefinidamente. Dado que sólo se separa el papel del fondo inscrito, en la tablita de cera se forma un texto de inscripciones múltiples y superpuestas. La mente humana –afirma Freud– se parece a ese mecanismo. Recibidos los estímulos externos por el sistema de percepción consciente, la memoria se transforma en una suerte de palimpsesto detrás de esa superficie receptora. Las "huellas de la memoria –escribe Freud– son duraderas, aunque no inmudables" (Freud 1991: 6). Es por el mecanismo de la represión que los recuerdo desagradables son controlados, control que en última instancia fracasa, puesto que lo reprimido siempre encontrará otras vías de expresión.

Los paralelismos de la teoría psicoanalítica con el proceso de rememoración narrado por Riera son evidentes. La experiencia se convierte en texto ("entre la angustia y el miedo ensayaba, con torpeza, sobre el papel..."), y la memoria, transcrita una y otra vez de nuevo, se percibe como huella subyacente de las cartas. Se podría decir que esta estrategia no sólo es una estrategia narrativa, sino que se encuentra también en las representaciones oficiales de la historia común. El palimpsesto como escritura de la historia también es una estrategia del historicismo oficial franquista: cambiar, transcribir e intentar tapar las experiencias traumáticas apartando del texto oficial los elementos desfavorables, que por ende se desemiotizan. El acto de olvidar es la condición necesaria de la memoria y sirve de estrategia estabilizadora de una identidad colectiva e intacta (ver Lachmann 1993: XXV). Bajo las condiciones del franquismo, en donde el olvidar es un decreto oficial, lo reprimido (los traumas de la Guerra Civil, las ejecuciones, las torturas, la represión ideológica y sexual, la opresión de las mujeres, los exiliados, etc.) aparecen, sin embargo, en forma de "huellas mnemónicas" que afloran con insistencia y tienen que ser reprimidas cada vez con mayor fuerza. En el cuento de Riera se inicia la recuperación de lo superficialmente borrado. Se hace alusión al movimiento de protesta violenta y al nuevo movimiento de fines de los años sesenta/principios de los setenta que reivindicó la concienciación y la reapropiación del cuerpo, la literatura y la democracia:

> Coloquios sobre el sexo, lo anticonceptivos, los partidos políticos, el referéndum [...]. Un matrimonio muestra, en una mesa redonda, el testimonio vivo de su amor cristiano. [...] Festivales de Nova Cançó [...] Lecturas que otros recomendaban: Freud, Marx, Joyce, Faulkner, después Vargas, García Márquez, Cortázar, Donoso, Lezama... [...] Reuniones organizadas por CC.OO. y por el PSUC... (Riera 1980: 29)

A pesar de esa memoria vitalizada y deliberada, la protagonista no es capaz de una reapropiación personal de su homosexualidad "tabuizada" y perdida. El regreso al orden simbólico (bajo la ley del padre o del falo, en términos lacanianos), y la integración de la protagonista dentro de la heterosexualidad, el matrimonio y la maternidad, sólo logran transcribir la memoria de la pérdida, pero no logran borrarla: la carta termina con el pesimismo de una muerte anunciada y un entierro anhelado dentro del mar, concebidos como última posibilidad de reconciliación con el pasado y como 'otra vida'. La esperanza sólo existe para la nueva generación, para los que nacerán pronto.

3. Relecturas del pasado: Esther Tusquets y la historia literaria

Mientras la estrategia mnemónica narrada en Riera consiste en un (re)escribir como proceso de recuperación y apropiación de una realidad pasada (dado que los textos del pasado se perdieron), Esther Tusquets (*1936) presenta en *El mismo mar de todos los veranos* (1978) una reflexión literaria de un pasado cuyo acceso se realiza principalmente por la (re)lectura. Es por medio de la literatura, los mitos clásicos, las grandes obras renacentistas, los cuentos de hadas y otros, que la protagonista, profesora de literatura en la Universidad de Barcelona a fines de los 70, se enfrenta al mundo hostil que la rodea. La novela narra el desarrollo y posterior fracaso de su relación amorosa de entonces con una estudiante colombiana, todo ello mechado de recuerdos de un pasado lejano signado por las leyes de la alta sociedad catalana y del franquismo. El trabajo de la memoria también retoma dentro de esta novela el discurso psicoanalítico, esta vez junguiano. Mediante los esquemas arquetípicos de la literatura y el "trabajo del cuerpo", la actividad de la memoria finalmente puede recuperar el trauma: la pérdida de su anterior amante, Jorge, metaforizado por el mito griego de Ariadna abandonada por Teseo. La relación homoerótica con la muchacha Clara, narrada como superación de la ordenación simbólica, abre un espacio, una comunicación y hasta un idioma distintos.[15] Llama la atención que aquí, al igual que en el texto de Riera, la posibilidad de otra lógica, no patriarcal, sea relacionada con el amor lésbico. Asumiendo que el texto "places liminality at the center of the fictional space" (Smith 1992: 97), es dentro de esa liminalidad focalizada que se establece la acción de recordar y de narrar. También aquí los recuerdos personales preceden a los recuerdos históricos. Después de evocar a la familia de su niñez, la protagonista empieza a hablar de la represión franquista, las protestas estudiantiles de los años 60 y "el golpear encarnizado de las porras" (Tusquets 1978: 61). Constata: "Aunque no estaban todavía los tiempos madurados para nada [...], algo había empezado sin embargo a cambiar después de tantos años" (Tusquets 1978: 62). En rigor, el "trabajo de rememoración" ya ha empezado: "Está echada a perder desde el comienzo la búsqueda de cualquier tiempo perdido o de cualquier fantasma apolillado" (Tusquets 1978: 108). Hacia el final, la protagonista/narradora llega a la conclusión:

> [...] tengo la sensación pues de haber terminado el repertorio de mis historias, estas historias que renuevo, que resucito y que repito [...], pretextos para evocar, o para inventar quizás, para sacar viejos recuerdos polvorientos del armario, para abrir el baúl de los disfraces y vestirse el disfraz de tristezas antiguas [...]. (Tusquets 1978: 179)

---

15 Detallé las referencias intertextuales entre este concepto y la teoría feminista francesa (especialmente Hélène Cixous) en dos publicaciones anteriores (Reinstädler 1994 y 1996). La conexión entre Tusquets y Monique Wittig es analizada por Smith (1992).

Ni la relectura del pasado a través de los relatos míticos ni el simple paso del tiempo pueden eliminar la melancolía surgida con la pérdida: "Es definitivamente falso que el tiempo ayude a resolver el sufrimiento: los únicos daños verdaderos son siempre intemporales" (Tusquets 1978: 225). El trauma personal del pasado, es decir el suicidio de su amante, un implicado en la resistencia al franquismo, en un principio no recordable, ilegible, ahora es indecible, no puede ser reducido a historia: "No soy capaz [...] de ordenar y reducir a la forma de una historia, aquel daño letal e interminable que marcó en realidad el final de todas las historias y abrió una etapa gris constituida sólo por datos, por hechos y por citas" (Tusquets 1978: 180). Los textos se sobreponen, se reduplican y varían sus significaciones, tornan dudoso cualquier concepto de autodeterminación e identidad: "Las inestables identificaciones míticas de los personajes, en las que no se respetan ni las fronteras masculinas/femeninas, ni las hetero/homosexuales, cuestionan la noción modernista de sujeto." (Cornejo-Parriego 1995: 60). El pasado personal no puede ser superado por la recuperación de la historia 'real' (datos, hechos, citas), el objeto de amor perdido no puede ser sustituido y el libro termina con gran pesimismo frente a posibles cambios de historia(s) y mitos: la protagonista cede a la presión social, deja a la joven estudiante y regresa a la casa de su marido. La renuncia, bajo nuevos esquemas, a la relectura del pasado y a la percepción del presente (la actualidad de la Transición) trae una tranquilidad mental que al fin y al cabo significa una muerte simbólica:

> [...] podré volver yo –pese a la nostalgia– a hundirme sin problemas en este duermevela que es mi vida, mi no vida, en mi bosque encantado o mis fondos acuáticos o mis riscos de fuego, mientras un zombie bien amaestrado y moviente me sustituirá con eficacia y hasta con ventaja en las cenas de gala y los estrenos cinematográficos, en la universidad, en mis noches de amor, si son noches de amor las largas cabalgadas de un desconocido sobre mi cuerpo muerto [...]. (Tusquets 1978: 228)

El estilo meándrico, laberíntico, a veces neo-barroco y otras irónico o cínico, desdobla la intertextualidad y la ilegibilidad del mundo y de la memoria. El presente, la transición política, no facilita la elaboración del pasado ni permite abrir permanentemente nuevos caminos, por lo que el futuro personal (¿y colectivo?) consistirá en una continuación del conformismo autorestrictivo y autodestructivo con una situación no querida (es decir la convivencia). La otra lógica que reluce en el deseo homosexual no es duradera, acaba siendo absorbida por las leyes de una sociedad conservadora y patriarcal.

La novela de Tusquets subraya la observación de Halbwachs de que la memoria no sólo es el resultado de una producción lingüística, sino que además toda percepción del presente y del pasado depende de esquemas textuales que, a su vez, pueden ser sometidos a relecturas, reinterpretaciones, reescrituras. Se vive, se siente y se recuerda a través de discursos (de estética, cuerpo, sentimiento, sexo…); el rechazo de estos discursos (el término de la escritura) comporta la muerte.

La novela, en un alarde de pesimismo, termina con la protagonista sintiéndose igual que en el pasado recordado: "Vacía para siempre de cualquier esperanza, de la tentación tan pesada de la vida, de la ilusión falaz de cualquier posible compañía" (Tusquets 1978: 229). El optimismo de cara al futuro pertenece, igual que en Riera, a la próxima generación. Lo simboliza la joven estudiante Clara, quien al final de la novela se va, 'crecida'.

4. Alucinando la historia: Carmen Martín Gaite y su *Cuarto de atrás*

El juego intertextual de la memoria también es tema central de otro 'clásico' de la Transición, la novela *El cuarto de atrás* de Carmen Martín Gaite (*1925–2000). En este texto (semi)autobiográfico escrito entre noviembre de 1975 y abril de 1978, memoria, historia y escritura se relacionan no sólo con el recordar de la propia historia, sino con el recordar de la propia escritura de historia(s). El libro narra una noche de insomnio en la que la protagonista "C." recibe la visita de un interlocutor misterioso y poco especificado – "el hombre de negro"–, con quien inicia una larga reflexión sobre sus memorias del pasado personal e histórico y sobre la literatura (no sólo) escrita por la autora.

A pesar de los elementos indudablemente autobiográficos, el texto transgrede en muchos sentidos el "pacto autobiográfico" (Lejeune 1975), pues rompe la exigencia de semejanza, cambia la cronología, disuelve espacios y combina datos documentales con elementos claramente ficticios.[16] El mismo texto se declara directamente en contra del aluvión de literatura autobiográfica que invadió el mercado editorial de la Transición:

---

16 Acerca de la transgresión genérica escribe Steward: "Due to the blurring of distinctions between protagonist and author, the storytelling operates within the fictional realm and outside it, challenging the usual generic categories." (Steward 1996: 91)

> Desde la muerte de Franco habrá notado cómo proliferan los libros de memorias, ya es una peste, en el fondo, eso es lo que me ha venido desanimando, pensar que, si a mí me aburren las memorias de los demás, por qué no le van a aburrir a los demás las mías. (Martín Gaite 1978: 128)

Con la meta de escribir una autobiografía no aburrida, el libro propone un concepto de memoria productiva, inquietante y trastornante que irrumpe en la realidad. El texto de Martín Gaite subraya lo ambiguo, equívoco, abierto y plurisignificativo: en vez de aclarar los recuerdos, se trata de trastornar la memoria (siempre ya desequilibrada) por medio de píldoras multicolores que el hombre de negro saca de una cajita dorada: "[A la memoria] la avivan, pero también la desordenan, algo muy agradable" (Martín Gaite 1978: 108).

Programático para su escritura es 'lo fantástico' definido por Todorov, que C. lee al principio y al final del libro dentro del marco narrativo. El sueño del que la narradora despierta al final del libro, las píldoras alucinógenas y la conversación con el fantasmagórico "hombre de negro" hacen alusión a lo onírico y a su capacidad de disolución de referencias temporales, tal como indica Derrida en su lectura del "Wunderblock" freudiano: "Il ne s'agit pas là [i.e. le travail du rêve] d'une négation du temps, d'un arrêt du temps dans un présent ou une simultanéité mais d'une autre structure, d'une autre stratification du temps." (Derrida 1967: 325) En el texto de Martín Gaite, las imágenes que surgen durante la conversación no se dejan captar ni describir: "Era un recuerdo de la guerra, pero ya se ha desvanecido" –dice la narradora, y agrega–: "Es que la guerra y la posguerra yo las recuerdo siempre confundidas, por eso me resulta difícil escribir el libro [*Los usos amorosos*]." (Martín Gaite 1978: 120, 127).

Con este procedimiento, esta "novela de la memoria"[17] no sólo se despide de la estética del realismo social de los años 60 transgrediendo los límites del género autobiográfico, sino que también polemiza contra la memoria oficial, la historiografía: "Mediante la integración de realidades opuestas Carmen Martín Gaite crea un desafío fundamental al concepto de la verdad única y universal en la que se asentaba la retórica franquista de la postguerra." (Cibreiro: 42). Escribir el pasado, también dentro de la literatura no-ficcional –la protagonista habla por ejemplo de su estudio sociológico

---

17 Sigo la definición de David Herzberger: "By novels of memory I mean, in the largest sense, those fictions in which past time is evoked through subjective remembering, most often by means of first-person narration [...]". (Herzberger 1995: 66)

La historia de los usos amorosos de la posguerra– no implica investigarlo de forma científica, sino poner en relación "el paso de la historia con el ritmo de los Sueños" (Martín Gaite 1978: 104). De este modo, no se prefiere la memoria individual a la colectiva, sino que se propone cambiar la estructura de la historiografía misma, escribiendo y rememorando contra un discurso ambiguo "the single-voiced discourse of myth that shapes social realism and Francoist historiography" (Herzberger 1995: 68).[18]

Los textos escritos, que se definen como una transposición de las experiencias hechas en textos literarios, posibilitan el acceso a la vida del pasado. Comenta la autora una experiencia amorosa decepcionante: "Aprendí a convertir aquella derrota en literatura, otra vez será, a intensificar mis sueños, preparando aquella frase que le diría a alguien alguna vez" (Martín Gaite 1978: 182). La búsqueda del pasado individual y colectivo se revela como una búsqueda de la propia identidad, metaforizada por la mirada en el espejo. La búsqueda de espejos a fin de verse reflejada en el pasado, actitud común a los autores de la Transición según describe Luis Mateo Díez en la intervencion inaugural del simposio, fracasa por completo en el caso de Martín Gaite. Dado que el mismo texto literario invade y bloquea su autoconcepción, el personaje falla en su intento por descifrar el pasado de la literatura en general y el de la suya en particular. Dice la narradora frente a su imagen en el espejo: "Pensaba angustiosamente que no era yo. Lo mismo que aquel sitio no era aquel sitio. Y tuve como una premonición: 'Esto es la literatura. Me está habitando la literatura.'" (Martín Gaite 1978: 49) Como subraya Sarah Kofmann en *Melancolía del Arte*, el desdoblamiento realizado por la obra de arte siempre recuerda la pérdida de un punto de referencia: "El *doble* hace que el original sea desemejante respecto de sí mismo, lo descoloca, pone todo en movimiento e inquieta [...]." (Kofmann 1986: 17) El arte es, sigue Kofmann, "el derrumbe petrificado de todas las categorías opuestas, es un doble de lo viviente, que se parece a éste hasta confundirse con él, aunque sin llegar a serlo." (Kofmann 1986: 18) En la novela de Carmen Martín Gaite, la literatura, siendo inscrita directamente en la pizarra mágica de la memoria de la protagonista, se sobrepone a las experiencias personales que se pierden en la profundidad del fondo de cera. Lo que queda al alcance es la escritura 'superficial'.[19] La

---

18 Cibreiro coincide con esta opinión en una publicación del mismo año: "La integración de la fantasía en la realidad histórica constituye un reto fundamental no sólo a la literatura tradicional sino también al discurso uniforme franquista, convirtiéndose así en un instrumento clave de disidencia ideológica y literaria." (Cibreiro: 29).

19 Derrida problematiza la (no)profundidad de la pizarra mágica/memoria: "Remarquons que la *profondeur* du bloc magique est à la fois une profondeur sans fond, un renvoi infini, et une extériorité parfaitement superficielle: stratification de surfaces dont le

'verdad' del pasado permanece invisible, ilegible, mientras las metáforas del cuarto de atrás y de la cajita dorada proponen entradas al pasado mediante una memoria liberada por la alucinación, el sueño y lo fantástico. Paatz (1994: 63) advierte que en esta novela el acto de recordar es el criterio central para la constitución de la identidad femenina, a lo que se podría agregar que recordar de esta forma creativa produce, no una identidad cierta, sino muchas identidades híbridas, variables e indeterminadas, más productivas que desestabilizadoras. Al final de la novela, el hombre de negro ha desaparecido, y a pesar de que quede la duda de si la entrevista fue o no un sueño, el libro tiene final feliz. Al despertarse, C. encuentra a su lado un manuscrito, que el lector identifica como el mismo libro que tiene en las manos. Este objeto de arte, producido mediante un acto de rememoración, es (e invita a) una nueva inscripción de memoria tendiente a alucinar, recordar y dejarse invadir. Y la cajita dorada de píldoras que encuentra C. debajo de su almohada garantiza la 'verdad' de este libro y anuncia futuros textos/recuerdos: la producción de memoria y de literatura continuará.

5. Conclusiones

Stierle apunta que en su origen la novela "se determina como estetización de la escritura y como estetización de la memoria" (Stierle 1993: 118). Al igual que muchísimas otras novelas, los tres ejemplos arriba tratados hacen "de la inaccesibilidad de la memoria su tema imaginario" (Stierle 1993: 119). Esta búsqueda de la memoria en tiempos donde la regla es el olvido refleja en cierto modo el efecto estimulante que podía tener la censura franquista para los autores (cf. Neuschäfer 1994). La memoria en el tiempo de la Transición es, *por su irrecuperabilidad*, el principio generativo de la narración.

Las autoras se inscriben así en un discurso tradicional, existente desde el principio de la novela (la estetización de la memoria), pero abren asimismo otro discurso, propiamente posmoderno. Revelan otras lógicas, nuevas coordenadas de espacio/tiempo; modelan un deseo distinto y redefinen su perspectiva (femenina y marginal) como nuevo(s) centro(s) de interés. Mientras que los círculos oficiales se niegan a recordar, estas autoras españolas abordan sin demoras un pasado traumático que es todo menos perfecto.

Los textos analizados dan testimonio de la descentralización sucesiva del sujeto moderno. La protagonista de Riera propone como 'salvación' el

---

rapport à soi, le dedans, n'est que l'implication d'une autre surface aussi exposée." (Derrida 1967: 331).

acto de escribir activamente en su pizarra mágica, pero fracasa por culpa de su entorno social; la narradora de Tusquets, por su lado, tiene que darse cuenta de la vanidad de cualquier intento de descifrar 'la verdad' del pasado o del presente: los mitos literarios y sociales estructuran la percepción, provocando la pérdida del control sobre la legibilidad y la propia memoria; en la novela de Carmen Martín Gaite, por último, la protagonista tiene que admitir que no es ella quien escribe literatura, sino que es la literatura la que la escribe a ella. Sin embargo, ninguna de las novelas lamenta, como Montalbán, la "pérdida de referencia negativa": las transiciones no son duraderas y el retorno a la vida "real" es muchas veces desastroso. Como digo con Dolores Vilavedra: son novelas de malestar y desencanto. Están llenas de escepticismo frente a las perspectivas de libertad y son, añadiría yo, expresiones melancólicas de eso que se quería ser y se quería querer, pero no se pudo ni ser ni querer.[20]

Lo que sí queda como una perspectiva productiva es la nueva concepción de una memoria deliberada y creativa tal como la que recomienda Carmen Martín Gaite. Ella propone entender la historia oficial relacionándola con la perspectiva individual, dejando que interactúen la memoria colectiva y la individual. Partiendo de esta idea, se abre otra vía para la novela de la Transición escrita por autoras: un literatura donde se narra en forma de crónica 'multiperpectivista'. Un ejemplo de ello sería la trilogía que Montserrat Roig empieza en 1972 con *Ramona, adéu* y termina en 1980 con *L'hora violeta*, o bien la *Crónica del desamor* de Rosa Montero (1979), otro 'clásico feminista' de la Transición. También se podría mencionar la historiografía literaria desde una memoria "feminista radical" en la narrativa y el teatro de Lidia Falcón (cf. *En el infierno* 1977). Otras vías abren la literatura fantástica producida por Cristina Fernández Cubas y Adelaida García Morales, o las propuestas de mujeres extranjeras que viven en España, como son Cristina Peri Rossi y Susana Constante. Asimismo, habría que analizar la memoria cultural plasmada por la nueva corriente de poetisas que empiezan a publicar dentro de la Transición (Isabel Abad, Margarita Arroyo, Carmen Borja, Ana Rossetti, María Sanz, entre otras[21]), y el auge de la literatura regional con su recuperación (no sólo) de los idiomas ibéricos "no cristianos". Hace falta hablar del artículo de Dupláa (2000) sobre textos de mujeres que padecieron las cárceles franquistas, un artículo que da un paso importante en cuanto a las literaturas no literarias, otra área por demás interesante. Con esto quiero repetir que nunca nada está escrito en

---

20 Ver la contribución de Dolores Vilavedra en este tomo.
21 Dreymüller (1996) menciona a 50 autoras entre 1950 y 1990.

demasía: antes bien, es necesario y fructífero (re)abrir una y otra vez esta "cajita de oro" que es la memoria de la Transición para seguir (re)escribiendo sobre la pizarra mágica contra todas las formas de censura y olvido.

Bibliografía

Assmann, Jan (1992): *Das kulturelle Gedächtnis. Schrift, Erinnerung und politische Identität in frühen Hochkulturen.* München: C.H. Beck.

Bierbach, Christine/Rössler, Andrea (eds.) (1992): *Nicht Muse nicht Heldin. Schriftstellerinnen in Spanien seit 1975.* Berlin: edition tranvía.

Cardús i Ros, Salvador (2000): "Politics and the invention of memory. For a sociology of the transition to democracy in Spain". En: Resina, Joan Ramon (ed.): *Disremembering the Dictatorship. The politics of memory in the Spanish transition to democracy.* Amsterdam – Atlanta: Rodopi: pp. 18–28.

Cebrián, Juan Luis (1986): "La memoria histórica". En: *El País*, 18.7., p. 1.

Cornejo-Parriego, Rosalia V. (1995): "Mitología, representación e identidad en *El mismo mar de todos los veranos* de Esther Tusquets". En: *Anales de la literatura española contemporánea*, 20: pp. 47–63.

Derrida, Jacques (1967): "Freud et la scène de l'écriture". En: Derrida, Jacques: *L'écriture et la différance.* Paris: Editions du Seuil: pp. 292–340.

Dreymüller, Cecilia (1996): *Die Lippen des Mondes: spanische Lyrikerinnen der Gegenwart (1950–1990).* Wilhelmsfeld: Egert.

Dupláa, Christina (2000): "Memoria colectiva y lieux de mémoire en la España de la Transición". En: Resina, Joan Ramon (ed.): *Disremeberinig the Dictatorship.* Amsterdam: Rodopi: pp. 29–40.

Epps, Brad (1995): "Virtual Sexuality: Lesbianism, Loss and Deliverance in Carme Riera's 'Te deix, amor, la mar com a penyora'". En: Bergmann, Emilie/Smith, Paul-Julian (eds.): *¿Entiendes? Queer readings. Hispanic Writings.* Durham: Duke University Press: pp. 317–345.

Freud, Sigmund ([6]1991): "Notiz über den 'Wunderblock' [1925]". En: Freud, Sigmund: *Gesammelte Werke. t. 14. Werke aus den Jahren 1925–1931.* Frankfurt a. M.: Fischer: pp. 3–8.

Gimber, Arno (2003): *Kulturwissenschaft Spanien.* Stuttgart: Klett.

Halbwachs, Maurice (1935): *Les cadres sociaux de la mémoire.* Paris: Librairie Félix Alcan.

Herzberger, David (1995): *Narrating the past. Fiction and Historiography in Postwar Spain.* London: Durham.

Ingenschay, Dieter/Neuschäfer, Hans-Jörg (eds.) (1994): *Abriendo caminos. La literatura española desde 1975.* Barcelona: Lumen.

Knetsch, Gabriele (1999): *Die Waffen der Kreativen. Bücherzensur und Umgehungsstrategien im Franquismus (1939–1975).* Frankfurt a. M.: Vervuert.

Kofmann, Sara (1986): *Melancholie der Kunst.* Graz/Wien: Passagen Verlag.

Lachmann, Renate (1990): *Gedächtnis und Literatur. Intertextualität in der russischen Moderne.* Frankfurt a. M.: Suhrkamp.

Lachmann, Renate (1993): "Kultursemiotisches Prospekt". En: Anselm Haverkamp/ Renate Lachmann (eds.): *Memoria. Vergessen und Erinnern.* München: Wilhelm Fink: pp. XVII–XXVII.

Lejeune, Philippe (1975): *Le pacte autobiographique.* Paris: Editions de Seuil.

Martín Gaite, Carmen (1978): *El cuarto de atrás.* Barcelona: Destino.

Neuschäfer, Hans-Jörg (1994): *Adiós a la España eterna. La dialéctica de la censura. Novela, teatro y cine bajo el franquismo.* Barcelona: Anthropos.

Nora, Pierre (1989): "Between Memory and History: Les Lieux de Mémoire". En: *Representations,* núm. 26, 1989: pp. 7–25.

Reinstädler, Janett (1994): "'Einbahnblick' und Gegen-Verkehr: Zum Begehren in der postfrankistischen erotischen Literatur Spaniens." En: Keck, Annette/Schmidt, Dietmar (eds.): *Auto(r)erotik – Gegenstandslose Liebe als literarisches Projekt.* Geschlechterdifferenz und Literatur Bd. 2. Berlin: Erich Schmidt Verlag: pp. 142–160.

Reinstädler, Janett (1996): *Stellungsspiele. Geschlechterkonzeptionen in der zeitgenössischen erotischen Prosa Spaniens (1978–1995).* Geschlechterdifferenz und Literatur Bd. 5, Berlin: Erich Schmidt Verlag.

Resina, Joan Ramon (ed.) (2000): *Disremembering the dictatorship. The politics of memory in the Spanish transition to democracy.* Amsterdam – Atlanta: Rodopi.

Riera, Carmen (1974): "Te deix, amor, la mar com a penyora". En: *Recull,* no. extraordinar: pp. 18–20.

Riera, Carmen (1980): "Te entrego, amor, la mar, como una ofrenda". En: Riera, Carmen: *Palabra de mujer. Bajo el signo de una memoria impenitente.* Barcelona: Laia: pp. 9–32.

Rodríguez, María Pilar (1999): *Vidas im/propias. Transformaciones del sujeto femenino en la narrativa española contemporánea.* West Lafayette, Indiana: Purdue University Press.

Rössler, Andrea (1992): "Wiederlesen und widersprechen. Neue Verhältnisse in der Gegenwartsliteratur von Frauen in Spanien". En: Bierbach, Christine/Rössler, Andrea (ed.): *Nicht Muse nicht Heldin. Schriftstellerinnen in Spanien seit 1975.* Berlin: edition tranvía: pp. 11–25.

Smith, Paul Julian (1992): *Laws of Desire. Questions of Homosexuality in Spanish Writing an Film 1960–1990.* Oxford: Clarendon Press.

Steward, Melissa A. (1996): "Marking literature and history out of life: Carmen Martín Gaite's *El cuarto de atrás* and Teresa Pàmies's *Va ploure tot el dia*". En: *Hispanic Journal.* 17, 1: pp. 83–92.

Stierle, Karlheinz (1993): "Die Unverfügbarkeit der Erinnerung und das Gedächtnis der Schrift – Über den Ursprung des Romans bei Chrétien de Troyes". En: Haverkamp, Anselm/Lachmann, Renate (ed.): *Memoria. Vergessen und Erinnern. Poetik und Hermeneutik XV.* München: Wilhelm Fink: pp. 117–159.

Tusquets, Esther (1978): *El mismo mar de todos los veranos.* Barcelona: Lumen.

Weinrich, Harald (1997): *Lethe. Kunst und Kritik des Vergessens.* München: Beck.

Yvette Sánchez

Teatro transicional, entre el compromiso y el experimento

El discurso crítico que examina la literatura desde el punto de vista histórico, panorámico o sinóptico, en este caso concreto, la evolución de la escena teatral durante la Transición española, suele correr el peligro de entregarse ineludiblemente a las generalizaciones. Me gustaría presentar el material estudiado prescindiendo en lo posible de listas de nombres y acopio de datos, para no caer en un excesivo y aburrido *namedropping*. Elegiremos un paradigma temático que nos ayude a ilustrar algunas tendencias éticas y estéticas del teatro postfranquista. Y para ver qué posibles constantes, qué reacción modelo y primaria del teatro pueden existir en un cambio de un sistema político totalitario a uno democrático, intentaremos comparar brevemente el caso español con el de Alemania, de Berlín, la ciudad en la que celebramos nuestro simposio.

El panorama del teatro español de la época se muestra tan heterogéneo que difícilmente se puede trazar una evolución lineal de corrientes. El título de mi contribución sugiere cuál es la tendencia básica: ambos escenarios, el político y el teatral, el comprometido y el experimental, manifestaron una influencia mutua, una interacción, pero no un movimiento de progresión del uno hacia el otro. Quizás se podría afirmar que, después de la era de la Transición política, a partir del 82, se nota en las producciones dramáticas cierta despolitización y concentración autorreflexiva, unas ingentes aspiraciones a renovar el montaje escenográfico y la representación teatral, impulso tardío en comparación con los demás géneros literarios y actividades artísticas. El escenario, por ejemplo, se vuelve cada vez más intermedial, gracias a la inclusión de coreografías, partituras musicales, proyecciones fílmicas y juegos luminotécnicos. Además, se busca renovar y elaborar más el vestuario, profesionalizar la técnica escénica, y dignificar la formación de dramaturgos, actores y directores.[1]

---

1   Con la convocatoria de talleres, cursos o seminarios pertinentes.

Dentro de la política cultural del gobierno socialista, tras la victoria del 82, cabía que favoreciera esta tendencia optando por subvencionar el teatro público español de una forma sustancial, por no decir, masiva, a partir de 1983. Ya el gobierno de la UCD había creado el Ministerio de Cultura y aumentado el apoyo a las producciones dramáticas.

César Oliva (Oliva 2002: 257) tiene las cifras de las inversiones estatales en los primeros teatros públicos de la Transición[2], que se quintuplicaron entre 1982 y 1985. Más tarde, el PP iba aumentando la ayuda a autores españoles vivos y promoviendo una nueva modalidad de apoyo a la dramaturgia, al teatro público, sin embargo, no a las salas alternativas:

1978 (UCD): 325 millones de pesetas
1982 (PSOE): 547 millones de pesetas
1985 (PSOE): 2.887 millones de pesetas
2002 (PP): 5.627.460 euros [al cambio 936.330.559 pts.][3]

El PSOE tomó medidas para fomentar el arte dramático, renovar en profundidad la infraestructura de los teatros públicos y convertirlo en artículo de lujo del Estado.

Entre 1983 y 1996, se amplió la profesionalidad en el escenario con una tramoya más digna y espectacular: "la elegancia del espacio vacío, con suelos espléndidos y muy elaborados, fondos intercambiables por modernas y silenciosas maquinarias y, sobre todo, sofisticados vestuarios que en sí mismos eran signos de decoración" (Oliva 2002: 261). Dicho sea de paso, la apertura a tendencias modernizadoras llegadas de teatros nacionales del extranjero corría paralela a la entrada de España en la Comunidad Europea, en 1986.

Pero este nuevo lujo infraestructural y financiero no logró crear escena, una *movida* de dramaturgos sorprendentes e innovadores sino que se cumplió el estereotipo de la estática de lo institucionalizado. Aunque se han inventariado a 140 autores y 40 colectivos[4] que estrenaron durante el primer periodo de la Transición (1975–82), se suele constatar la ausencia de

---

2   Ya descentralizados hacia las Autonomías también.
3   Si el PSOE, en 1985, destina 3.000 millones de pesetas, es difícil creer que el PP, 17 años después, sólo gaste 1000 millones. Aunque sólo sea por la inflación, la diferencia parece excesiva. Quizás la cifra ha cogido sólo una de las partidas destinadas al teatro. Con el PSOE desapareció el CNNTE (Centro Nacional de Nuevas Tendencias Escénicas) en 1994.
4   Cifras calculadas según el inventario sobre la recepción de público y críticos realizado por Manuel Pérez, *El teatro de la Transición política (1975–1982). Recepción, crírica y edición,* Kassel: Edition Reichenberger, 1998.

dramaturgos, con la consiguiente reducción del teatro de texto. En cambio, cobran protagonismo la autoría colectiva de los grupos que se volcaban en el espectáculo y el teatro de director; los años 80 pertenecían a los directores-estrella, a los grandes montajes de un Adolfo Marsillach o un Albert Boadella. Hoy vuelve a tener importancia el teatro de autor que se va abriendo paso en el mercado editorial, es decir que también se *lee* teatro, gracias a la iniciativa de algunas editoriales, como Fundamentos, La Avispa, Cátedra, Asociación de Autores de Teatro, etcétera, que se ocupan de los autores vivos. El texto dramático autónomo, como género con vida propia, independiente de la representación, vive un auge en los 90. Los dramaturgos escriben como literatos, preocupados por los recursos poéticos de un discurso literario; se esmeran en los diferentes niveles de realidad, en la estructura de lugar y tiempo, etcétera. Por otra parte, los espectáculos en sí tampoco hallan gran eco en los medios de comunicación españoles que, en comparación con los de otros países, les dedican un espacio decreciente (por ejemplo, *Babelia* y *El País*).

Sin embargo, durante la Transición de los años setenta y la bonanza de las subvenciones estatales de los ochenta, apenas destacaba el teatro de texto de autores españoles vivos. No era precisamente una situación de efervescencia teatral, sino más bien de desolación, por lo que se recurría a dramaturgos prestados que debían llenar ese vacío. Entre éstos se hallaban a) los autores exiliados o los que volvían a España (los "retornados"); b) algunos narradores establecidos, que emprendían esporádicas incursiones en el género del teatro y cuyo renombre por sí solo ayudaba a atraer al público; y c) se "consagraban" y "rescataban" los clásicos del siglo XX, Valle-Inclán y García Lorca, por ejemplo, antes censurados por la dictadura franquista.

La escasez de autores corría paralela con la deserción del público, que no acudía a las taquillas y constituía otra de las paradojas respecto al fomento de la actividad teatral por parte del estado. Sobraba dinero, faltaban textos y público. Los altos costes llevarían además a la inflación. Y los empresarios del sector privado, no queriendo correr riesgos, sólo apostaban por las piezas de éxito seguro.

La paradoja rige el teatro de la Transición en otro aspecto más: el proceso relativamente lento de la abolición de la censura[5] antes tan nociva para el teatro –así la revista *Primer Acto*, fundada en 1959, existía bajo constante amenaza de cierre por su posición de izquierdas– apenas produjo cambios. Una vez desaparecida y contrariamente a lo esperado, no se incrementó la

---

5   Sólo el símbolo, la parábola y la alegoría ayudaban a evadirla.

presencia de autores españoles en el teatro independiente, que no alcanzó siquiera el 50 % (Oliva 2002: 230); es decir, aquellos que habían luchado por la democracia en el escenario, no se vieron después recompensados por el reconocimiento del público, sino destinados a enfrentarse con las mismas dificultades de estreno, de marginación o a desaparecer. En este sentido, cabe admitir el fracaso de la generación "simbolista" y la alternativa ignoradas o rechazadas por el público habitual.

La evolución transcurre de idéntica forma en territorio berlinés. Dentro de un sistema totalitario e inmediatamente después, el teatro reacciona cobrando una función política, luego se deshace de ésta volviendo sobre sí, pero retardando el impulso y la ruptura, experimentando y, en un paso posterior, abriéndose al exterior.

Hacia el final de la Guerra, el 1° de septiembre de 1944, durante un par de meses, los censores alemanes cerraron los teatros que, después de 1945, se reabrieron, pero sin cambios inmediatos de sistemas, estructuras y formas. La escena se encontraba algo estancada. También les tocaba a los retornados llenar el vacío; vuelven de EE. UU. Brecht, Piscator y Kortner. Las abundantes subvenciones estatales y el *boom* de la construcción de los grandes teatros, especialmente en Berlín, se dará sólo varios años después, a partir de los 60. Tras la muerte de Brecht se congela por "dogmático" su teatro épico, y se produce un empujón estético de renovación (aunque también en tiempo lento), de manera más marcada, a partir del momento crucial de 1968, es decir, más de dos décadas después del cambio de gobierno. La *Schaubühne* de Peter Stein o Peter Zadek de Hamburgo recuerdan esctructuras innovadoras de los grupos de teatro catalanes, al establecer los salarios el colectivo de colaboradores, en las reuniones plenarias, o al incluir en los programas también a las mujeres de la limpieza.

Por lo general, el teatro parece ser más bien un medio lento, especialmente si se compara con el cine u otros medios de comunicación, en los que las reacciones se producen instantáneamente. El teatro se toma su tiempo en captar, en encontrar los textos y la estética adecuada y en ser escuchado y comprendido por el público; actúa de una manera retardada.

Los mencionados grupos de teatro "de calle", de autoría colectiva e improvisación, en la que intervienen las vivencias de los actores y diferentes autores (según el método de Stanislawsky), sobre todo catalanes, como Els Joglars, Els Comediants o La Fura dels Baus, han supuesto para España la afortunada excepción al fracaso mencionado arriba de alternativos y simbolistas. Florecían durante los años de la Transición y llegaron a cobrar más importancia que los teatros públicos y mayor peso internacional, ayudados también por sus frecuentes giras. Recibieron la influencia del

Living Theatre[6] como uno de varios impulsos de internacionalización que seguirían después. La fiebre experimental de los 80 se nutre de sus impulsos centrados en el espectáculo: efectos de luz, pirotecnia, ritualidad del miedo, la agresividad, la provocación visual, vómitos, sadismo, carnaval, caricatura, elementos del *happening* y del *performance*, baile, estructura fragmentaria; la expresión paraverbal de mímica, gestos, ruidos, música y movimiento supera la verbal.

Es, sin duda, el único ámbito teatral que, por su carga subversiva o laboratorio de experimentación espontánea *underground*, podría asociarse a la Movida madrileña, aquella atmósfera callejera, nocturna, autodidacta, (sub)cultural, anarquista,[7] de crítica mordaz e ironía, de alucinógenos, de sexo y de *punk*. Sus seguidores más fervientes no se encontraban entre los literatos, sino entre los cineastas, músicos, fotógrafos, pintores y autores de cómics.

Al lado de los grupos experimentales catalanes –Els Joglars, con Albert Boadella a la cabeza, aparecen ya en 1963– bastante parejos, el teatro pasa por una fase pluralista entre 1975 y 1982, de concepciones escénicas muy variadas, sin un empujón colectivo y general, ni una evolución que obedezca a un esquema continuo.

¿Cómo crecieron estos ingredientes sueltos? El realismo, a partir de *Historia de una escalera* (1949) de Buero Vallejo, y más tarde el **neorrealismo**, algo más experimental y menos mimético, con su compromiso político, ético, conviven con el Teatro Nuevo de la "**generación simbolista**", así llamada por su comportamiento innovador en cuanto a ejercicios de estilo (neologismos, sonoridad, ritmo) y códigos no verbales (técnicos, acústicos, visuales). En las piezas 'simbolistas', menos representables que legibles, importa más la expresión que el mensaje, por lo que eran marginales en la cartelera. El público habitual rechazaba el **teatro "alternativo"** de esta "generación puente", que se sitúa entre el neorrealismo y el simbolismo, influenciada por diversas estéticas escénicas, desde el esperpento y el teatro épico, hasta el absurdo, el teatro de la crueldad y el *happening*[8] y cuya recepción se quedaba reducida a un círculo de iniciados en salas alternativas.

---

6   Lo fundó en Nueva York, en 1951, una alumna de Piscator y lo cerraron las autoridades en 1963, por lo que la compañía fue de gira a Europa en los 70. El grupo de pacifistas y anarquistas abogaba por la libertad individual y no separaba el arte de la vida. Ritualizaba la mímica y los gestos excesivos, se concentraba en coros y coreografías. Cultivaba un contacto íntimo con el público.
7   En todo caso, apenas se interesaban por ideologías políticas, más bien querían ignorar el pasado franquista.
8   Los miembros de dicha generación, a caballo entre el realismo y el *underground* transicional, nacieron todos en los años cuarenta: Jerónimo López Mozo (1942), José

A partir de los años 50, surgen los **teatros universitarios**, que no obstante su tendencia al autodidactismo de aficionados, reactivan de manera decisiva el teatro español, en estado de parálisis, y logran mantener cierta autonomía frente a la represión, la censura y la desidia franquistas.

Los **teatros independientes** (o *underground*, según el muy citado estudio de Wellwarth 1978) surgieron después, en el tardofranquismo, rechazando el teatro comercial y tomando el relevo del teatro universitario que, a esas alturas, a su vez, ya se encontraba algo estancado. El clima catalizador del cambio, aunque lento, había de pervivir en la Transición. De esta promoción merece mención aparte Sanchis Sinisterra, aparecido en plena época transicional, quien dio más impulsos innovadores a la escena (y sigue dándolos) que otros dramaturgos del **Nuevo Teatro Español** de los 70, ni realista ni simbolista ni comercial.[9] El compromiso político y una actitud bohemia, itinerante[10], promovían la creación colectiva de puestas en escena en espacios atípicos o abiertos. Los teatros nacionales desaparecieron en 1978, en su lugar se fundó el Centro Dramático Nacional, con Marsillach. Algunas de las esenciales reformas estéticas, de signo "**neovanguardista**", ni siquiera llegaron hasta los años noventa, si exceptuamos impulsos sueltos, como los efectos de inmersión de Buero Vallejo.

A grandes rasgos, se acumulan las siguientes etiquetas, al convivir el neorrealismo y el 'simbolismo': los teatros universitarios (años 50/60), el Independiente (años 60/70) en la paulatina apertura política, luego el Nuevo Teatro Español o *underground* (años 70/80), y finalmente el Neovanguardismo (años 90).

Para ahorrarnos el obligado repaso de un sinfín de textos y autores que documentarían algunos matices éticos y estéticos de este caleidoscopio, optamos por explorar, a modo de paradigma, el tema de la violencia y la forma en que ésta encuentra su espacio en las distintas vertientes teatrales de la Transición.

La representación de la violencia en el escenario (cf. las tragedias griegas) suele partir del concepto catártico, que purga los instintos, desenmascarando nuestros impulsos de agresión. Esta tesis se remonta a la aristotélica de los afectos.[11] Siempre han existido en el escenario las *images choques*; basta recordar el teatro jesuita del XVII, en el que unas muñecas manchadas de

---

Sanchis Sinisterra (1940), Fermín Cabal (1948), José Luis Alonso de Santos (1942), Álvaro del Amo (1942), Lourdes Ortiz (1943), Concha Romero (1945), mientras que Arrabal nació en la década del 30 y Buero, Sastre y Francisco Nieva en la del 20.
9 La etiqueta comercial la reclamaría, sin duda, Antonio Gala.
10 Oliva (2002: 224), comenta este aspecto de una manera plástica hablando de la "estética de la furgoneta".
11 Del *pathos*, la compasión y el terror o fobia.

sangre fueron descuartizadas por perros.[12] Buñuel y Sartre afirmaron que lo imaginario no debe atarse.

El efecto de la brutalidad escenificada puede servir de válvula de escape de la violencia contenida o funcionar como una bomba que la calienta hasta el reventón.[13]

En el Teatro Independiente de los años 60, Alfonso Sastre es censurado por representar situaciones límite de dolor, violencia, muerte y angustia. La acción es regida por la crueldad, no necesariamente representada en el escenario sino referida verbalmente con gran plasiticidad: tortura, asesinatos, peleas por doquier, en variaciones de violencia organizada (terrorismo o mafia italiana) o meros insultos.[14]

Hasta cierto grado emparentado con la estética de Sastre, se halla el teatro de la crueldad de Antonin Artaud, según su manifiesto vanguardista de 1932. De moda a finales de los 60 –su representante en España, Luis Riaza, empieza a publicar en 1968–, se propone la purgación a través de ceremonias de tortura, asesinatos y sangre. Un "tratamiento emotivo de choque" debe liberar al espectador del pensamiento lógico y discursivo y hacer salir el salvajismo oculto, instintivo y verdadero. No es una crueldad que tenga que ver con una violencia física o el mero sadismo impuestos al actor o al espectador, sino con una crueldad incorpórea e impersonal, asentada en el imaginario colectivo, arquetípica. Se cultiva la inmersión del público, sin decorado. Artaud quería "liberar los frenos de la civilización, restaurar la relación natural con el universo espiritual y purgar de toda violencia al público, permitiéndole imaginar imágenes de crimen gratuito y de crueldad." Presuponía una técnica actoral que codificara "los gestos, las expresiones faciales, las actitudes, los movimientos, las variaciones tonales" y la respiración.[15]

El teatro pánico de Fernando Arrabal concilia lo absurdo y lo infantil, lo ingenuo con lo cruel e irónico. En una recurrencia obsesiva de situaciones violentas, sadistas y procaces, combina el humor negro y lo absurdo con el pesimismo existencial; la agresividad y deformación de opresores ocultos

---

12 Quizás los excesos de sangre, el culto a la sangre sean más vigentes en países católicos (España) que en los protestantes (Alemania, por ejemplo).
13 Como en el caso de los videojuegos que reducen la represión del instinto de matar y entrenan la puntería.
14 He aquí la evocación indirecta de la tortura latente, imaginada por el protagonista de *Prólogo patético* (1949): "¡Que venga la policía y que me lleve; que me peguen por todo el cuerpo, que me peguen las manos ! Yo gritaré : ¡viva la Revolución !, hasta que mi cara no sea más que un pobre despojo sangriento... Entonces lo que quede de mí será otra vez un hombre." (Sastre 1967, citado en: Ruiz Ramón 1997: 396).
15 Federico Arzeno, "Merde ! el teatro perdido de Artaud", en: http://www.lamaquina deltiempo.com/Artaud/artafede.htm).

retumba en la desazón de víctimas y seres indefensos. He aquí una acotación de *El cementerio de los automóviles* (1957/59), que ilustra dicha estética de estilización e imágenes inusitadas, como la del hombre prácticamente crucificado en una bicicleta. Aunque varias de sus imágenes de choque cinematográficas hoy causan menos escándalo que en su época, algunas siguen impresionando:

> Por la derecha entran LASCA y TIOSIDO. Lllevan la bicicleta de la guía; sobre la bicicleta atado va EMANU cubierto de sudor y de sangre; la nuca sobre el centro del manillar, los pies atados sobre el portapaquetes y cada uno de los brazos sobre cada uno de los lados de la guía.[16]

Fura dels Baus va mucho más lejos en cuanto a tales imágenes de ritualización y estilización de la violencia, mostrándola en el escenario sin filtro ni miramientos. Fundado en 1979, el grupo opta por el concepto de moda en los años 70, de la creación colectiva y el teatro como rito, como espectáculo-collage: se ritualizan la agresividad, las obsesiones, el miedo, la provocación y la violencia sexual, sadomasoquista, según María-José Ragué-Arias, "antropológica" (Ragué-Arias 1996: 157). Como lema se sugiere que la transgresión parece necesaria para hacer adelantar la Transición. Al escandalizar, provocar y herir la sensibilidad del público, por ejemplo con la violación de una menor de edad que incluye sodomización en la pieza '*XXX*', La Fura trata de "cuestionar los límites de lo que es aceptable, sin recurrir a juicios morales".[17] Remito, nuevamente, a un propósito parecido del ámbito alemán, aunque se trate de un ejemplo de teatro de director: el famoso montaje de *Othello* por Peter Zadek del teatro de Hamburgo, que vi allá en 1976, en el que Otelo (Ulrich Wildgruber) tortura y luego deguella brutalmente a Desdemona (Eva Mattes). Todo el espectáculo estridente de Zadek podría haber servido muy bien de fuente de inspiración a la compañía catalana, fundada tres años después.

Ni comparación de esta estética de la violencia con la verbal, de argot urbano algo frívolo, reproducida por Alonso de Santos, quien cultiva un teatro entre independiente y comercial, quizás más naturalista que neorrealista, y testimonial. Con una buena dosis de humorismo o distancia irónica intenta mostrar las lacras de la sociedad, entre ellas la violencia. En *La estanquera de Vallecas,* estrenada en 1981, presenciamos un asalto a la

---

16 Arrabal (2001: 103). Además: "MILOS le pasa el niño. Se oye cómo el hombre pega al niño, que acaba por callarse." (Arrabal 2001: 101).
17 http://news.bbc.co.uk/hi/spanish/misc/newsid_2971000/2971247.stm

estanquera de un barrio humilde, durante el cual los agresores tratan de silenciar a la vieja propietaria con amenazas de navaja y mordaza y, finalmente la acallan con un golpe que hace caer a la anciana sin sentido "[…] desmadejándose sobre las baldosas.) A ver si aflojas ahora el nervio" (Santos 1990: 23). La violencia se muestra física y verbalmente.

También Paloma Pedrero cultiva un discurso más bien neorrealista, coloquial, poco experimental, en sus diálogos de conflictos de género entre parejas, que se expresan en un lenguaje duro y practican una sutil violencia hogareña. Pedrero suele situar la acción en interiores de clase media-alta, mientras que Alonso de Santos se concentra en la calle y los bajos fondos de la ciudad. En *Resguardo personal*, una de las nueve obras en un acto, tituladas *Juegos de noche*, Pedrero nos muestra los resentimientos y el odio, también la violencia, entre un matrimonio separado que se pelea por el derecho de guarda del perro. La esposa arma un repugnante lío que incluye sacrificar al perro en el matadero, como test para desenmascarar cierto comportamiento del cónyuge y quedarse después con el animal. No sólo presenciamos una violencia familiar sublimada, insidiosa, con sus mecanismos de represión, tortura y fascismo privados, sino que ambos se atacan también físicamente, él "la agarra" a ella y le obstruye el paso y ella "se lanza hacia él y lo golpea" (Pedrero 1999: 110–111).

Hay que armarse de paciencia y buscar largamente, como si de una aguja en un pajar se tratase, para dar con un auténtico ejemplo de experimentación verbal, en una fase ya tardía, en las postrimerías de la Transición: al respecto me ha parecido una revelación la lectura de un texto de Yolanda Pallín, *Lista Negra* (estrenada en 1997), cuya versión escrita me parece especialmente sugestiva, en su autonomía de las tablas, ya que su estética fragmentaria de jirones y astillas nos depara el encanto de una lectura de rompecabezas verbal. Se trata de un llamativo experimento de teatro de texto, más llamativo aún que el de *Crave* de Sarah Kane. La joven autora madrileña, perteneciente a la **generación Bradomín**,[18] recupera el valor de la palabra, del lirismo, dentro del mismo ambiente marginalizado de Alonso de Santos, de suburbios, drogas y perdedores. Investiga un medio violento por antonomasia, el de los *skinheads*, los cabezas rapadas de extrema derecha urbana, xenófoba ("dan caza" a extranjeros), organizada según una ideología y disciplina militaristas que, por lo demás, ha ocupado a varios dramaturgos últimamente.[19]

---

18 Llamada así por el premio creado en 1985 (pero ya desaparecido), destinado a autores menores de 30 años.
19 A Miralles, Ortiz de Gondra, Pedrero, Mayorga y al mismo Alonso de Santos.

El texto prescinde por completo de puntuación y de didascalia, no trae ninguna acotación que señalara los personajes o indicara sus nombres. Sólo nos concede una efusión de partículas, trozos, jirones de frases, conglomerados de palabras desnudas. Pero al leerlas, nos damos cuenta perfectamente de quién habla, dónde empiezan sus sintagmas y dónde terminan. La segunda de cinco unidades, monta la escena cruda de dos *skins* que violan a una menor de edad en un parque. El fluir de la consciencia determina los constantes saltos temporales, desde la fase anterior al crimen a la posterior, del tiempo verbal del pretérito o el imperfecto al presente; y del diálogo al discurso indirecto libre.

El poder de los bates por precaución lleváoslos
Nunca se sabe qué podéis encontrar
Sólo somos dos por fin lo dije
Dos fuertes dos sí vamos
Primero le machacamos la cabeza al tipo ese y después
Empiezo yo o prefieres empezar tú me da igual no soy celoso
Era un tío estupendo
Once y media de la noche un día cualquiera
Y mamá en casa
Rapidito que empieza la serie de la tele a esa puta se le van a acabar
Las ganas de follar en un parque ya no pude pararle
No quería parar
Le machacó la cabeza él yo la sujetaba
Era pequeña catorce o quince la muy guarra rubia
Lo primero taparle la boca ten cuidado que no te muerda
[…]
En la tele
Qué opina usted de este nuevo acto vandálico
Algún especialista respondería
Si estamos asistiendo a una espiral de violencia sí
Pero qué has hecho chaval te la has cargado
[…]
El especialista de la tele el estudioso el sociólogo
Seguía hablando
Mi madre veía la tele por dios qué bestias hay que ser
Una bestia para hacer algo así
Anda pásame los pantalones que te los plancho
Y a ver si no te revuelcas por ahí

Un coloquio dos debates tres mesas redondas
Era el año de las mesas redondas
Los padres y los hijos los guapos y los feos la nueva ideología
De qué me estás hablando corta el rollo [...] (Pallín 1999: 47–48)

Este último extracto muestra la ineficiencia de los medios de comunicación, de los foros de discusión intelectualista, frente a las injusticias y atrocidades cometidas por estas agrupaciones ultraderechistas y racistas, y de sus familiares ignorantes. Por medio de un lenguaje directo y coloquial, Pallín señala el camino hacia una escritura abierta, una poética híbrida, entre el neorrealismo, de compromiso ético-social y el neo-vanguardismo, por no decir, una estética postmoderna, la reducción, un enfoque rítmico, y personajes despersonalizados en una disposición multiperspectivista.[20]

En la escritura teatral reciente, se percibe una mayor experimentación lírica, narrativa, intermedial, por encima de criterios estrictamente comunicativos. Constatamos tal fijación en la lengua con una ritualización y el protagonismo de la palabra. Esta dedicación especial al ámbito verbal la describe así César Oliva: "[...] Se preocupan por la escritura propiamente dicha, que cuidan y pulen con esmero [...]" (Oliva 2002: 321). Y ya no se quiere causar escándalo. Las utopías ideológicas (no sólo las de izquierda) han fracasado. Se ritualiza la palabra en sí. Han desaparecido el compromiso político inmediato, el adoctrinamiento ideológico del espectador o lector. La crítica social es más subjetiva y personal: la sociedad se cuestiona a través de problemas del individuo, de lo privado, de lo cotidiano; prevalecen protagonistas jóvenes, marginados de las grandes ciudades, con diálogos cortos y rápida sucesión de escenas.

La Transición en sí no llegó a depararnos el descubrimiento de piezas sorprendentes. Si el teatro español franquista y postfranquista dejó yermo el género en España –no se dan los grandes nombres que aún sonaban en la primera mitad del siglo XX, como Lorca o Valle– tampco produjo resultados demasiado inspirados o brillantes, ni cruzó las fronteras nacionales (a Buero Vallejo apenas se le conoce en el área alemana, por ejemplo).

El teatro no morirá. Pero para no hacerlo, tendrá que seguir renovándose. Sobrevivirá frente a los nuevos medios de comunicación, gracias al poder de la palabra, de la lengua quizás algo arcaica, y el momento en vivo, con la representación no virtual sino de carne y hueso. Además, las exigencias

---

20 Me pregunto si no reciben –a través de la lectura de los cinco monólogos interiores, no tan inedependientes– un perfil individual muy preciso y concreto, aunque parezcan, a primera vista, anónimos.

en el teatro son, generalmente, menos naturalistas que en el cine. En la mayor libertad de estilización seguirá hallándose el germen de su potencial artístico.

Y nos queda como remedio situar nuestros ojos y nuestras expectativas en una nueva era o generación, que dará con toda seguridad un paso adelante en la incierta y frágil transición del propio género dramático, aunque sabemos también que la Transición es una historia sin fin.

Bibliografía

Alonso de Santos, José Luis (1990): *La estanquera de Vallecas*. Madrid: Ediciones Antonio Machado.

Arrabal, Fernando (2001): *El cementerio de los automóviles*. Zaragoza: Libros del Innombrable.

Oliva, César (2002): *Teatro español del siglo XX*. Madrid: Síntesis.

Pallín, Yolanda (1999): *Lista negra*. Murcia: Escuela Superior de Arte Dramático.

Pedrero, Paloma (1999): »Resguardo personal«. En: Serrano, Virtudes (ed.): *Juegos de noche. Nueve obras en un acto*. Madrid: Cátedra.

Pérez, Manuel (1998): *El teatro de la Transición política (1975–1982). Recepción, crírica y edición*. Kassel: Edition Reichenberger.

Ragué-Arias, María-José (1996): *El teatro de fin de milenio en España (de 1975 hasta hoy)*. Barcelona: Ariel.

Ruiz Ramón, Francisco (1997): *Historia del teatro español Siglo XX*. Madrid: Cátedra.

Sastre, Alfonso (1967): *Prólogo patético*. En: *Obras completas I, Teatro*. Madrid: Aguilar.

Medina Vicario, Miguel (2003): *Veinticinco años de teatro español (1973–2000)*. Madrid: Fundamentos.

Wellwarth, George E. (1978): *Spanish Underground Drama*. Madrid: Villalar.

Arzeno, Federico (2003): "Merde ! el teatro perdido de Artaud". En: http://www.lamaquina deltiempo.com/Artaud/artafede.htm) (13-VI-2004).

"Londres: La Fura causa 'escándalo'" (23-IV-2003). En: http://news.bbc.co.uk/hi/spanish/misc/newsid_2971000/2971247.stm (13-VI-2004).

Jon Kortazar

La imagen de la Transición en la novela vasca (1975-2003)

Vamos a presentar en este trabajo la mirada y la imagen que la novela vasca ha ofrecido sobre la Transición, sobre la presencia o ausencia de temas y argumentos que han ido uniendo la historia y la ficción.

Me parece que podemos partir del esquema siguiente, para hacernos una idea general de la estructura de este trabajo:

a) Todo tuvo un comienzo. *Los pasos incontables* de Ramon Saizarbitoria.

b) Los primeros años difíciles: Mario Onaindia, Anjel Lertxundi, Koldo Izagirre, Joan Mari Irigoien.

c) La vuelta a la casa del padre: Bernardo Atxaga y Jimu Iturralde.

d) Una reflexión sobre la Transición: Mikel Hernández Abaitua, Jokin Muñoz, Xabier Montoia, Joxe Belmonte.

e) Una coda: Las ucronías, las antiupopías. *Kandido* de Haranburu Altuna.

1. Una lección de historia

Una de las cuestiones claves en la evaluación del tema que nos ha reunido en este encuentro consiste en dilucidar cuál es la duración de la Transición del País Vasco. Sabemos que comienza en 1975 con la muerte de Franco, pero no sabemos cuándo termina, de forma que se extiende en una sucesión de hechos diferentes, de idas y venidas, de vueltas y de revueltas, de elección en elección, sin que la cuestión, llamada "cuestión vasca", termine por aclararse. Parece que permanecemos constantemente en la Transición. Si consultamos uno de los últimos libros de historia más solventes y rigurosos (como se sabe la historia es otra rama de la ficción y más en la historia vasca, donde la ficción va más allá de la historia) que el lector curioso puede encontrar en el mercado editorial, me refiero al muy útil manual coordinado por los profesores José Luis de la Granja y Santiago de Pablo titulado *Historia del País Vasco y Navarra en el siglo XX*,[1] comprobará, que el último capítulo dedicado a los últimos años del siglo se extiende desde 1975 hasta el 2000. Esto es así no sólo por coherencia con el título y coherencia en la descripción, sino porque esa idea de la Transición ininterrumpida subyace debajo de los discursos de los distintos ponentes. Por ejemplo, en su estudio cronológico sobre la transición en el País Vasco, Francisco Llera se refiere a una "Transición con prórroga", excepto en los que se dedican a la economía, asunto más globalizado, cuya exposición termina con la entrada de España en la Unión Europea en 1986, momento en que posiblemente, termine la Transición, más que con la llegada del poder de los socialistas.

Esta sensación de que el proceso aún no ha terminado, puede encontrarse en la lectura del llamado "Plan de Ibarretxe" y en las voces de los políticos que proclaman que nos encontramos ante un nuevo marco que va a superar el Estatuto de 1979. Se habla de nuevo pacto para una nueva generación, pero, evidentemente eso produce discusiones entre los partidos políticos.

Todo este discurso sobre la incapacidad de este autor en poner un límite cronológico al tema que nos reúne, justifica el título de esta ponencia. Ante la dificultad de establecer el momento de inicio de la Transición, Francisco Llera en su trabajo antes citado,[2] duda si la Transición en Euskadi comienza con el asesinato de Carrero Blanco en 1973, en 1975 con la muerte del dictador, en 1976 con la aprobación de la Ley de la Reforma Política o, como prefiere, en 1977 con la celebración de las elecciones al Parlamento español. Pero no menos duro es encontrar un momento final; el mismo analista ofrece alternativas que van desde la aprobación de la Constitución y la investidura del primer gobierno democrático, en marzo de 1979, hasta la investidura del primer gobierno socialista en 1982, pasando por la superación del golpe de estado en 1981. Pero Llera prefiere la fecha formal de diciembre 1978, momento de la aprobación en plebiscito de la Constitución.

Sin embargo, el mismo analista afirma que la transición en el País Vasco es particular, con "algunos rasgos diferenciadores", por

---

1   De la Granja, José Luis/De Pablo, Santiago (coord.): *Historia del País Vasco y Navarra en el siglo XX*. Madrid: Biblioteca Nueva, 2002: 447.
2   Llera, Francisco: "La transición y la autonomía actual". En: De la Granja, José Luis/De Pablo, Santiago (coord.): *Historia del País Vasco y Navarra en el siglo XX*. Madrid: Biblioteca Nueva, 2002: 119.

el gran protagonismo alcanzado en los últimos años del franquismo por el nacionalismo violento, gracias a la presión creciente del terrorismo de ETA a partir de 1977. En segundo lugar, por la posición semileal adoptada por el nacionalismo conservador, encarnado por el PNV, en el propio proceso de reforma. En tercer lugar, por el retraso en la decantación política de actores clave de este nuevo escenario, tanto en el centro reformista como en el nacionalismo radical.[3]

Así pues, prefiero tratar de la imagen de la Transición en la novela vasca, escrita en euskera, que desarrollar las características de esa novela entre, pongamos, 1975 y 1982 (llegada al Gobierno del Partido Socialista) o 1975 y 1986 (entrada de España en la Unión Europea). Sin olvidarnos, por otro lado, de la novela que se escribe con bastante posterioridad (desde 1990 hasta hoy mismo) a esas fechas, pero que trata del mismo período histórico, o que ha situado en él la peripecia de sus personajes.

En ese período de la historia, los historiadores a los que nos hemos referido antes muestran un mapa de la consolidación del proceso político en el País Vasco con todas sus dificultades, cambios y variaciones de estrategia. No cabe olvidar que el PNV, el Partido Nacionalista ha sido capaz de pactar con absolutamente todos los otros partidos del arco parlamentario; con el Partido Popular en la primera investidura de Aznar (1986), con Batasuna tras la tregua de Lizarra (1998), con Izquierda Unida en la constitución del actual Gobierno vasco (2001), con sus aliados más lógicos, Eusko Alkartasuna, nacida de una escisión (1984), a partir de 1994, y con el Partido Socialista desde 1985 y hasta 2001 con Euskadiko Ezkerra…

Si hiciéramos un resumen[4] de las vicisitudes políticas de los distintos gobiernos vascos en la Transición, en esta etapa entre 1975 y 2001, tendríamos las siguientes referencias históricas a tener en cuenta:

1976–1979: Etapa preautonómica. Epoca de moderación y autonomismo en el PNV. Renovación generacional en la asamblea de Pamplona de 1977, creación de su periódico DEIA (1977), rechazo del Frente Nacional Vasco y alineación con el Partido Socialista. División de la llamada izquierda abertzale entre Euskadiko Ezkerra (1977) y el sector vinculado a ETA militar, en la coalición Herri Batasuna, que propugna la ruptura a través de la alternativa KAS (1976). Ley de Amnistía en 1977, pero sigue la escalada

---

3 Llera, Francisco: *op. cit.*, p. 119.
4 De la Granja, José Luis: "El nacionalismo vasco". En: *Historia del País Vasco y Navarra en el siglo XX*. Madrid: Biblioteca Nueva, 2002, pp. 263–267.

terrorista, lo que lleva a De la Granja a afirmar que "esto probaba que su enemigo a batir no era tanto la Dictadura de Franco como España que entonces se dotó de la Constitución". Abstención nacionalista en el referendum de aprobación de la Constitución democrática de 1978. Aprobación del Estatuto de Autonomía en 1979.

1979–1984: Hegemonía política del PNV. Concierto económico. Elecciones al Parlamento Vasco en 1980. Construcción de un gobierno monocolor en minoría, patrimonialización de la sociedad vasca. Disolución de la rama político-militar de ETA en 1982. Elecciones en 1984. Crisis del PNV por la escisión de EA, y el debate sobre la forma de estructurar el territorio vasco, si como forma de un Estado moderno, con el peso en el nuevo Gobierno vasco, o si como una estructura federal, como indicaban los Fueros. Dimisión del Presidente Garaikoetxea. Actividad del GAL (1983–1986).

1985–1995: Presidencia de Ardanza. Pacto de legislatura con el Partido Socialista. Elecciones de 1986, en las que resulta ganador el Partido Socialista, pero no puede formar gobierno, por lo que Ardanza vuelve a presidir el Gobierno vasco. En 1987 ETA perpetra el atentado de Hipercor en Barcelona. 1987: aprobación del plan de la Mesa de Ajuria Enea en contra del terrorismo. 1988: asamblea del PNV y creación del llamado Espíritu de Arriaga, por el discurso celebrado en el teatro del mismo nombre, en el que el nacionalismo moderado se muestra partidario de colaborar con las instancias no nacionalistas. Conversaciones de Argel en 1989 entre el Gobierno Socialista y la banda ETA. En las elecciones de 1990 a 1994 se produce un debilitamiento del porcentaje de votos nacionalistas.

1995–1998: Desde el centenario del nacimiento del Partido, hasta 1998 el PNV explora la vía de la autodeterminación, que termina en el pacto de Lizarra con las fuerzas nacionalistas. 1997: Asesinato de Miguel Angel Blanco, y respuesta populares. 1997: un sindicato afirma la muerte del Estatuto de Gernika, carta legal que constituye el entramado institucional del País Vasco. Giro en los planteamientos del PNV. Final del Pacto de Ajuria Enea, salida del gobierno del Partido Socialista. En el verano de 1998 el PNV ofrece un viraje soberanista: a) se sumó a la Declaración de Barcelona, b) consumó un pacto secreto con ETA, c) tomó parte en el pacto de Lizarra.

1998–…: Epoca Ibarretxe. Elecciones en 1998: pluralismo polarizado en el País Vasco entre las fuerzas nacionalistas (54% de los votos) y no nacionalistas (45%). 1999: Ruptura de la tregua de ETA, asesinatos de cargos públicos del PNV y del PP. Fracaso del Pacto de Estella. Radicalización del PNV en la Asamblea de 2000, donde se declara superado el Estatuto y concreta su meta en la creación de un Estado Vasco dentro de la Unión Europea, "poniendo fin a su *ambigüedad calculada* a lo largo del siglo XX". 2002: se hace público el Plan Ibarretxe de un pacto de libre asociación con España.

Estas breves líneas sirven para desarrollar el tronco común donde se va a encauzar la novela vasca que ofrece una imagen de la Transición. Lo cierto es que si hiciera una crítica a mi propio planteamiento y a este resumen, tendría que confesar que existe en él un elemento perturbador: para realizar el resumen de la Transición he escogido el apartado dedicado en ese libro a la evolución del nacionalismo, y no, como sería deseable, aquel capítulo que describe la transición política, en el que por cierto, prácticamente se refiere el mismo esquema. He dedicado todas mis fuerzas en este resumen a no caer en el error, bastante común en el País Vasco, de confundir evolución del nacionalismo, con evolución del País Vasco, pero soy consciente del deslizamiento que podría producirse en este apartado. Es evidente que hay que andar con cuidado al tratar esta cuestión. La identificación de la literatura vasca con el nacionalismo no es total, como veremos, pero está claro que la literatura en lengua vasca posee un plus de capital simbólico, que no posee la literatura escrita en castellano (en el País Vasco). La literatura en lengua vasca se identifica mayoritariamente con el nacionalismo, y si pensamos que es cierta la máxima que afirma que el PNV dejó en manos del nacionalismo radical el cultivo de los símbolos, entonces debemos unirla al nacionalismo... Por eso es tan útil ver la evolución histórica del nacionalismo, porque resitúa la producción en coordenadas históricas más cercanas, unidas más al desarrollo autonómico y a la evolución de la banda terrorista, que resultan significativas para entender actitudes y elementos de creación literaria.

2. La literatura vasca en la Transición

Está bien claro que el desarrollo de la literatura vasca comienza, por otro lado, a partir de la muerte del dictador y se desarrolla tras la aprobación de la Ley Básica de Normalización de la Lengua Vasca (1982), cuando la lengua vasca y su literatura (y no en términos inversos) entran en los programas obligatorios de enseñanza y, por ello, la literatura se convierte en "ancilla pedagogiae".

He analizado en otro lugar[5] las consecuencias que ha producido ese hecho crucial en todas la literaturas minoritarias peninsulares, el hecho de haber entrado en la escuela. Por ejemplo,

a) la creación del llamado "lector cautivo", una extensión de las redes de venta en las escuelas y colegios en detrimento de la venta en librerías,

b) la mayor distribución de los productos –y utilizo el término con plena conciencia– recomendados por los profesores,

c) el trabajo de los escritores para ser parte de ese club de los elegidos por los profesores,

d) una impresionante creación de literatura infantil y juvenil –pero que, a su vez, ha dado productos de gran calidad en la literatura vasca, de manera que, a consecuencia del fenómeno, los escritores del género tienen mayor presencia cultural en los circuitos de la literatura infantil internacional que los escritores maduros en el circuito normalizado–,

e) la importante implantación y desarrollo de las editoriales,

f) la visualización de la literatura vasca; es innegable que desde el punto de vista de su desarrollo, mientras que hasta 1975 la literatura vasca sufría carencias importantes, a partir de esa fecha hasta la actualidad, la literatura vasca ha conocido un fenómeno de socialización y de conversión en sistema literario. En consecuencia, son incomparables las situaciones a la hora de la publicación y de la promoción en 1975 y en este año de 2003, por lo que a menudo se oye decir, sobre todo a los escritores, que la situación ha variado de forma increíble…,

g) la canonización de los escritores; en estos momentos existen entre cinco y siete escritores vascos con una larga trayectoria y con una cierta normalidad en la traducción de sus textos, es decir, con una presencia fuera de nuestras fronteras lingüísticas y, sobre todo, con un gran predicamento dentro de la literatura vasca.

Evidentemente, existen otra clase de índices que son preocupantes, como por ejemplo el desarrollo de la literatura de género, pero que se ve compensado por la menor presión del mercado que en una literatura normalizada –y sobre todo, mercantilizada– con lo que la capacidad de riesgo y de aventurismo poético de un autor es mayor, y así los autores vascos, los novelistas vascos, no han perdido capacidad de innovación y de riesgo.

---

5   En una conferencia titulada "La literatura vasca en la transición, una visión sistémica", que con diversas variantes, y con volumen cada vez más grueso y ampliado se ha pronunciado en los siguientes foros: "La novela española en la Transición", Universidad del País Vasco; "Homenaje a Don Alonso Zamora Vicente", Universidad de Alicante; VII Simposium sobre las literaturas ibéricas. Universidad de Oxford; Curso de Verano de la Diputación de Álava.

La canonización ha producido también un efecto no deseado; así los escritores importantes alcanzan ventas apreciables de sus libros, pero han dificultado la llegada de nuevos autores a ese círculo central de importancia en la literatura. Por ella, los nuevos escritores se encuentran con mayores dificultades para llegar, no sólo a ser conocidos, sino a ser publicados.

No debe desdeñarse la impresión de productos uniformes que producen las obras de género,

Y por último uno de los principales rasgos y problemas del sistema literario vasco consiste en la identificación del lector adulto, del lector de librería, por decirlo de alguna manera, un lector no cautivo, que opta por la lectura, animado por sus aficiones. En este sentido, el hecho de que una encuesta de lectura, impulsada por la Cámara del Libro de Vizcaya, constate que entre los escritores en euskera "Atxaga les suene" a los encuestados, es un dato revelador.

Este panorama puede resultar esclarecedor con respecto a la situación expansiva que ha mostrado la literatura vasca en los últimos veinticinco años, aunque, como es normal, no le ha privado de dificultades y problemas en sus años de andadura.

3. Todo tuvo un comienzo. *Los pasos incontables* de Ramon Saizarbitoria

Hamaika pauso (1995) [*Los pasos incontables* 1998] de Ramon Saizarbitoria es la gran novela vasca sobre la generación que vivió los últimos años del franquismo. Novela coral por la presentación del texto, novela de una clase de jóvenes nacionalistas que se implicaron en la lucha antifranquista para ver que la lucha era capitalizada por ETA.

El protagonista de la novela es Iñaki Abaitua, un escritor que intenta escribir la novela *Hamaika pauso* sobre la vida de Daniel Zabalegui, trasunto de Ángel Otaegi, uno de los últimos fusilados por el franquismo en 1975. Y ya en los nombres de estos personajes tenemos una de las claves de la narrativa de Ramon Saizarbitoria: el juego irónico de la mezcla de la realidad y la ficción. El paralelismo Zabalegui/Otaegui, corresponde también al juego que se realiza con el nombre del escritor protagonista: Abaitua, no es sino el nombre del novelista vasco Hernández Abaitua, quien ha prestado el nombre. Pero una cosa es el nombre y otra la cosa, y la cosa, la corporeización del personaje se ha realizado a través de la vampirización de la biografía de Ibon Sarasola, redactor de un diccionario, profesor, durante un tiempo, en la Universidad de Barcelona, y también narrador y poeta, que sacó a la luz un pequeño relato, y no una gran novela. También se ha servido de la biografía de otros personajes reales, que más o menos corresponden, junto al mismo Ramon Saizarbitoria, a la de los componentes del grupo de escritores que junto a Gabriel Aresti crearon y llevaron a cabo su trabajo en la editorial Lur, que buscaba un alejamiento del nacionalismo ortodoxo del PNV, la laicización y el socialismo en el contexto del franquismo, lo que les valió acusaciones de "españolistas y marxistas".

La novela comienza hacia 1973 y termina en 1984 con el asesinato del senador socialista Enrique Casas a manos de los Comandos Autónomos Anticapitalistas.

Abaitua mantiene una relación de dependencia con un personaje llamado Ortiz de Zarate, que simboliza al etarra militante, quien poco a poco irá entrando en su vida y anulando su personalidad.

Los dos hilos narrativos, el de un novelista que cuenta la historia y la relación vital entre los dos personajes, se van cerrando hasta que Abaitua decide suicidarse.

La riqueza conceptual y técnica de la novela está fuera de toda duda, y posiblemente, representa una de las grandes obras de los últimos años de la literatura vasca.

En primer lugar, la novela refuerza el tema de la memoria en el propio proceso discursivo, de manera que ofrece una lectura a nivel simbólico. La obra no sólo es un fresco histórico, sino que el autor confiere en sus páginas una suerte de recreación del tema de la muerte; no podría entenderse esta novela si no es en referencia a la obra de Allières *El hombre ante la muerte* y a la configuración mental de la muerte en la cultura occidental, pero también resulta una novela sobre la novela.

Inge Beisel,[6] por ejemplo, anota y retoma el concepto de "poética de la memoria" para referirse, precisamente, a las narrativas que incluyen el tema de la memoria en su discurso narrativo, al mismo tiempo que apunta una serie de temas que pueden servir de punto de arranque a una tematización de las probabilidades narrativas:

> De qué manera transforma o recrea el escritor, gracias a su imaginación, su propia historia personal y/o parte de la historia social en el acto mismo de narrar; de qué modo los autores seleccionados desarrollan la temática de la memoria en su proyección literaria; hasta qué punto se condicionan mutuamente la imaginación y la memoria en este proceso; y en qué medida la temática

---

6   Beisel, Inge (1997): "Prefacio". En: Beisel, Inge (ed.): *El arte de la memoria: incursiones en la narrativa española contemporánea*. Mannheim: Ask, pp. 4–5.

de la memoria forma al mismo tiempo parte integrante de una reflexión metanarrativa.

Novela sobre la memoria: la frase "la memoria es un plato roto" de Claude Simon aparece una y otra vez como un gran *Leitmotiv* en el texto, lo mismo que el puzzle del parque Güell, dos metáforas que sirven al autor para recrear una reflexión metanarrativa sobre la memoria, a la vez que apuntan hacia la fragmentación postmoderna y la construcción de una identidad rota. Pero también novela sobre una generación, a la que hemos aludido, la generación que rompió con el nacionalismo ortodoxo y presentó una nueva forma cultural en la sociedad vasca. Saizarbitoria ha trabajado con su memoria para crear una gran pantalla donde se proyectan las distintas visiones sobre la vida de esta generación. Novela sobre la muerte, sobre su significado último. Pero novela también sobre la impotencia. Abaitua es incapaz de decir que no, y por ello se ve invadido por otra personalidad, a la que ha permitido todo, metáfora en el fondo sobre la sociedad vasca y su relación con la violencia: una sociedad que se ve incapaz de decir que no a los hermanos descarriados del nacionalismo. La metáfora última, el suicido de Abaitua, representa una posibilidad de lectura política que se produce en el texto de Saizarbitoria. Es la sociedad vasca la que se suicida si no dice que no. Desde el sicoanálisis se afirma que los incapaces de decir que no, no crean su propia personalidad. Lo que nos lleva a definir la importancia que el sicoanálisis posee en la configuración de este mundo novelesco, que ya estaba presente en la madre dominante de *Ene Jesus* (1969), novela anterior a ésta que comentamos. Así la poética de la memoria se convierte en "política de la memoria".

Lourdes Otaegi,[7] por ejemplo, ha interpretado la angustia existencial del personaje de Abaitua en el sentido siguiente: la angustia no sería sólo personal, sino que se correspondería a una angustia producida por la presión que la nación, y su vertiente nacionalista, ejerce sobre el individuo:

> Un protagonista que sufre una desazón existencial, o por decirlo de otro modo más unamuniano, mantiene una visión trágica de la vida que se amplía indudablemente en una *malaise national*.
> El protagonista experimenta una inquietud constante, un terrible malestar e incomodidad, junto con una emergente dificultad para perderse en el bulto de la opinión común y el punto de vista generalizado acerca de nuestra realidad y de nuestro pasado.

---

7   Otaegi, Lourdes (2002): "Escenarios literarios". *Cuadernos de Alzate*. 26, (2002), p. 155.

Sobre las técnicas narrativas puede afirmarse que Saizarbitoria ha llevado a cabo una obra en la que los ecos del Quijote no parecen acabarse. Tenemos a un personaje que escribe una novela que lleva el mismo título de la novela que leemos, tenemos una novela sobre la memoria de una generación que se cuenta de forma fragmentaria (la cita de Claude Simon y el mosaico del Parque Güell lo confirman) y que utiliza un movimiento, de forma que siempre estamos leyendo dos tiempos distintos, el presente de la narración y el pasado del recuerdo; pero que a la vez, busca no sólo las repeticiones, que configuran uno de los rasgos de estilo más importantes del escritor, pues éste siempre se halla en la duda de si lo que cuenta corresponde o no a la realidad, por lo que siempre contará la misma escena varias veces intentando aproximarse a la realidad.

Esta novela de Ramon Saizarbitoria utiliza de forma distinta la memoria y la imaginación, los dos puntos de fuerza en la creación literaria de forma distinta. La memoria sirve como hilo de anclaje; y así, por ejemplo, se ha ponderado la capacidad memorialística en los detalles que proporciona la novela (por ejemplo en las que refiere Ibon Sarasola, lo cual no le libra de algunos lapsus narrativos bastante notables, cosa que puede servir también para reforzar una cierta imprecisión en el recuerdo). Sin embargo, la imaginación, sirve como hilo conductor y creador, por ejemplo en la estructuración del discurso narrativo, en la creación de una estructura coral y en la repetición de frases que recuerdan a la composición de una estructura musical.

Podemos preguntarnos, en un último lugar, por la aportación de la novela y su conexión con la realidad circundante. Es decir, ¿podemos realizar algún tipo de unión y de relación entre tiempo de edición y tiempo histórico? La pregunta necesita de una aclaración previa, puesto que si bien la novela se edita en 1995, debe tenerse en cuenta que se trata de una novela que mantuvo paralizado a su autor en un largo período de escritura. En este caso, pues, cabe hablar de una época de edición y una época de escritura. Desde 1969 en la que publica *Ene Jesus* hasta 1995, Saizarbitoria ensaya la voz y la escritura para abordar esta larga obra.

Durante mucho tiempo los lectores y críticos de la literatura vasca sabíamos que Ramon Saizarbitoria estaba escribiendo una novela sobre los últimos fusilados por el franquismo, y sobre todo, sobre Ángel Otaegui, de quien se comentaba una tara que lo disminuía en el aspecto psíquico, lo que planteaba un problema de crueldad por parte de los ejecutores de la sentencia, y un problema de manipulación por parte de quienes lo utilizaron en la lucha clandestina.

Pero ¿qué sucedió para que esta novela tomara cuerpo?, ¿qué pasaba por la mente del autor para que se decidiera a la escritura, primero, y a la publicación después? Probablemente, las causas de aspecto psicológico son múltiples y atañen tanto a la vida privada del escritor que el comentarista sólo puede esbozar algunas hipótesis, fundadas únicamente en las declaraciones personales del protagonista, en este caso el mismo escritor. Es probable que si la idea se mantuvo en su cabeza y en su determinación, fue porque respondía a una cierta preocupación social. Desde luego, como más veremos, la transmisión de la idea nacionalista confiere una actitud especial a las novelas escritas en lengua vasca. Pero Saizarbitoria, además de ofrecer el punto de vista de una generación que vivió con contradicciones su vida generacional, no ofrecía –como sugerimos un poco más arriba– una visión feliz y simple del nacionalismo, y menos el nacionalismo radical. Es probable que la desaparición del partido político Euskadiko Ezkerra, que propugnaba un cierto pacto entre izquierdismo y nacionalismo, que propugnaba una situación social integracionista, concediera al autor la tranquilidad y el tiempo que necesitaba para escribir una obra tan compleja como *Hamaika pauso*. Pero es probable que la posición crítica del autor con respecto a los dos polos de la confrontación, pudiera ser más favorable en un momento de pacto social nacionalistas-socialistas que se produce en los primeros años de la década de los 90. Una crítica a las posiciones militaristas era clave en la novela, y la recuperación de un diálogo en una situación de cierto equilibrio social y de colaboración entre partidos podía ayudar a la recepción de la novela y a la difusión de su mensaje crítico.

4. Los primeros años difíciles: Mario Onaindia, Anjel Lertxundi, Koldo Izagirre, Joan Mari Irigoien

Volvamos un poco más atrás. Si escogimos la novela de Ramon Saizarbitoria para abrir esta sección fue por dos motivos fundamentales: porque cronológicamente buceaba en las razones y modelos sociales en los que podían verse los motivos por las que se habían movido los protagonistas de la Transición española, y porque, probablemente, nos encontremos con la novela de mayor complejidad y mayor calado simbólico de la última producción poética vasca. Pero 1995 es una fecha muy posterior para atender a la producción narrativa de la literatura vasca sobre la Transición. Claro que antes se produjeron intentos novelescos y narrativas que trataban de relatar lo que estaba sucediendo en aquellos años. En búsqueda de la política de la memoria, me gustaría referirme ahora a cuatro intentos narrativos que se producen en la década de los ochenta. Me refiero al relato largo, o novela breve, "Hausdurak" [Rupturas] de Anjel Lertxundi, que se incluye en su libro *Aise eman zenidan eskua* [Me diste fácilmente la mano] (1980), al libro de relatos *Mendekuak* [Venganzas] (1987) de Koldo Izagirre y a las novelas *Gran Placen aurkituko gara* [Nos encontraremos en Grande Place] (1983, traducción al castellano de 1985) de Mario Onaindia, y *Udazkenaren balkoitik* [Desde el balcón del otoño] (1987) de Joan Mari Irigoien.

Nos encontramos con cuatro ejemplos que plantean una nueva visión, compleja, ideologizada y diferente de la Transición. Está claro que las cuatro presentan varios vectores en los que podemos mantener la atención:

En primer lugar, se escriben desde un momento cercano a lo que está pasando históricamente, a veces con un tono realista y que recuerda de vez en cuando a la referencia histórica inmediata o, incluso, como sería el caso de Mario Onaindia, al entorno autobiográfico, puesto que su novela se refiere al famoso caso de los extraditados al comienzo del proceso de la Transición, en una novela en dos planos en los que se mezcla la iniciación sentimental y política.

Es importante rehacer la sensación de que en estas novelas existe un componente ideológico, en el que la posición de los autores hace variar la recepción de la visión de la Transición en sus obras. Tomemos el ejemplo de la obra de Anjel Lertxundi y de la de Koldo Izagirre. El primero presenta a unos personajes que buscan a alguien que va a salir de la cárcel, mientras que su antigua novia ha tomado ya la decisión de abandonarle, las narraciones de Koldo Izagirre buscan la expresión personal de los que tema la represión (aunque no todos los textos tienen por sujetos al tiempo de la Transición, sino que se incluye la narración de algún crimen rural), y así sus imágenes se componen de torturados, secuestrados. Las venganzas a las que se refiere el título consisten en las pequeñas marcas simbólicas que suponen una pequeña victoria de los oprimidos frente a las fuerzas de la policía. Literatura de la resistencia escrita con un estilo que recuerda a la vanguardia.

La novela de Joan Mari Irigoien, por otro lado, continúa la trama de una novela anterior que rememoraba la historia de algunas familias desde la Guerra Carlista. En *Poliedroaren hostoak* [Las hojas del poliedro] (1982), plantea uno de los problemas claves en la historia y en la literatura vasca: la cuestión de la transmisión de la idea de resistencia y de pertenencia a una nación en los contextos personales. Algunos sociólogos han apuntado a la idea de que la transmisión del ideal nacionalista se produce en una institución peculiar de los adolescentes y jóvenes vascos que es la cuadrilla de amigos, en principio compuestas por miembros de un único sexo, hasta que en un momento posterior se produce la integración de miembros de ambos sexos, y así la cuadrilla desaparece cuando los miembros se emparejan, aunque se siguen manteniendo lazos de amistad y de ritualización de las celebraciones y de las reuniones personales. Pero no cabe duda de que los núcleos familiares y la transmisión de las historias ancestrales –como la ha llamado Jon Juaristi– recrean la transmisión de tales ideas. Pues bien, la novela de Joan Mari Irigoien ha relatado la historia de una transmisión de resistencia, y propugna la idea de que lo que llamamos "contencioso vasco" es una serie de conflictos de resistencia que se remonta a las guerras carlistas (núcleo y clave de su primera novela), que continúa en la Guerra Civil española de 1936 (tema de la primera parte de la novela que comentamos) y termina en la Transición (que se concreta en la segunda parte de esta novela). Aunque el tono con el que Irigoien acomete sus novelas debe mucho al realismo fantástico de la narrativa sudamericana, no puede negarse que en la estructuración de sus novelas existe una tendencia al maniqueísmo estructural, que termina en un esquematismo en el trazo de los personajes.

Estos cuatro ejemplos pueden servirnos para delimitar y discutir el concepto de memoria colectiva, tal como aparece expresado por la profesora Paloma Aguilar Fernández:

> Vamos a intentar explicar lo que entendemos por este concepto [memoria colectiva] y ver la utilidad del mismo para las ciencias sociales en general. La "memoria colectiva", como veremos a continuación, consta del recuerdo que tiene una comunidad de su propia historia, y también de las lecciones y aprendizajes que, más o menos conscientemente, extrae de la misma. Esto es incluye tanto el contenido de la memoria (recuerdo de acontecimientos históricos específicos) como los valores asociados a su evocación (lecciones y aprendizajes históricos, modificados, frecuentemente por las necesidades del presente).[8]

Si nos atenemos a la valoración de los acontecimientos que presentan estos cuatro autores, debemos subrayar el esfuerzo de retrotraer a lo privado la fuerza de lo público: Mario Onaindia presenta una iniciación a la vez privada –sentimental–, y pública –política–, Anjel Lertxundi también se ocupa de personas normales, y en esa línea trabaja también Koldo Izagirre. Pero lo cierto es que lo privado, incluso lo anónimo (esos protagonistas anónimos de la historia vienen a simbolizar una visión postmoderna de la historia),

---

8   Aguilar Fernández, Paloma (1996) (s.f.): *Aproximaciones teóricas y analíticas al concepto de memoria histórica. La memoria histórica de la guerra civil española (1936–1939)*. Madrid: Instituto Universitario Ortega y Gasset, p.1.

pueden servir de eje narrativo más tarde en su valoración ideológica. La pretensión nacionalista de que la lucha ha continuado durante 200 años no se corresponde a la realidad histórica; y como prueba, valdría señalar que los carlistas se integraron en el bando franquista, es decir, antinacionalista vasco, aunque otra cuestión es si en lo que se ha dado en llamar "etnoreligiosidad", coinciden los carlistas y los nacionalistas. Pues bien, en esta perspectiva está claro que los mensajes de resistencia y de duración histórica del conflicto gozan de mejor aceptación ideológica en la comunidad nacionalista que otros mensajes de sentido crítico. De esta forma, por ejemplo, es llamativa la poca atención que suscita la obra narrativa de Mario Onaindia en las actuales historias de la novela vasca, resultando un autor realmente proscrito del imaginario literario vasco. Ya no es un novelista vasco, es otra cosa mal definida.

De manera que las cuatro novelas aportan dos conclusiones en esta imagen de la Transición:

Por un lado, presentan una faz multipolar donde se plasman varias formas distintas de interpretar la Transición, en primer lugar, desde la posición ideológica del representante de la memoria colectiva. Estas obras narrativas adoptan no sólo algunas posiciones distintas en torno a la representación narrativa de un momento histórico, sino que son índices también de un debate ideológico que se representa dentro de la sociedad vasca.

Pero, en segundo lugar, representan la creación de una "memoria dominante"[9] que se crea y recrea en las distintas tradiciones del nacionalismo y de sus cauces de transmisión de unos mensajes ideológicos.

En los años 80 se produce la escisión en ETA, con la reinserción en la sociedad de los llamados poli-milis, que optarían por una participación en la política, a través de Euskadiko Ezkerra. Ciertamente, puede pensarse que esta pugna ideológica, que se interpreta en las posiciones distintas apuntadas en las novelas analizadas en este apartado, puede vislumbrarse en las obras. Algunos de los personajes trabajarán la legitimidad de la opción política, como en las novelas de Mario Onaindia, mientras que otras apuestas narrativas apoyarán posiciones de lo que el aquel momento de llamó "ruptura". No es improbable sospechar que tras las distintas posiciones políticas pueden encontrarse diferentes posiciones narrativas, y al revés, en un juego en que la narrativa se convierte en posición estética de una posición ideológica que se representa en la narrativa y que se clarifica en las definiciones políticas de los autores.

---

9   Tomo el concepto del artículo citado en la nota anterior, página 9, la autora toma el concepto de John Nerone.

5. La vuelta a la casa del padre: La novela de Bernardo Atxaga y Joxe Mari Iturralde

Todos conocemos el título de la obra más leída de Bernardo Atxaga (1952–): *Obabakoak*. Pero lo que no es tan conocido es que el autor había pensado otro título para ese libro. Cabría resaltar que la obra *Obabakoak* estuvo a punto de titularse *Hamburgo-Obaba*, pero que el editor convenció al autor a muy última hora para cambiar el título. En 1993, Bernardo Atxaga decide primar a Hamburgo en detrimento de Obaba, y nace una corriente más realista en su obra, que tiene que ver con la recreación de la Transición.

Los lugares de la memoria buscan ahora, en la nueva novela *Gizona bere bakardadean* [*El hombre sólo*], los resquicios de la historia. Estamos en 1993 y la historia se retrotrae a 1982, al Campeonato Mundial de Fútbol celebrado en España en ese año. La historia se narra durante cinco días desde el 28 de Junio, día en que se juega el partido Bélgica contra Polonia, hasta que se juega el partido de Brasil contra Argentina. El espacio se representa en un hotel a unos cincuenta kilómetros de Barcelona donde se hospeda la selección polaca.

Bernardo Atxaga declaró, en el momento en que publicaba su segunda novela sobre el ciclo, es decir *Zeru horiek* [*Esos cielos*] (1995), que en el principio sólo hay una idea y un esbozo.

> Un día fui testigo de una pintada: dos jóvenes escribían un nombre en una pared, y luego añadían el calificativo de traidora. Bueno, me dije, aquí está el nuevo tema. Trataría de imaginar la vuelta a casa de aquella traidora [...] Creo que lo primero es el personaje. Procuro pegarme a él y seguirle durante un trecho de su vida. Y de ahí sale todo.[10]

Y Atxaga confesó que la inspiración le había venido de esta situación: primero es el personaje, como sucede con Carlos, el protagonista de *El hombre sólo*.

Bernardo Atxaga estaba convencido de que con esta novela se pasaba del pasado mítico al reflejo de la actualidad, y contradijo también la etiqueta de realismo que se pretendía para su obra, prefiriendo el de actualidad.

"Antes me ocupaba del pasado mítico, en el último libro, sin embargo, me he acercado a la actualidad. Antes ofrecía al lector un trozo de sueño, ahora le ofrezco un trozo de vida".[11]

---

10 En el suplemento *El dominical*, 21-04-96.
11 En la revista en lengua vasca *Argia*, 06-03-1994.

Es esa vida la que ahora le interesa, el reflejo de las contradicciones de Carlos, que ha perdido la ilusión por la lucha revolucionaria, pero en igual medida, todavía no es capaz de decir que no cuando se le pide una colaboración consistente en ocultar a unos etarras que huyen de la policía.

Se han ofrecido diversas razones para explicar el cambio de actitud de Atxaga.

Mari Jose Olaziregi ha preferido una explicación que proviene de la propia actitud del escritor, que deriva hacia el realismo desde 1991, cuando publica la novela juvenil *Memorias de una vaca*, en su título traducido al castellano, que supone un paso hacia la consideración más histórica del relato.[12]

Pero como siempre ocurre en los procesos culturales, las razones son complejas y no cabe deducir de una sola la decisión de promover una cuestión como es el cambio de registro. En la Banda Pott, de la cual formaron parte Bernardo Atxaga y Joxe Mari Iturralde, siempre existió una especial preocupación por la experimentación y la búsqueda de nuevas estéticas, una fiebre por hacer algo distinto en cada intento narrativo y un inconformismo que llevaba a intentar algo nuevo. Atxaga busca también un cambio y un resultado distinto frente a su obra... por lo que opta por el camino de la realización de una obra que cambie la perspectiva de su novela, desde la infancia recordada a la búsqueda de un nuevo compromiso con su estética.

Existe en la literatura vasca, hacia esos años, un momento especial de aproximación al realismo. La presión del contenido ideológico sobre la literatura escrita en euskera siempre ha sido muy fuerte. La lengua constituye uno de los rasgos básicos de la identidad de la comunidad nacionalista vasca, pero la literatura ofrece un particular mundo simbólico, por lo que aparece como un campo de elaboración muy disputado entre el compromiso y la realización de estéticas más personales. Bernardo Atxaga ha concitado opiniones encontradas, y no siempre justas, hacia su trabajo literario. La utilización del mundo de la infancia parecía desde la óptica nacionalista "poco comprometido", algo escapista si se quiere. En el ambiente literario flotaba una especie de sensación que proponía que ya era suficiente de tanta literatura fantástica y "exigía" con la proverbial cortesía vasca, que se volviera a una actitud más realista, más cercana a los problemas que crea el "conflicto" vasco. Ya antes, en una famosa polémica, Bernardo Atxaga había polemizado con Txillardegi, uno de los ideológos de ETA, sobre la pertinencia o no del realismo en la novela. Pero en esta ocasión, su reacción no fue el debate, sino la creación literaria de un mundo personal que buscaba

---

12 Olaziregi, Mari Jose (2002): *Euskal eleberriaren historia*. Bilbao: Labayru-Amorebieta-Extanoko Udala, p. 142.

algunas de las claves biográficas –personales y colectivas– que fueran el reflejo, no sé si la investigación sobre las claves, de lo que estaba sucediendo en el País Vasco. Por eso, su compromiso con figuras personales, que recordaban a los arrepentidos, hizo que arreciaran las críticas, esta vez ideológicas y no estéticas, sobre su obra. Esta reacción estaba motivada por otro debate escondido que se situaba en la narrativa vasca. Como se sabe, la novela vasca es tardía y conservadora, y su entrada en la modernidad literaria se produce bien pasado el año 1950, cuando conecta con el existencialismo francés. A partir de ese momento se produce una novela de tono lírico y personal que tiene problemas para conectar, describir y trabajar con la realidad ambiente, sobre todo cuando esa realidad es tan conflictiva como la nuestra. Pero en 1993 se terminó de consumar un giro y los autores, conscientemente, pretenden conectar con la realidad, aunque veremos que Atxaga matiza esta convención. Ese año presentaron obras de marcado carácter realista Luis Mari Muxika (1939–), Edorta Jiménez (1953–), Joan Mari Irigoien (1948–), Itxaro Borda (1959–), y Aingeru Epalza (1960–), además de esta novela. Los comentaristas atinaron a redactar una serie de características que, según su opinión, ofrecía esta narrativa: una narración más atenta al lector, lineal en su planteamientos, cercana a los temas de actualidad, con una cierta estética pesimista, negativa y negra. Pero esos rasgos de realismo son muy generales para considerar una corriente clara que se circunscribiría también a una cercanía al compromiso político. Sin embargo, esa actitud, que buscaba la referencia realista, revisaba los conceptos de escapismo y de falta de compromiso con el nacionalismo.

Lo evidente es que el nuevo trabajo *Gizona bere bakardadean* [El hombre solo] (1993) confirma un trabajo estético más realista y formal, un trabajo que abandona el camino emprendido en *Obabakoak* y propone nuevas vías de comunicación con el lector. Pero, como siempre ocurre, algunas de las características que se presentaron en esa memoria de la infancia aparecen también reflejadas aquí, como la voz interior que oye Carlos, quizás un trasunto de las voces de los animales de *Bi anai* y de la voz interior, distinta a la del personaje, que experimentó John Berger en *Puerca tierra*; o la muerte trágica del inocente.

La novela narra la vida de un grupo de etarras que ha dejado ya la lucha armada, que utilizaron el dinero obtenido en uno de sus atracos para comprar un hotel cerca de Barcelona, donde se instala durante el Mundial de Fútbol de España, en 1982, la selección polaca. El protagonista de la historia, Carlos, acepta esconder en el hotel a dos activistas de la organización terrorista, aunque él se encuentra ya desligado. La policía sospecha que los dos activistas se esconden en el hotel y lleva a cabo las pesquisas pertinentes, hasta la solución del caso, que tiene un final inesperado, y que vuelve a conectar con la muerte trágica del inocente.

La novela mantiene al menos tres ejes de lectura. En la más superficial se trata de una novela escrita en clave policial; sería, por tanto, una novela policíaca con su suspense y su desarrollo de una trama criminal hasta su resolución que atrapa al lector.

En un segundo nivel de lectura la obra pretende una reflexión simbólica sobre la condición humana del hombre solo. Tanto el título como la cita del Eclesiastés, que se sitúa al comienzo de la obra, llevarían la lectura hacia la atención en el destino trágico que espera al hombre que se ha quedado solo. En este punto la novela sería más una aproximación a un estado del alma: el riesgo de la soledad. Por tanto, Atxaga está pensando en la importancia que la sociedad tiene en el individuo.

Pero, además cabría explicar un nivel más profundo, que también es simbólico y que se presenta a través de la metáfora de las conchas que los hombres primitivos utilizaban como elementos simbólicos. Eran conchas que no tenían utilidad práctica, no se conoce para qué servían, aunque se supone que tenían un significado cultural, ritual, simbólico. Esos hombres primitivos recorrían kilómetros a fin de recogerlas… Era –y ésta es la última significación de la novela– la fuerza de la ilusión. El hombre, y la mujer, que actúan sin ilusión se verán perdidos, como se pierde este hombre solo. Al parecer, la novela presenta una crítica a las sociedades en las que la ilusión se ha perdido, como puede ser en las sociedades totalitarias.

Cabría señalar la gran carga biográfica que aparece en la novela. Aunque es muy probable que todo novelista utilice lo que ha vivido como tapiz en el que teje su escritura, en el caso de esta novela tenemos el testimonio directo del autor:

> En esta novela hablo de gente que está muy cerca de mi experiencia vital, y los personajes están, en gran medida, tomados de la realidad, sobre todo de la experiencia ilusionada de los jóvenes que después de 1968 se abrieron al mundo, de los mismos que veinte años más tarde han ido perdiendo la ilusión en el sitio de las pérdidas.[13]

En esta perspectiva, Atxaga ha trabajado con dos significados básicos: la pérdida de la ilusión en los movimientos revolucionarios y, lo que es mucho más extremo, la denuncia de una sociedad en la que la ilusión se ha perdido y se puede traicionar a alguien por un poco de valor material, sobre todo

---

13   En el periódico *Diario Vasco*, 20-03-1994.

en la figura de la traductora de la selección de fútbol y el conflicto básico que se produce en la sociedad vasca entre ideología y afectividad. Carlos ha abandonado la lucha armada, porque está convencido de su inutilidad, pero, sin embargo, no dice que no a alguien cercano y se involucra en la huida de dos activistas. Ese conflicto entre afectividad e ideología, que se produce en los pueblos pequeños, en los que todos se conocen, se muestra con crudeza en la actitud ambigua y desnortada de Carlos.

Para la creación del personaje, Atxaga se ha valido de una técnica ya experimentada como la de las voces interiores que crean una multiplicidad de narradores que, a su vez, construyen miradas relativistas sobre la realidad. Es decir, no tenemos una sola verdad contada por una voz y una mirada en la novela, sino múltiples voces que hablan de perspectivas distintas de lo que puede ser lo real. Así, Carlos posee dentro de sí tres voces distintas: la suya propia, la del Ratón, que muestra el lado cruel de la conciencia y la de Sabino, el compañero que le captó para la organización.

En 1994 publicó en lengua vasca un primer borrador de la obra, que llegaría a ser *Zeru horiek* (1995) [*Esos cielos*], bajo el título de *Zeruak* [Cielos] en una pequeña colección de obras mínimas, que se vendía a un precio reducido. Era la primera de las voces de Irene, la protagonista de *Zeru horiek*, y en el principio era un "híbrido", la palabra que Atxaga utiliza para referirse a los textos construidos en el margen de los géneros, textos pensados para ser recitados en público, acompañado de actores y músicos.

Como hemos recogido más arriba, se trata de seguir a un personaje, de ver cómo actúa y cómo se desenvuelve en un medio hostil. Medio hostil en la calle, en una situación desconocida, por nueva; medio hostil, en el autobús con el acoso de la policía; y medio hostil a la vuelta a casa.

Ese personaje es el centro de la novela. Una mujer de 37 años que sale de la cárcel y quiere volver a su pueblo y a su gente. Una nueva indagación sobre la violencia que sacude al País Vasco desde la mirada del compromiso. La protagonista acaba de salir de la cárcel y la primera noche comete el error de acostarse con un desconocido. Toma un autobús en Barcelona en dirección a Bilbao. Es el tiempo que transcurre en el autobús el que cuenta la novela, apenas seis horas, en el que el autobús se convierte en un microcosmos, donde Irene convivirá con sus recuerdos y su memoria, con sus sueños, con la pérdida de la ilusión, con la decisión de apartarse de la organización (que no se nombra, pero que está presente), con el recuerdo de sus compañeras de celda, y con las tensiones que se crean en ese espacio cerrado, acosada por la policía (un agente bueno, un agente malo) y defendida por un grupo de mujeres, una señora enferma que protagonizará su siguiente cuento ("Declaración de Dorotea", en *Relatos para un fin de milenio*) y un par de monjas (que simbolizarán el nuevo compromiso social, en defensa de los desheredados por el SIDA). La novela termina cuando la protagonista llega a Bilbao.

Se ha ironizado con el texto y se ha propuesto que era un muy buen primer capítulo de una novela que se quedó sin escritura.

Atxaga, sin embargo, ha defendido la escritura de este texto, confesando que existen fantasmas que aparecen, analizando la escritura contra la ilusión, la escritura de un mundo que desde la soledad trabaja en la consolidación de unos valores éticos y sociales.

La novela busca aclarar la vida misteriosa de una mujer, que no termina de explicarse del todo, como si el narrador hubiera tenido un cierto pudor en acercarse al personaje y sólo hubiera expresado aquello que le pasa por la cabeza, aquello que le sucede en el autobús, para desde la humildad, desde la voz baja, acercarse a ese personaje y comentar un momento de soledad.

Desde luego, el hecho de que el personaje principal sea una mujer no es baladí. Ese acercamiento al otro, está simbolizado por la mujer protagonista, que guarda un misterio, una decisión clave, volver para romper con lo que ha sido, volver para llevar a cabo una vida que estará llena de dificultades, pero que retomará con valentía. El autor buscaba expresar el misterio que se oculta en todas las vidas, sin desvelarlo del todo, o trabajarlo de modo indirecto: los poemas que se leen ilustran lo que puede ser el misterio no aclarado de esa mujer.

Las técnicas que se pusieron al servicio de esa novela, estaban ya ensayadas en narraciones anteriores, pero la principal consistía en el buceo psicológico del personaje. No pueden olvidarse, sin embargo, aparte de las vueltas atrás que muestran la historia de la protagonista, caídas en abismo, como la narración de la cinta de vídeo que se ve en el autobús, una variante de la historia dentro de la historia, y que sirve como metáfora de la vida militante de la protagonista. Por supuesto, deben consignarse aquí los distintos niveles de narración, con la transcripción de planos distintos: cartas, poemas, textos distintos... Probablemente la película que ven los viajeros es "Bajo otra bandera" de Bruno Barreto, en la que interviene Andy García, y relata la historia de unos jóvenes que entran en una revolución, engañados. La transposición de la ficción cinematográfica a la ficción en la que viven los personajes resulta, por tanto, paralela.

Zeru horiek significa una novela contra la ilusión, relata la historia de un héroe melancólico que ha perdido ya la ilusión y que vuelve, solo y fracasado, a retomar la historia que está por hacerse. Y en ese momento se acaba la narración.

La novela de Joxe Mari Iturralde, Jimu Iturralde, se llama *Kilkirra eta roulottea* (1997, Premio de la Crítica en 1998) [*Kilkir y la roulotte*]. Sigue la vida de un personaje que se apoda Kilkir (Grillo) un transterrado, un hijo de emigrantes vascos a América que vuelve a la tierra de sus antepasados para recorrerla y buscar en una columna románica la cara que, como marca de cantera, ha dejado una antigua novia suya en una ermita del País Vasco. La búsqueda de la reproducción de su rostro es una excusa para recrear una novela larguísima y compleja, llena de vericuetos.

Novela de carretera(kilkir recorre en su roulotte toda Euskal Herria) novela de iniciación (búsqueda de una cara, de un rostro que es el de uno mismo), novela de la exploración de la identidad (los vascos americanos, como representantes de una identidad "otra"), se leyó, en interpretación que el autor ha negado una y otra vez, como una novela de una generación, posiblemente, porque la novela tiene un comienzo que coincide con la Transición:

"Franco hil baino hiru ordu lehenago lotan negoen ni",

[Dormía tres horas antes de que Franco muriera].

No sólo podemos fijarnos en el comienzo, la nota editorial, por ejemplo, resalta el hecho de que el tiempo de la novela rememora el tiempo de la Transición, pero no es una novela coral, sino una novela en torno a la deriva de un único personaje, que se siente en medio de la marea de la historia.

El autor, en sus declaraciones, ha comentado continuamente que su intención no era tratar de la vida de una generación, sino mostrar la importancia de la historia en las decisiones personales, de situar al personaje en medio de la marea humana e histórica y cuestionar su libertad. No somos libres, alguien mueve los hilos por nosotros y nosotros no somos más que marionetas, idea recurrente en su novelística que ha terminado reflejada en la cubierta de su última novela.

6. Una reflexión sobre la transición: Mikel Hernández Abaitua, Jokin Muñoz, Xabier Montoia, Joxe Belmonte

La atención de la novela vasca al tiempo en que vivimos sigue resultando crucial, en tanto que no se produce una normalización política.

En los años más recientes, en la primera década de este siglo, y sobre todo, desde el asesinato de Miguel Angel Blanco en 1997, la tregua de ETA, el pacto de Lizarra y la propuesta soberanista del lehendakari Ibarretxe, puede hablarse de una nueva situación en la que la Transición sigue apareciendo de distinta manera.

Todo esto plantea un problema de cronologización del que ya hablamos al comenzar esta ponencia: ¿Cuál es el término cronológico del proceso de la Transición? ¿Es posible traerlo hasta este momento?

En las narraciones que citamos –puesto que Jokin Muñoz escribe relatos– en este apartado, algunos argumentos se sitúan en la Transición, como en la novela de Joxe Belmonte *Hamar urte barru* [Dentro de diez años] (2003), entre 1973 y 1983, pero con especial atención al último año, el momento en que cuatro compañeros que se han sacado una fotografía en el monte Gorbea, y que han prometido encontrarse diez años más tarde, deben cumplir la promesa y ver en qué situación se encuentra cada uno de ellos: un militante de ETA, que comete un asesinato por venganza; un militante drogadicto de la llamada izquierda abertzale, que morirá envenenado por el último de los compañeros; un militante pacifista, que muere en un atentado preparado para asesinar a un amigo suyo; y la persona marginal, que trafica con drogas, autor del envenenamiento de su amigo, que muere asesinado por ETA. Pero los otros tres textos prefieren atenerse a analizar las consecuencias de la Transición en el actual momento vasco. Es decir, se sitúan en la actualidad y narran las consecuencias de la situación política en los personajes.

La primera de ellas es *Ohe bat ozeanoaren erdian* [Una cama en medio del océano] (2001), de Mikel Hernández Abaitua. Realmente, la novela trata de un tema que merece la atención en la actual situación conflictiva del País Vasco, como es la marcha al exilio de un profesor universitario vasco, quien decide irse a Italia. Es curiosa esta novela porque trabaja dos significados distintos. En primer lugar, constata la obviedad de que ya no es suficiente ser vasco, ni siquiera ser euskaldún –vasco parlante– para sentirse a salvo de la presión terrorista. En segundo lugar, el personaje viene a declarar la injusticia de las dos violencias. La presión de la violencia de Estado y la presión del terrorismo equiparándolas en cierto momento. Respondemos a la violencia de estado porque es violencia. Esta especie de equilibrio de la violencia es una de las ideas que se están extendiendo en el País Vasco actual. La equiparación del PP con ETA es una especie que se extiende sin parar –sin pararse a pensar.

Xabier Montoia representa una narrativa distinta. En *Denboraren izerdia* [El sudor del tiempo] (2003) Montoia se centra en un reinsertado de los viejos polis-milis que se ha convertido en productor de éxito. Pero, si en la primera parte, se muestra su ascenso social, la segunda muestra a un personaje a quien su pasado de miembro del aparato económico de la banda terrorista le explota –literalmente– en su vida. Ahora, cuando se sepa que fue un miembro militante de la organización terrorista tendrá que moverse entre las acusaciones de sus amigos de Madrid y los ataques de la kale borroka. Aquí tampoco nadie es inocente y la vida de este hombre se verá sacudida por su pasado que no puede ya ser salvado ni por uno ni por otros, con lo que nos volvemos a encontrar con la falsa imputación de que una violencia y otra son equiparables y simétricas.

Jokin Muñoz en *Bizia lo* [Duerme la vida] (2002) ha escrito una serie de relatos en los que no sólo la Transición, sino también la postguerra sirve de marco a la vida de unos personajes que viven una situación, son testigos, pero no se sienten responsables, viven y sufren (duermen) su vida. Asi, se cuenta la muerte de un traficante de drogas de la que son testigos unos niños, o la espera angustiosa de unos padres que sufren porque no saben si su hijo ha muerto en la explosión de una bomba que portaban unos terroristas (con posible referencia a la muerte de cuatro en Bolueta, Bilbao, el año 2001), y mientras llega o no llega la confirmación se compone la estampa de un matrimonio que ya no se comunica.

Esta nota puede darnos la clave de esta narrativa. No es ya una narrativa del espacio plural, sino del espacio privado. Ya la política ha pasado a ser un problema íntimo, lo cual es absurdo. Ya no se trata de relatar un tiempo, sino de componer unos tipos dentro de ese tiempo, es el problema personal el que prima tanto en Muñoz, como en Montoia y en Hernández Abaitua, aunque con distinta intensidad. Y es también personal el tiempo de Belmonte. Ya que en su novela el tema no es tanto cómo vivimos un tiempo, sino cómo cambiamos en un tiempo. Es decir, lo importante es lo que el tiempo ha hecho con nosotros y no lo que nosotros hayamos hecho con él. Dicho de otra manera, el tema ya no es tanto la memoria de un tiempo sino el cambio que el paso del tiempo ha producido en algunos personajes.

Pero, a pesar de esta vuelta a la privacidad habría que señalar que la idea de la equidistancia (violencia del estado es igual a violencia terrorista, ésta siempre se justifica porque se siente víctima) es mayoritaria en esta narrativa.

Una coda: Las ucronías, las antiutopías. *Kandido* de Haranburu Altuna

El año 2002, Haranburu Altuna, editor y novelista que viene trabajando desde los 70, de militancia socialista, publica una novela singular al estilo de Voltaire: *Kandido edo Euskadi indenpendientearen ukronia* [Cándido o la ucronía de una Euskadi independiente], cuyo objetivo consiste en describir la situación de una Euskadi independiente. Se trata de novelar el futuro, un futuro negro, sin duda; y a pesar de su referencia a Voltaire, no hay ingenuidad en las páginas, quizás sí exageración y algo de maniqueísmo, un humor corrosivo y un recuerdo al esperpento. Estos juegos de la imaginación caen en el ridículo con frecuencia, y después de describir una situación apocalíptica, el autor describe un futuro imperfecto, lleno de autarquía y de pobreza... a pesar de las exageraciones narrativas de las que ha echado mano (como el asalto de los ertzainas a los cuarteles del ejército francés y al de los policías españoles). Lo más divertido es la necesidad de importación de pastores kenianos que guarden los rebaños de ovejas vascos y de paso cuiden de las tradiciones más ancestrales vascas, mientras crece su fama de amantes excelentes.

Todo esto sería divertido si estuviera bien contado. La clave antiutópica de la novela puede, sin embargo, ser valiente y desde luego, es un avance de lo que se ha publicado en castellano más tarde.

Bibliografía

Atxaga, Bernardo (1988): *Obabakoak*. Donostia: Erein [trad. cast. *Obabakoak*. Barcelona: Ediciones B 1989].

Atxaga, Bernardo (1985): *Bi anai*. Donostia: Erein [trad. cast. *Dos hermanos*. Madrid: Ollero y Ramos 1995].

Atxaga, Bernardo (1995): *Zeru horiek*. Donostia: Erein [trad. cast. *Esos cielos*. Barcelona: Ediciones B 1997].

Atxaga, Bernardo (1991): *Behi euskaldun baten memoriak*. Iruñea: Pamiela [trad. cast. *Memorias de una vaca*. Barcelona: Ediciones SM 1992].

Atxaga, Bernardo (1993): *Gizona bere bakardadean*. Iruñea: Pamiela [trad. cast. *El hombre solo*. Barcelona: Ediciones B 1994].

Belmonte, Joxe (2003): *Hamar urte barru*. Donostia: Erein.

Haranburu Altuna, Luis (2002): *Kandido edo Euskadi indenpendientearen ukronia*. Alegia (Gipuzkoa): Hiria.

Hernandez Abaitua, Mikel (2002): *Ohe bat ozeanoaren erdian*. Donostia: Erein.

Irigoien, Joan Mari (1991): *Poliedroaren hostoak*. Donostia: Erein. [trad. cast. *La tierra y el viento*, Hiru, Hondarribia (Gipuzkoa) 1997].

Irigoien, Joan Mari (1987): *Udazkenaren balkoitik*. Donostia: Erein.

Iturralde, Joxemari (1997): *Kilkirra eta roulottea*. Donostia: Erein.

Izagirre, Koldo (1987): *Mendekuak.* Iruñea: Susa.
Lertxundi, Anjel (1980): *Aise eman zenidan eskua.* Donostia: Erein.
Montoia, Xabier (2003): *Denboraren izerdia.* Donostia: Elkar.
Muñoz, Jokin (2003): *Bizia lo.* Irun (Gipuzkoa): Alberdania.
Onaindia, Mario (1983): *Grand Placen aurkituko gara.* Donostia: Haranburu editor [trad. cast. *Grand Place.* Madrid: Akal 1985].
Saizarbitoria, Ramon (1997): *Hamaika pauso.* Donostia: Erein [trad. cast. *Los pasos incontables.* Madrid: Espasa-Calpe 1998].

Dolores Vilavedra

De, en, sobre…
La literatura gallega y la Transición

1. Algunas cuestiones terminológicas y conceptuales

En algún momento habrá que distinguir entre la **literatura de la Transición**, esto es, aquélla elaborada en los primeros años de la Transición democrática, y la **literatura sobre la Transición**, concebida ésta como una recración memorística de un tiempo que, cada vez más, es ya histórico. Una distinción a la que le habría que añadir la de Ferreras (1995), quien propone la etiqueta "novela en la transición" para subrayar la dificultad de fijar las fronteras cronológicas de un fenómeno intrínsecamente lábil y difuso, cuyos orígenes algunos estudiosos se empeñan en remontar hasta 1962 (cuando el gobierno de Franco solicita el inicio de negociaciones con la CEE para una posible integración en el Mercado Común Europeo) o hasta 1968, por las consecuencias que en España tendría el Mayo francés,[1] mientras que otros lo hacen comenzar en 1973 con la muerte en atentado del general Carrero Blanco, sucesor *in pectore* del dictador; por lo que se refiere a su clausura, las opiniones van desde el fracaso de la intentona golpista en 1981 hasta la victoria socialista en 1982. Si a esto le añadimos opiniones como la de Tusell, quien hasta hace poco afirmaba que la Transición todavía no había acabado y que "somos hijos de la sangre derramada en el conflicto de 1936–39" (1987: 277), convendrán conmigo en que cualquier empeño rigorista en esta cuestión es vano y que sólo las posturas flexibles y matizadas nos

---

1 Buckley afirma que en ese año, en España se produce "un desliz del tiempo" (1996: XII), "un choque generacional" en el que contienden "los jóvenes nietzscheanos que surgen del Mayo francés" […] con "las propuestas del marxismo ortodoxo, tan en boga entre los grupos intelectuales españoles de aquellos años" (1996: XIII). Y cita a Raúl Morodo (*La transición política*, Madrid, Tecnos, 1984) para avalar su propuesta periodizadora: "El año 1969 es un año políticamente clave por los acontecimientos que se produjeron […] El escándalo Matesa, el estado de excepción, el cambio de gobierno y, sobre todo, la designación de don Juan Carlos como príncipe heredero, marcan el comienzo de lo que podríamos llamar la *pretransición*".

ayudarán a entender la dinámica centrífuga y expansiva a la que la sociedad española –no sólo la literaria– se ve arrastrada en estos años. Por lo demás, la etiqueta de Ferreras tiene, en mi opinión, dos ventajas añadidas: la primera, que condiciona el enfoque metodológico, obligando al investigador a adoptar una posición necesariamente panorámica, desde la que analizar el desarrollo global del género narrativo en esos años, al margen de los vínculos semióticos o sistémicos que cada obra mantenga o no con el fenómeno transicional en sí; la segunda, que alude también al proceso de cambio –y diversificación– que el género emprenderá, a su propia transición interna.

2. La literatura gallega y la Transición

En esta ocasión me interesaré por la transición como tema en tanto apropiación memorialística por parte de la comunidad gallega de su propia historia, y por lo que en esa apropiación hay –en tanto memorialística– de deformante. Volveremos más adelante sobre esta cuestión. Me centraré en un texto fundamental y pionero: *As horas de cartón*[2] del por aquel entonces jovencísimo Lois Xosé Pereira, quien ganaría en 1985 la segunda edición del Premio Xerais de Novela (hoy, uno de los premios indiscutiblemente canónicos del sistema literario gallego). Que la sociedad literaria se apresurase a consagrar a un autor novel y su *opera prima* indica, en este caso, la clamorosa necesidad de empezar a verbalizar los sentimientos, sin duda contradictorios, las vivencias, esperanzas y temores, de aquellos momentos transicionales en los que había tanto que hacer, tanto que estrenar, tanto que vivir, en definitiva, que apenas dejaban tiempo para reflexionar sobre lo que estaba aconteciendo. Igualmente significativo me parece que fuese un muchacho (nacido en 1965) que apenas había conocido el franquismo y que se había formado como ciudadano al tiempo que la sociedad se sometía a la catarsis transicional, quien diese el paso al frente, quien se atreviese a ponerle el cascabel al gato y rompiese, de una vez por todas, el tabú y que lo hiciese además de una forma absolutamente radical, o si se quiere, empezando por el principio: por los días que siguieron a la muerte de Franco. Pues eso es lo que cuenta *As horas de cartón*: cómo vive aquellos días grises de noviembre de 1975, en los que España enterraba a Franco, una mujer de 45 años, Clara, recientemente separada y con un hijo minusválido.

---

2   A partir de ahora lo citaré siempre como HC para referirme a la primera edición: Vigo, Xerais, 1986. Mantengo las citas en el idioma gallego original.

La fractura histórica es el contexto propiciatorio para la definitiva escisión identitaria que Clara experimentará –tras el fallido reencuentro con su todavía marido y padre de su hijo– en esos días. Nada volverá a ser como antes, ni para Clara, ni para España.

En mi opinión, la Transición empieza en Galicia, como en el resto del Estado español, tras la muerte de Franco, en 1975. Sin embargo, la periodización que yo propongo (Vilavedra 1999 y 2002) para las últimas décadas de historia literaria gallega establece un corte en 1980 y esto por diversas razones. En primer lugar, querría esgrimir a favor de esta propuesta un argumento que considero aplicable a todo el Estado español (pero que ciertamente mi desconocimiento de otras realidades puede invalidar) y es que, en términos de dinámicas culturales las relaciones causa-efecto nunca son inmediatas, es preciso un período de asimilación profunda de las transformaciones acaecidas. Buena prueba son las novelas que irán apareciendo en Galicia entre 1975 y 1980: algunas de ellas (*Antón e os inocentes* de Xosé Luís Méndez Ferrín, publicada en 1976), escritas durante el franquismo, esperaban la abolición de la censura para ver la luz; otras (*Dos anxos e dos mortos* de Anxo R. Ballesteros, publicada en 1977) son hijas tardías de las preocupaciones y de la visión del mundo tardofranquista. Por otra parte, en esta etapa asistiremos a la "crecente institucionalización das axencias sociais" (González-Millán 1996: 21) que configuran el sistema literario gallego, abordando con urgencia una tarea –la de su institucionalización– imprescindible para poder desempeñar algún papel en el nuevo escenario que se dibujaba: no es casualidad que una de las dos editoriales más importantes de Galicia (la más, por lo que se refiere a número de trabajadores, títulos publicados anualmente y facturación) se fundase en 1979.

El Estatuto se refrenda en diciembre de 1980 y entra en vigor en abril de 1981. Ese mismo año se celebran elecciones autonómicas: Galicia estrena, con escaso entusiasmo (la abstención en el referéndum fue de un 70%), una etapa histórica. Y este dato avalaría una de las hipótesis que me gustaría dejar sobre la mesa para intentar explicar la escasa presencia del tema de la Transición en la narrativa gallega de las década de los 70 y 80.

Porque, ¿cuál es el papel que jugará la narrativa gallega en el proceso de identificación colectiva con la nueva realidad socio-política? Pequeño, muy pequeño, sorprendentemente pequeño si tenemos en cuenta con qué aplicación se dedica en esos años el género a paliar –por ejemplo– los déficits de una historia –la nuestra– secularmente silenciada, cuando no alienada o falsificada, es decir, que el género sí asume la función de codificar valencias identitarias para suministrárselas a una sociedad a la que le habían sido sistemáticamente hurtadas durante cuatro décadas pero que ahora se encontraba, sorpresivamente, con que aquéllas que había ido salvando de la debacle naufragaban en el torbellino de propuestas simbólicas, en el mosaico de las nuevas identidades que surgían en el caleidoscopio democrático.

Pues bien, en mi opinión –y ésta es la hipótesis a la que me refería antes –, el discurso narrativo gallego presenciará el fenómeno de la Transición desde un cierto distanciamiento, como si fuese un episodio de una historia ajena. No olvidemos que España estaba, por aquel entonces, inmersa en la tarea de "inventar" (Fusi 2000) una nueva identidad nacional que presentase, como alternativa al desacreditado españolismo, la legitimación de lo autóctono (equiparado a lo *enxebre*, lo étnico), ante la estupefacción de aquellos que veían una vez más enajenadas por el poder sus señas de identidad. Cuaja, sin duda alguna, entre la comunidad gallega la asunción de una cierta condición periférica (no sólo geográfica, obviamente, sino sobre todo por lo que se refiere a su ubicación en la esfera pública del nuevo Estado español) o, si se prefiere, invirtiendo los términos, de la trascendencia histórica de unos hechos que esa sociedad vive, en cierta forma, como foráneos: a ello no es sin duda ajena la pervivencia hasta nuestros días de las estructuras de poder caciquiles (hay algún municipio en Galicia donde el alcalde lo es desde hace ¡30 años!) y, por supuesto, la ocupación de las altas jerarquías del Estado autonómico por supervivientes del aparato franquista,[3] de forma especialmente destacada Manuel Fraga –presidente desde 1989 hasta el 2005–, ministro en su día de varios gobiernos del dictador Franco. De ahí la inviabilidad de hablar de una inexistente literatura de la Transición, pues no es éste un concepto que el discurso literario llegase a generar en su metadiscurso, de ahí también la escasa relevancia –cuantitativa y cualitativamente hablando– de eso que hemos llamado literatura sobre la Transición, y por lo tanto lo pertinente que en nuestro caso puede resultar el enfoque globalizador que inspira la propuesta de Ferreras. En Galicia es más cierta que en ningún otro lugar de España la idea de Tusell de que la Transición todavía no ha terminado.

Por lo tanto, empieza a tener sentido una etiqueta tan aparentemente endogámica como la de "narrativa postautonómica" que yo propongo, y que viene a contestar *de facto* análisis tan escépticos ante el carácter específico del desarrollo literario de culturas como la gallega como el que propone Ramón Acín (1995). Esta etiqueta atiende a la aplicación con que la narrativa

---

[3] Algunos ejemplos: Xerardo Fernández Albor como primer presidente de la Xunta de Galicia; Eulogio Gómez Franqueira liderando UCD o el primero presidente de Parlamento gallego, Antonio Rosón.

gallega se dedicará, sobre todo en la primera mitad de los 80, a –como ya dije– proponer modelos de identificación colectiva que sirviesen de puntos de referencia a una galleguidad cada vez más amenazada por el peligro de diluirse en la imparable "regionalización" (de nuevo, en palabras de Fusi) que se derivó de los pactos y renuncias sobre los que se estaba construyendo la nueva España.

Surge así una nueva hipótesis que vincula el tratamiento literario de este tema con el de la Guerra Civil, ausente de nuestra narrativa hasta bien entrada la década de los 80, cuando se haría presente bajo dos modalidades: en forma de memorias ficcionalizadas cuyos autores habían padecido en carne propia persecución y exilio, en muchos casos escritas con bastante anterioridad y que sólo tras una década de normalidad democrática osarían demandar un espacio en el discurso de la colectividad; la otra modalidad será el abordaje totalmente ficcional del tema por parte de jóvenes escritores que habían nacido bien entrada la posguerra y que se erigen ahora en portavoces de una generación empeñada en recuperar la contienda para su memoria, consciente de que en ella se encuentran muchas claves de su filiación. Pues bien, me atrevo a vaticinar que algo semejante va a ocurrir –está ocurriendo ya– con el tema de la Transición. Un desarrollo tardío y bidireccional: esperemos que la dialéctica que se genere entre los que fueron sus protagonistas y los que ven en ella el referente próximo de su condición de ciudadanos sea tan fructífera como lo ha sido en el caso de la novela sobre la guerra. La reciente publicación de *Teoría do caos* (2001) de Marilar Aleixandre apunta en esa dirección. Mas en ambos casos concluimos el retraso con que la sociedad gallega incorpora a su discurso literario los acontecimientos decisivos de su historia reciente: ¿inhibición ante lo cívico y lo comunitario por parte de una sociedad escasamente vertebrada?, ¿vivencia distanciada, percepción alienada? ¿o una consecuencia más de ese pacto de silencio que parece ser hizo posible nuestra modélica transición? No me atrevo a inclinarme por una u otra explicación, y seguramente todas ellas son compatibles.

3. *As horas de cartón* en su contexto

Al apostar por una fórmula narrativa de tipo memorialístico, el autor de *As horas de cartón* está defendiendo de forma implícita una concepción no unitaria, no uniforme, ni siquiera necesariamente coherente, de lo histórico y abriendo un espacio para la disensión interpretativa de los hechos empíricos. La novela se va constituyendo así como una reivindicación del ámbito de lo privado[4], reforzada por la vivencia distanciada de lo histórico (metaforizada como veremos en esa Clara que asiste a los trascendentes acontecimientos históricos por la televisión), y esto tiene mucho que ver con el hecho de que "el discurso social de la Transición se desarrolla en una doble isotopía: conflicto/consenso, privado/público. Mientras el consenso tiende a imponerse públicamente, al menos hasta las elecciones de octubre del 82, el conflicto queda relegado a la práctica privada y casi siempre se negocia en secreto" (Imbert 1990: 30). Sólo instalándose en el ámbito de la intimidad de Clara el narrador será capaz de disentir del relato idealizado que de la Transición está siendo elaborado por el discurso oficial, de mostrar todo lo que en ella hubo de conflictivo. Así, la historia de Clara es, en cierta forma, una formulación ficticia de otra de las dimensiones que cobra la isotopía que planteaba Imbert: la de la dialéctica continuidad/ruptura, concretada en la novela en lo que se refiere a su relación con Gonzalo. El conflicto privado que viven ambos, que metaforiza el conflicto social, exige para su solución el consenso público, pero la ruptura, en tanto consumación del conflicto, se presenta también para Clara como una imprescindible 'muerte del padre', de aquel padre fascinantemente totalitario que seguía empeñada en buscar en Gonzalo. Que la separación de la pareja se haga definitiva el día de la muerte de Franco –el otro 'padre'– no es más que una manera de subrayar metafóricamente algo que ella asumirá de manera explícita ya casi al final: "<u>Era un pouco coma se Gonzalo morrera</u>. [...] aquí fixemos fotos Gonzalo e eu, dixo sen decatarse e mordeu os beizos; e as súas palabras soaban a antigo. <u>Eran palabras de viúva</u>." (HC: 139, los subrayados son míos)

Este protagonismo de lo privado explica el predominio de fórmulas modalizadoras de la subjetividad. No hay en *As horas de cartón* ni el más mínimo intento de objetivar el relato y, por lo mismo, la anónima voz narrativa recurrirá constantemente al monólogo interior y al estilo indirecto libre para personalizar el discurso, para ubicarlo bajo una perspectiva femenina. No me resisto a dejar constancia de la coincidencia que aprecio entre esta voluntad 'feminizadora' de la novela (por medio de la adopción de una solución modalizadora que sin duda resultó eficaz para un escritor joven que posiblemente no se atrevía a asumir en exclusiva un punto de

---

4   Esta reivindicación de la privacidad por parte de una sociedad harta del intrusista monopolio que sobre ella habían ejercido durante décadas Estado e Iglesia explica, en mi opinión, la construcción binaria de otras novelas de esta etapa, como *Tertulia* (1985) o *Beiramar* (1983), en las que se pone de manifiesto la existencia de una esfera de lo público y otra de lo privado que se presentan como claramente diferenciadas.

vista femenino), y lo que sostiene Buckley, quien, tras identificar la marginalidad de la mujer en el marco político de la Transición, reconoce en ella –por esa misma ubicación marginal– un potencial árbitro del proceso y situa ahí el nacimiento de "una escritura –femenina y feminista– que cuestiona los mitos de la Transición, incluso la ideología misma en que esta transición se sustenta" (Buckley 1996: XIV).

Pues bien, Clara es un ejemplo perfecto de esa marginalidad, tanto ideológica, pues no se cansará de repetir que es apolítica ("sempre pasei amplamente de política. Mira que me ofreceran a min meterme en Comisións, que daquela era un sindicato ilegal, e eu nada, que non, e non por cousa de ideoloxías e tal, que va, que eu de política, xa digo, nada" HC: 29), como social (ni casada ni separada) e incluso afectiva (con un hijo muerto y otro deficiente vive la maternidad como algo frustrado), de ahí su manifiesta voluntad de ser otra, de empezar de nuevo:

> Era unha vida nova, dicíase, nova completamente, e atopábase descoñecida a ela mesma, gustáballe facer como que falaba con alguén ata ese momento descoñecido, e aparentábase distinta nos longos soliloquios tapada ata as orellas, coma sendo nena, era diferente como nunca a si propia (HC: 143).

Que el autor la erija en protagonista es un desafío, sin duda, al discurso de la doxa: la experiencia de Clara, en lo que tiene de subversivo, fundamentalmente a través de la reivindicación de lo privado frente a lo público, de lo individual frente a lo colectivo, de lo íntimo frente a lo histórico, convierte *As horas de cartón* en "un espacio de resistencia a través de la imaginación" (Neuschäfer 1994: 23) frente a la ideología dominante.

Sin duda, la conciencia de atravesar una frontera incierta era muy aguda entre una ciudadanía con escasa cultura cívica y política, y que por lo tanto no sabía muy bien qué le esperaba ni cuáles eran los pasos que debía dar, pero que además había pasado 40 años sometida a los excesos paternalistas de un dictador cuya muerte los dejaba a la intemperie, privados de una protección que ahora se traducía en desamparo, un desamparo semejante al que experimenta esa Clara privada definitivamente de sus sucesivos padres: biológico, político y sentimental. Pero ese desamparo se verá también compensado por la esperanza de un cambio y así, cuando Clara se ilusiona con la posibilidad de que el regreso de Gonzalo signifique una nueva oportunidad para ambos, su ilusión es la ilusión tímida, inexplicable, infantilmente tenaz, de esa inmadura ciudadanía española: "todo parecía tan diferente sabendo que Franco morrera" (HC: 29), "Notábase frescura como dalgo novo do trinque, non se sabía ben qué, pero é igual" (HC: 50).

La misma función fronteriza desempeña en el relato la noche que Clara pasa con Gonzalo: después de cuatro años de separación, "a xanela inmensa da incomprensión, da abulia, ábrese e límpase de todo o po aquel non só dos últimos catro anos, de toda a vida sempre igual, sempre monótona, pútrida de inmobilidade" (HC: 114). La voluntad de la protagonista de *As horas de cartón* de sacudirse inhibiciones y traumas es manifiesta; sin embargo, es una voluntad individual, ajena a cualquier posible materialización en términos de catarsis colectiva. Para Clara, la vivencia de lo histórico va a ser una vivencia teatral, espectacular, distanciada, no sólo por su propia situación anímica sino porque va a asistir a los hechos escenificados en la televisión, en cierta forma ficcionalizados por medio de un desdoblamiento enunciativo que establece una distancia, la distancia con la que la sociedad gallega percibía aquellos acontecimientos: "Clara notaba o agradable saibo do café e do cruasán naquelas horas amargas que vivía o país, que dixera Arias Navarro por televisión" (HC: 33, el subrayado es mío).

Si concordamos con Imbert en que "planteado en términos de identidad, el debate ideológico de la Transición –es decir, la redefinición de la identidad colectiva en terminos democráticos– responde a la dicotomía centro/periferia que estructura el ser del sujeto en términos de identidad/anomía y refleja lo doxolóxico/marxinal" (Imbert 1990: 39–40), entonces podemos afirmar que Galicia carece de una literatura sobre la Transición porque el discurso literario gallego se manifiesta incapaz de proponer una alternativa identitaria compatible con el nuevo modelo doxológico que se configura como canónico: el de una democracia híbrida, cosmopolita y escasamente ideológica.

Así, los modelos identitarios que proponen las pocas novelas que podemos registrar sobre el tema son –por seguir fieles a la terminología de Imbert– claramente marginales, periféricos, es decir, conflictivos, escasamente válidos por lo tanto como paradigmas alternativos para una comunidad que lo único que puede encontrar en ellos es el reflejo de su propia desorientación. De ahí la problemática conceptualización –en lo literario, pero no sólo– de la Transición en Galicia, que nace de las dificultades que en ese momento experimenta nuestra sociedad para asentar un nuevo sistema de representación capaz de presentarse como hegemónico o, por lo menos, alternativo para buena parte de la sociedad y que se ve obstaculizado por la lucha entre lo antiguo y lo nuevo que, en lo político, cobraría en nuestro país singular importancia, simbolizada en el apego al poder de quien fue su presidente durante una década y media, Manuel Fraga. La respuesta de las corrientes etnicistas, amenazadas con la fagocitación de sus más evidentes signos identitarios por parte de la voraz maquinaria simbólica de una democracia incipiente que supo jugar al vampirismo para consolidarse, absorbiendo desde el centro buena parte de los signos periféricos, fue la de refugiarse en la hipertrofia de los significantes, exacerbando un limitado universo simbólico dentro del que se atrincherarían los modelos literarios autorreferenciales que, como ya señalé, se desarrollarían extraordinariamente a lo largo de la década de los 80, en un interesante proceso de confrontación dentro del sistema de fuerzas centrífugas y centrípetas en el que la esfera de la 'otredad' se asumía, cada vez con más insistencia, como un obstáculo para el desarrrollo de lo autóctono.

En este sentido, y ya para acabar, resulta muy interesante analizar brevemente la función que desempeña el personaje de Molly en *As horas de cartón*. Molly es la nueva mujer, inglesa, de Gonzalo, con la que éste tiene ya –en cuatro años– dos hijas. Se configura así como la contraimagen de Clara, como una especie de antisujeto que se erige, con su sola existencia, como una amenaza para el sujeto Clara, que ve en ella reflejadas sus propias carencias, sobre todo en lo que se refiere al campo de la maternidad: recordemos que Clara sólo ha tenido un hijo varón, deficiente, y un aborto,

> Mario, vinte anos, zas, xogando co seu trenciño a pilas ou non sei con que andaba; Mario, un subnormal, e Gonzalo con dúas fillas con Molly, dúas fillas totalmente normais doutra muller, dúas fillas que podían ser miñas pero que non o eran, e eu mirando a Mario non podía menos que maldicir de Gonzalo, que lle botaba a culpa toda do que tiña Mario e do noso fracaso como matrimonio (HC: 69).

mientras que Molly es la madre feliz de dos sanas y guapas niñas, "dúas cativas loiras a carón dun castelo de area, Molly, tamén loira, estaba detrás sostendo un enorme balón de praia que dicía nivea; as tres en bañador" (HC: 72).

En tanto que extranjera,[5] Molly resulta una amenaza no sólo para Clara, sino para todo el sistema de valores en el que ésta se integra, sobre el que la inglesa proyecta su alteridad totalizadora, de ahí las infinitas variaciones que de su imagen construye Clara:

> Pero tamén estaba ela, si, Molly, a muller coa que vivía Gonzalo, tamén soñaba con ela, imaxinábaa nos meus soños loira ou de pelo negro, longo ou curto, de ollos azuis, verdes, negros, cos beizos finos que se estiraban nun sorriso

---

5   Para esta cuestión, *vid*. Imbert, pp. 54.

cínico, concebía a Molly de moitas maneiras, sempre distinta, permutada sempre, pero sempre ela (HC: 49).

Una alteridad que cuestiona la coherencia del cuerpo social al que pertenece Clara. Situándose como excéntrica respecto a lo que en la novela se presenta como la doxa referencial, ubicada en la periferia axiológica (aunque también geográfica), Molly genera una fuerza centrífuga, potencialmente disidente, que arrastra a Gonzalo y que desnorta a Clara, de ahí el empeño de ésta en connotar la marginalidad de aquella con valencias negativas:

> non foi ata o instante en que a Clara lle deron os ollos no prato que representaba O Columpio, de Fragonard, que ela se lembrou de Molly. A figura frívola da cortesana, sentada no seu bambán afogada nun mar de volantes, enaguas e saias dun rosa ousado que contrastaba co verde da decoración vexetal do entorno, esa figura fráxil tiña que ser Molly (HC: 62).

Esa misma alteridad que un sector del sistema literario se empeñaría en considerar la gran *bête noir* que amenazaba el futuro de nuestra literatura y frente a la que se posicionaría fomentando el desarrollo de modelos autóctonos o etnicistas en una tensión que ha llegado hasta nuestros días con el triunfo –sospecho– del discurso defensivo frente a las propuestas más arriesgadas. Pero ésta es ya otra historia.

Bibliografía

Acín, Ramón (1995): *Narrativa o consumo literario (1975–1987)*. Zaragoza: Prensas Universitarias.

Buckley, Ramón (1996): *La doble transición. Política y literatura en la España de los años setenta*. Madrid: Siglo XXI.

Ferreras, Juan Ignacio (1995): "Tendencias de la novela en la transición española". En: VV. AA.: *Del franquismo a la posmodernidad. Cultura española 1975–1990*. Madrid: Akal.

Fusi, Juan Pablo (2000): *La evolución de la identidad nacional*. Madrid: Temas de Hoy.

Imbert, Gérard (1990): *Los discursos del cambio. Imágenes e imaginarios sociales en la España de la Transición (1976–1982)*. Madrid: Akal.

Mainer, José-Carlos y Juliá, Santos (2000): *El aprendizaje de la libertad (1973–1986)*. Madrid: Alianza.

Neuschäfer, Hans-Jörg (1994): "Introducción". En: Ingenschay, Dieter y Neuschäfer, Hans-Jörg (eds.): *Abriendo caminos. La literatura española desde 1975*. Barcelona: Lumen.

Tusell, Javier (1987): *Los hijos de la sangre. La España de 1936 desde 1986*. Madrid: Espasa Calpe.

Vilavedra, Dolores (1999): *Historia da literatura galega*. Vigo: Galaxia.

Vilavedra, Dolores (2002): *La narrativa gallega en el fin del milenio*. Cuenca: Centro de profesores y recursos, colección "Cuadernos de Mangana" nº 14.

Henrique Monteagudo

Lenguas en Transición: de la represión a la convivencia

Antes de comenzar, debo resaltar una dificultad intrínseca al tema que pretendo abordar, y que deriva no tanto del asunto en sí mismo, que a primera vista apunta a ofrecer un bosquejo histórico de la evolución de la situación de las lenguas de España (permítanme suspender por un momento prejuicios ideológicos o de etiqueta para utilizar ahora esta cómoda denomimación, y no la farragosa de 'Estado Español'), sino que es debida al marco en que está tratado, es decir en un simposio sobre 'La memoria literaria de la Transición española' realizado en Berlín. Junto a este dato téngase también en cuenta la referencia al hispanismo alemán en el horizonte de mis reflexiones. De ahí que, de acuerdo con el planteamiento general del libro, las páginas siguientes se refieran al conjunto de las lenguas del Estado y procuren ofrecer una panorámica global de estas.
A continuación poco más podrá pergeñarse que el bosquejo apresurado de una historia, que aún está por escribir con la debida profundidad y detalle, pero que en todo caso se adivina bastante compleja. Considerando un poco más en particular el momento central, esto es, el debate de la Constitución de 1978, se intentará aportar una información básica, adobada de alguna que otra reflexión personal, para comprender las dimensiones y la significación específica de eso que se ha denominado 'plurilingüismo español', con particular referencia a los cambios que la Transición democrática implicó en la configuración de éste, y con él, de la cultura lingüística española. Estoy seguro de que algunos lectores encontrarán redundantes parte de las informaciones que ofreceré, a otros les parecerán incompletas, y quizás otros más las encontrarán sesgadas. Soy consciente de que he tenido que dejar fuera muchos datos importantes y me he visto obligado a abocetar muy sumariamente cuestiones en las que los matices son cruciales, pero, aunque escribo desde una periferia que no se deja oír con frecuencia (la gallega), y desde el compromiso con la defensa y promoción de mi lengua, he procu-rado en todo momento guardar un punto de vista lo más objetivo y comprensivo posible.

Me referiré en primer lugar a la situación de partida, o mejor a los precedentes de la Transición, en los años anteriores al cambio de régimen; seguiré por un esquema de las posiciones glotopolíticas que surgieron con motivo de la discusión del texto constitucional, que representan las de amplios sectores de la sociedad y prefiguran debates de los años siguientes; posteriormente, bosquejaré los problemas de habilitación de las lenguas que fueron abordados en los años que nos interesan, y acabaré apuntando rápidamente a los procesos de normalización emprendidos desde cada comunidad autónoma, que, a partir de sus primeros pasos, se salen ya de los límites del tema propuesto.

1. Precedentes

Los precedentes de la Transición, también en el aspecto lingüístico, pueden retrotraerse a la década de los sesenta y los primeros setenta, coincidiendo con un lento aflojamiento de la política represiva del régimen franquista (véase Ninyoles 1977; Siguán 1992: 67–73).

1. *Precedentes culturales*. En los primeros años setenta, de cara al gran público, la problemática lingüística se manifestaba como un asunto básicamente cultural. En un primer momento, la difusión de las lenguas periféricas, incluso la noticia de su existencia para el público castellano-parlante, se producía en el terreno literario gracias sobre todo a ediciones bilingües (como el poemario *Longa noite de pedra / Larga noche de piedra*, del poeta gallego Celso Emilio Ferreiro, 1962). Hacia finales de la década de los sesenta, surgió el fenómeno de la *Nova Cançó*, que permitió que las voces de cantautores de ámbito lingüístico catalán como el valenciano Raimon, el catalán Joan Manuel Serrat o la balear Maria del Mar Bonet se unieran al coro de la canción protesta con audiencia en el conjunto de España, al lado de cantautores en castellano como Paco Ibáñez o Luis Eduardo Aute. Alrededor de mayo del 68, también surge en Galicia el movimiento 'Voces ceibes', que tuvo una gran repercusión en la concienciación lingüística de las élites universitarias, y en cuya estela se forjaron canciones de éxito popular en toda España. Otra vía de divulgación de las lenguas periféricas, en particular del catalán, en esos tiempos fue el teatro.

Al comienzo de la Transición, cantantes como el catalán Lluís Llach llenaban aforos en Madrid y otras ciudades no-catalanoparlantes y vendían miles de discos en toda España. El público español también acogía con los brazos abiertos representaciones de compañías teatrales catalanas, como

'El Joglars', aunque en este caso las representaciones se realizaban normalmente en castellano. Estas iniciativas constituyeron un paso adelante en un terreno hasta entonces vedado para las lenguas minoritarias: el ámbito de la cultura de masas. Tuvieron, además, la virtualidad de acercarlas al público castellano-hablante, que generalmente asociaba el repudio del régimen dictarorial con una cierta simpatía hacia las manifestaciones de las culturas minoritarias reprimidas.

2. *Precedentes del uso escolar de las lenguas.* Aunque el régimen había decretado la total exclusión de las lenguas periféricas del sistema educativo, ya en la década de los sesenta (1964), aparecían en el País Vasco las primeras *ikastolas*, escuelas cooperativas en que el eusquera era utilizado como lengua vehicular, sostenidas mediante aportaciones individuales y, en algún caso, con apoyo municipal. Las ikastolas se movían en una situación parao a-legal, pero el amplio apoyo popular que suscitaron, y en particular el respaldo eclesiástico a la cultura euskaldún, aconsejaba al régimen tolerarlas, lo que permitió que la fórmula experimentase una expasión notablemente rápida. De esta manera, en 1978, año de aprobación de la Constitución española, existían ya 150 ikastolas en el País Vasco, y en 1980, cuando entra en vigor el Estatuto de Autonomía de Euskadi, alcanzaban el número de 300, con unos 70.000 alumnos, de las cuales sesenta se ubicaban en Navarra y el País Vasco francés.

Por lo que respecta a Cataluña, la primera iniciativa importante en el terreno educativo fue la creación de la asociación pedagógica 'Rosa Sensat', que en los años siguientes jugaría un papel protagonista en la promoción de la enseñanza del catalán y en catalán. En 1966 se inauguraban las Escolas d'Estiu (Escuelas de Verano), una iniciativa crucial para la formación del profesorado y la promoción de experiencias de catalanización de la enseñanza. En 1969 la Escola d'Estiu tenía matriculados más de 1.600 alumnos. En el curso 1967–68 comienza a autorizarse tímidamente la enseñanza optativa del catalán en centros privados, pero entonces aún eran pocos los centros que se acogían a esta posibilidad.

En Galicia, aunque en las décadas anteriores no faltan iniciativas modestas de particulares y de maestros individuales, sólo se produjeron avances perceptibles en la galleguización de la enseñanza a partir de la Ley General de Educación de 1970, con la que comienza la etapa 'aperturista' del régimen. Esta ley, en efecto, abre una estrecha puerta a la introducción de las lenguas periféricas en el sistema educativo, al prever la posibilidad de enseñanza optativa de las mismas en los centros de enseñanza, aunque fuera de los horarios oficiales. Sin embargo, el desarrollo de esta previsión legal se demoró hasta 1975, ya en los estertores del franquismo, cuando se publica un decreto (núm. 1422/75, de 30 de mayo) dirigido a "favorecer la integración escolar del alumno que ha recibido como materna una lengua distinta a la nacional", para lo que se autoriza a los centros de educación preescolar y educación general básica a incluir, con carácter experimental y voluntario "la enseñanza de las lenguas nativas españolas". Con todo, el decreto especifica que tal enseñanza "tenderá a asegurar el fácil acceso al castellano, lengua nacional y oficial" de los alumnos (García Negro 1991: 368–69).

3. *Aperturismo político del régimen moribundo.* El decreto que acabamos de citar constituye uno de los síntomas del 'aperturismo' del régimen, una estrategia de contención ante el incremento de las demandas democráticas, por medio del cual el franquismo pretendía perpetuarse a costa de minúsculas concesiones liberalizadoras. El mismo año de 1975 se publica otro decreto (número 2929/75, de 31 de octubre), por el que "se regula el uso de las lenguas regionales españolas" por parte de la Administración del Estado, de los Organismos, Entidades y particulares. Su criterio inspirador, en sus propias palabras, era "respetar y amparar el cultivo" de aquellas lenguas. Esta disposición ministerial establece que "el conocimiento y uso de estas lenguas será amparado y protegido por la acción del Estado" y autoriza su utilización "por todos los medios de difusión de la palabra oral y escrita", pero reserva taxativamente para el castellano "como idioma oficial de la Nación, y vehículo de comunicación de todos los españoles" el uso "en todas las actuaciones de los Altos Órganos del Estado, Administración Pública, Administración de Justicia, Entidades Locales y demás Corporaciones de Derecho Público". Igualmente, se dispone que el castellano "será el idioma utilizado en cualesquiera escritos o peticiones que a los mismos [los organismos públicos] se dirijan o que de ellos emanen". Como se ve, el cambio con respecto a la política vigente en los casi cuarenta años de dictadura consistía en que se levantaban oficial y formalmente las restricciones al uso público de las lenguas periféricas, pero el castellano se reafirmaba como único idioma oficial en cualquier nivel o manifestación de la administración pública (García Negro 1991: 369–71). En definitiva, el decreto de 1975 representaba la culminación de una evolución del régimen, iniciada en la década de los setenta, que suponía el paso de una política lingüística represiva a otra de mínima tolerancia. Por lo tanto, asistimos al paso de una política represiva a otra de transigencia más o menos forzada.

2. El momento de inflexión: la Constitución de 1978

Al amparo de la tímida liberalización impulsada por el 'aperturismo', el mismo año de 1975 comienza a publicarse el primer diario en lengua catalana, *Avui*, y al año siguiente se crea 'Radio 4', la primera emisora de radio de carácter general que emite integramente en catalán desde 1939. En el mismo 1976 el número de títulos publicados en catalán (855) alcanza por primera vez en décadas la cifra de 1936, y la programación de teatro en catalán supera por primera vez la de teatro en castellano en la ciudad de Barcelona (Vallverdú 1992: 35–36). Por otra parte, la emisora pública estatal TVE con sus dos canales (que entonces era la única autorizada), comenzaba a dar cabida a las lenguas periféricas, con desconexiones a sus centros regionales bien en su primer canal (una hora diaria aproximadamente) bien en el segundo (16 horas semanales en catalán ya en 1977). En el año 1976, en Galicia aparece la revista *Teima*, el primer mensual en gallego desde 1936, y en 1977 comienza a publicarse el semanario de información política *A Nosa Terra*, el primero desde 1936 editado íntegramente en la lengua del país.

Durante los años más intensos de la transición política (1976–77), se despertó un animado activismo político-cultural que supuso una especie de explosión de la presencia pública de las lenguas hasta entonces amordazadas (correlativa a la conquista de una libertad de expresión largamente reprimida), a la que contribuyeron un amplio registro de grupos cívicos (desde partidos políticos a asociaciones de vecinos), y que se realizó a través de los medios más diversos: conferencias, mesas redondas y debates, mítines, actuaciones teatrales y musicales, producciones discográficas, publicaciones variadas (carteles y pósters, boletines de partidos políticos o asociaciones culturales, revistas juveniles, etcétera), emisiones radiofónicas, etcétera. De esta manera, la producción cultural en las lenguas periféricas se diversificó y se masificó notablemente, y lo mismo ocurrió con sus públicos y sus audiencias.

Todo lo anterior se produjo en medio de una intensa politización de la vida ciudadana, y también de las reivindicaciones lingüísticas. En las nacionalidades periféricas, a las exigencias democráticas iban inseparablemente unidas las reclamaciones de autonomía política y el reconocimiento de las respectivas lenguas y culturas, y esto no sólo para los partidos nacionalistas estrictos, sino para la generalidad de los grupos de oposición democrática. Por su parte, el conjunto de la opinión democrática española comprendía y apoyaba esas reclamaciones, y veía con simpatía los esfuerzos de dignificación y difusión de las culturas autóctonas. Los mismos reformistas que provenían del franquismo y que se encargaron de desmantelar el régimen aceptaban que esas reivindicaciones debían ser atendidas y se mostraban dispuestos a integrarlas en el nuevo orden democrático que se hallaba en proceso de gestación consensuada. Del acuerdo de unos y otros, aunque con la oposición de las extremas derecha e izquierda y con la exclusión del grueso del nacionalismo vasco y de los exiguos sectores radicales de los nacionalismos gallego y catalán, nació la Constitución de 1978.

Teniendo en mente los Decretos de 1975 a que nos referimos antes es más fácil calibrar el cambio que supuso la Constitución de 1978 en el encaje de la realidad del plurilingüismo español en el ordenamiento legal e institucional del Estado. La redacción definitiva del artículo 3º de la Constitución reza:

1. El castellano es la lengua española oficial del Estado. Todos los españoles tienen el deber de conocerla y el derecho a usarla.
2. Las demás lenguas españolas serán también oficiales en las respectivas Comunidades Autónomas de acuerdo con sus Estatutos.
3. La riqueza de las distintas modalidades lingüísticas de España es un patrimonio cultural que será objeto de especial respeto y protección.

Como se ve, este artículo, además de consagrar la preeminencia del castellano como lengua oficial del Estado, de obligado conocimiento para todos los ciudadanos, abre la puerta a la cooficialidad de las demás lenguas españolas, difiriendo el reconocimiento efectivo de ésta al momento de aprobación de los respectivos Estatutos de Autonomía de cada comunidad, y trasfiriendo a dichos Estatutos la concreción de sus términos. Con su organización en tres párrafos, el propio artículo establece una clara jerarquía en cuanto al encaje constitucional de la variedad lingüística del país: en primer lugar estará el castellano, en segundo lugar las otras lenguas españolas reconocidas como cooficiales por los respectivos Estatutos, en tercer lugar, las diversas modalidades lingüísticas no contempladas en los apartados anteriores (esto incluye el asturiano o bable, las fablas aragonesas, el aranés, e incluso los dialectos del castellano).

Cada uno de los tres apartados de este artículo fueron objeto de debate durante la elaboración del proyecto de Constitución (González Ollé 1995: 57–61 y García Negro 1991: 239–264). Una revisión rápida de estas discusiones puede ser de utilidad para hacernos una idea de cómo se veía en aquellos años desde el ámbito estrictamente político la cuestión del plurilingüismo. En sustancia, tres fueron los aspectos discutidos: primero, el estatus relativo del castellano y las demás lenguas en los territorios autónomos, con especial incidencia en la cuestión del 'deber' de conocimiento de aquel; segundo, la denominación del idioma oficial del estado, 'castellano' o 'español' (como veremos, la opción por una u otra denominación tenía unas connotaciones muy especiales); en tercer lugar, el estatuto de las variedades lingüísticas no incluidas en los apartados anteriores.

Respecto de la primera cuestión, se detectan tres posiciones diferentes: una más bien de reafirmación tajante de la primacía del español (protagonizada por Alianza Popular, o sea la derecha pos-franquista); otra consensualista, que consideraba que esta estaba garantizada por el texto articulado (el grueso de la Unión de Centro Democrático y del Partido Socialista); y otra igualitarista, que pretendía reforzar las garantías para las lenguas de las autonomías o incluso equiparar su estatus con el de la lengua del Estado (socialistas catalanes y nacionalistas vascos y catalanes). Acabamos de señalar que la posición reactiva en defensa de la preeminencia del castellano estuvo cabalmente representada por la pos-franquista Alianza Popular, pero la verdad es que en apoyo de esta concurrieron otros sectores. Por ejemplo, el senador Azcárate Flórez, que había sido diputado de la IIª República, pretendía retomar una previsión contenida en la Constitución republicana de 1931, al incluir en el apartado segundo un párrafo severamente limitativo del alcance de la cooficialidad de las otras lenguas: "Salvo lo que se disponga en leyes especiales, a nadie se le podrá exigir el conocimiento ni el uso de ninguna lengua regional."

Las objeciones más claras al texto del proyecto provinieron, sin embargo, de los representantes de la periferia, no necesariamente nacionalistas. Por ejemplo, el grupo parlamentario de socialistas de Cataluña proponía añadir al apartado segundo: "Los poderes públicos pondrán los medios para que todos los residentes en los territorios autónomos conozcan la lengua respectiva y garantizarán el derecho a usarla". Francisco Letamendia, de Euskadiko Eskerra, por su parte, pretendía que la oficialidad de las otras lenguas quedase ya definida en la propia Constitución: "Las demás lenguas del Estado serán también oficiales en su ámbito territorial respectivo". Más rotundo, el senador Audet Puncernau, de Esquerra Republicana de Cataluña, proponía redactar de esta manera el apartado primero: "Todas las lenguas nacionales serán oficiales en sus respectivos territorios. El castellano será la lengua oficial de los órganos del Estado, sin perjuicio de lo que dispongan los Estatutos de autonomía que se establezcan". Esta última propuesta, además de buscar la declaración simultánea de oficialidad de todas las lenguas de España, apuntaba claramente a un modelo de oficialidad territorial, según el cual el castellano conservaría su carácter de lengua oficial de los órganos comunes del Estado y en los territorios castellano-hablantes, mientras que cada una de las otras lenguas se constituía, en principio, en la lengua oficial del respectivo territorio.

Otra cuestión también intensamente debatida fue la de la denominación de la lengua oficial del Estado. El texto elaborado por la ponencia se refería al comienzo del apartado primero al "castellano como lengua oficial del Estado". Ya durante la discusión en el Congreso, Alianza Popular había manifestado que la constitución debía reconocer "una lengua oficial y común para todos los españoles, y esa lengua debe llamarse *español*". A esto respondió el ponente del Partido Socialista que "la denominación de *español* en la Constitución puede producir y produce de hecho una politización de la lengua, y desvirtúa la existencia de otras lenguas en España". Antes de pasar la discusión del proyecto constitucional al Senado, la Reales Academias de la Lengua y de la Historia solicitaron que en éste se recogiera la sinonimia entre las denominaciones 'castellano' y 'español'. Varios senadores muy significados recogieron esta petición, que fue conducida a la discusión en sede parlamentaria por el senador, escritor y miembro de la Academia de la Lengua, Camilo José Cela, al proponer la siguiente redacción del apartado primero: "El castellano o español es la lengua oficial del Estado y común de todos los españoles, quienes tienen el deber de conocerla y el derecho a usarla." El senador catalanista de izquierda Josep Benet explicaba su oposición a incluir la denominación 'español' asegurando que "será aplaudida por los separatistas de Cataluña, como creo que lo será por los de Euskadi y Galicia". Este debate evidencia la fuerte carga connotativa y simbólica del nombre de la lengua (González Ollé 1993). La solución al problema de la denominación del idioma oficial del Estado no deja de ser curiosa: la Constitución, como hemos visto, se refiere al "castellano" como "lengua española oficial del Estado".

Con respecto al apartado tercero, y para acabar, recogemos la posición de un diputado aragonés, que proponía añadirle una especificación que reconociese que las modalidades lingüísticas de España podrían también ser usadas con "carácter de oficialidad en los municipios, comarcas o ámbitos en que se utilicen normalmente", bastando para ello con que "lo soliciten los órganos representativos correspondientes a cada ámbito". La propuesta fue desestimada, lo cual cerró la vía para el uso no sólo de las modalidades asturianas y aragonesas en las instituciones locales de las comarcas y municipios, sino también de las variedades fronterizas del catalán y el gallego, habladas fuera de los límites administrativos de las respectivas comunidades autónomas.

En definitiva, con todas las cautelas aplicadas a consagrar la prioridad del castellano sobre las demás lenguas, al abrir paso para el reconocimiento de éstas en el nivel territorial de las comunidades autónomas, con la Constitución de 1978 se iniciaba la transición lingüística *de iure*. Al mismo tiempo, dado que esta no explicita cuáles son esas lenguas y deja (creemos que con buen criterio) la determinación concreta del alcance de la oficialidad de cada lengua al Estatuto de Autonomía de la comunidad correspondiente, sólo con la aprobación de estos Estatutos podemos considerar dicha transición encauzada. Independientemente de las observaciones que se puedan desarrollar al modelo lingüístico esbozado en sus líneas fundamentales por la Constitución de 1978, un asunto que quedó patente durante el debate constitucional fue que, a pesar de las apariencias y del esfuerzo por mantener el consenso entre las principales fuerzas políticas, las resistencias a la promoción de las 'otras' lenguas de España estaban más enraizadas y extendidas de lo que se quería creer. Y estas resistencias tuvieron, y tendrán en los años por venir, como protagonistas a instituciones de la importancia cultural y simbólica de la Real Academia y a intelectuales y escritores con gran autoridad y amplia audiencia, con enorme capacidad, por lo tanto, de influir en la opinión pública castellano-hablante (véase por ejemplo Salvador 1987 o Lodares 2000 y 2001). En mi opinión, esto constituyó un obstáculo formidable para la consolidación de una cultura lingüística común, basada en la convivencia libre e igualitaria, el respeto y el mutuo reconocimiento entre los distintos grupos lingüísticos del Estado.

Dicho lo anterior, también hay que reconocer que los conflictos a que dio lugar el nuevo ordenamiento lingüístico español, especialmente tras la aprobación de los Estatutos de Autonomía, eran en parte inevitables, y en todo caso, salvo excepciones muy puntuales, no revistieron gravedad.

3. Caracterización de las lenguas.
La normativización, una tarea de la Transición

Una de las novedades que posibilitó el sistema democrático español fue la realización de censos e inquéritos lingüísticos (véase Siguán 1994 y 1999), que son un instrumento de la mayor importancia para tener un conocimiento mínimamente aproximado de la realidad, algo de lo que carecían los estudiosos y los responsables políticos antes de la década de los 80 (Ninyoles 1977). Eso y los estudios de cartografía lingüística desarrollados por las universidades, nos permiten dar una visión general de las dimensiones territorial y demográfica de cada uno de los grupos lingüísticos (véase en los anexos, tabla 1). Como se puede deducir de estos datos, algo más del cuarenta por ciento de la población española reside en territorios bilingües (esto es, en los que es cooficial una lengua distinta al castellano), y casi el veinte por ciento de los ciudadanos españoles tiene como lengua propia otra distinta al castellano (incluimos en ese porcentaje a los bilingües iniciales, que representan aproximadamente la cuarta parte de éstos). Esto convierte a España en el país de la Unión Europea (con excepción de Bélgica) con una base lingüística más diversificada. Sin embargo, esto no significa que España sea un país de tipo 'balcánico', pues el conocimiento y la utilización de la lengua común del Estado, el castellano, por parte de los demás grupos lingüísticos tienen una larga tradición histórica, están en la actualidad ampliamente generalizados y no están contestados más que por sectores muy minoritarios.

Por otra parte, las lenguas minoritarias, eclipsadas por la expansión histórica de la lengua del Estado, fueron objeto desde el siglo XIX de esfuerzos de defensa, promoción y cultivo. Pero, excepto el catalán, antes de la guerra de 1936–39 y la consiguiente dictadura franquista, que impuso un frenazo a los respectivos procesos de elevación de estas lenguas, no habían terminado de cuajar las variedades cultas respectivas, lo cual opuso problemas específicos a estas lenguas, problemas que tuvieron que ser abordados en el período que nos interesa. Nos referiremos, pues, a los avances y problemas que presentó y presenta la estandarización de estas (sobre esto, además de las notas que ofrecen Siguán 1992 y Etxebarria 2002, pueden verse los trabajos específicos para cada lengua recogidos en Alvar 1986 y VV. AA. 1996).

En realidad, los problemas de tipo normativo, que frecuentemente se relacionan con los de la unidad del idioma, afectan a todas las lenguas de España, aunque con muy desigual intensidad y efectos. En todas partes se sienten los problemas de corrección idiomática y adaptación de la lengua normativa a los medios de comunicación, sobre todo orales y audiovisuales, y la crisis de 'autoridad' de la norma culta. En general, chocan ahí actitudes más rigoristas con otras más laxistas; y con esto se entrevera la cuestión del purismo. Pero la cuestión normativa se siente con especial agudeza en lenguas aún inestables, con dificultades para la difusión de su variedad culta y sometidas a la fuerte presión asimiladora de un omnipresente castellano. Naturalmente, esto afecta muy específicamente a la creación literaria y a la recepción de esta por parte del público.

Dejamos aparte el caso de la lengua del castellano, tanto en relación con las 'hablas andaluzas' como en lo que atañe a las variedades de las Américas, y nos centramos en las lenguas minorizadas. En todas estas, los procesos de promoción política que abrió la transición política se vieron acompañadas de polémicas, a veces muy virulentas, sobre la variedad culta, que afectan de uno u otro modo a la identidad de la lengua. Las discusiones sobre la autoridad normativa y sobre la modalidad modelo, frecuentemente centradas en la ortografía, constituyen un obstáculo que puede ser muy grave para la normalización social de la lengua, como muestran el caso del valenciano, y, en menor medida, del gallego.

En los comienzos del período que nos interesa, la normativización de la lengua catalana se encontraba, en líneas generales, considerablemente consolidada, sobre todo si comparamos su situación con la del gallego y el eusquera. Como es sabido, ya en 1911 se había creado el *Institut d'Estudis Catalans*, con una sección de filología encargada de fijar la normativa ortográfica y gramatical del catalán y elaborar un diccionario de referencia. Se puede decir que desde 1932 (coincidiendo con el establecimiento del Estatuto de Autonomía de la República) el asunto estaba resuelto, cuando menos en lo que se refiere a Cataluña y las Islas Baleares, pues habian sido aprobadas las normas ortográficas, existía una gramática de referencia y se había publicado un *Diccionari General de la Llengua Catalana*. De este modo, cuando en 1980 se restauró la oficialidad, en el caso del catalán los aspectos fundamentales de constitución de la norma se encontraban razonablemente resueltos, y en Cataluña, los debates giraron en torno al modelo de lengua de los medios de comunicación, en donde se enfrentaron dos concepciones, una más rigurosa y defensiva frente al castellano, frente a otra más flexible.

Los problemas más serios surgieron fuera de Cataluña, pues mientras en las Islas Baleares la aceptación de la norma culta es pacífica, en Valencia estalló una polémica violenta, alimentada por las aspiraciones escisionistas de un sector fuertemente anti-catalán y, en el fondo, decididamente pro-castellanista. Se trata de una controversia trufada de intereses político-culturales de baja altura, que se apoyan en la manipulación demagógica de prejuicios populares, pero que en definitiva constituyó un obstáculo muy serio para la promoción de la lengua.

En el caso del eusquera, la variedad de dialectos hablados había dado lugar a la existencia de diversas modalidades literarias. Tres son las más importantes: el primero en experimentar cultivo literario fue el dialecto labortano (del País Vasco francés), en el siglo XVII; a éste le siguieron sucesivamente el guipuzcoano (a partir del siglo XVIII) y el vizcaíno (a partir del siglo XIX). La Academia de la Lengua Vasca, creada en 1918, elaboró y promovió desde 1968 una modalidad unificada (*euskera batua*), basada fundamentalmente en el dialecto guipuzcoano (Sarasola en VV. AA. 1996: 73–81), aunque con especial atención al labortano. Aunque no faltaron defensores de las modalidades dialectales, el modelo *batua* gozó de una rápida aceptación, especialmente al sur de los Pirineos. Con la oficialización del eusquera en la Comunidad autónoma vasca y la Comunidad foral de Navarra y el consiguiente uso en la administración, el sistema educativo y los medios de comunicación euskaldunes, se puede considerar completamente establecida en la escritura y la comunicación pública.

El gallego presenta, por su parte, una situación peculiar. En este caso la fragmentación dialectal del idioma es relativamente poco importante, pero, aun contando con una tradición literaria notable (desde el siglo XIX) y con una Academia propia desde 1906, hasta la posguerra no se dieron pasos decisivos en el camino de la constitución de una variedad culta unificada. Los años setenta y primeros de los ochenta del siglo pasado fueron pródigos en propuestas, empezando por la de la propia Academia Gallega (1970/71); pero sólo en 1982 se elaboraron y oficializaron unas *Normas ortográficas y morfológicas* sistemáticas y completas, que, con todo, vienen siendo puestas en cuestión por un sector significativo del nacionalismo. A finales de la década de los setenta surgió un movimiento reintegracionista, que defiende una aproximación ortográfica al portugués en diversos grados o, en sus versiones más radicales, la adopción de éste como lengua culta. También en Galicia las polémicas normativas fueron agudas y resultaron dañinas para la promoción de la lengua, aunque en un grado muy inferior al de Valencia, pues, a diferencia de lo que ocurre aquí, en Galicia la conciencia de diferenciación con respecto al portugués es maciza, no tendenciosa y va unida a una adhesión sincera al idioma del país, de modo que la defensa y elaboración de un modelo de lengua autónomo cuenta con una fuerte tradición y un respaldo ampliamente mayoritario.

La elaboración, codificación y difusión de las variedades normativas de las lenguas periféricas tuvo lugar en unas condiciones bien distintas a la decantación del castellano culto: en el caso de los primeros, los procesos históricos fueron mucho más rápidos y en ellos resultó muy visible la enérgica intervención de instituciones idiomáticas e administraciones públicas; en el caso del segundo, la evolución fue mucho más larga, y las intervenciones 'externas' fueron más espaciadas y puntuales. Pero, sobre todo, la adopción del castellano culto por parte de sus hablantes actuales aparece como un hecho normal y espontáneo, pues éstos reciben la situación lingüística del castellano como un dato, como una situación natural. Por el contrario, los hablantes de las otras lenguas, al ser espectadores (y partícipes) de un proceso en marcha, perciben con mucha más claridad la 'artificialidad' de ese proceso y del producto resultante, esto es, la lengua culta y en general la variedad-modelo.

A los detractores de los avances en la normalización de las lenguas periféricas se les ofrece aquí un argumento profusamente utilizado, incluso por lingüistas profesionales, que descalifican las modalidades unificadas de aquéllas como inventos o engendros artificiales: "el vasco no es una lengua sino una familia de ellas, con ocho plenamente diferenciadas e ininteligibles entre sí ... Por eso, para mantener la entelequia de la supuesta unidad vasca, han inventado el batúa" (Salvador 1987: 20); "[e]l artificioso gallego de laboratorio que están fabricando los jóvenes galleguistas compostelanos, castellano-hablantes generalmente por tradición familiar, que están dispuestos a sustituir su materna lengua española por esa jerga que se construyen" (Salvador 1987: 22).

Lo cierto es que, pese a las polémicas y a los problemas en relación con el modelo idiomático de los medios de comunicación y a despecho de a la crisis de autoridad de las normas cultas (general en las lenguas de occidente), los hablantes de las respectivas lenguas parecen aceptar sin grandes problemas la necesidad de utilización de una modalidad unificada en la escritura y en la comunicación formal, y, gracias a la difusión de ésta en los centros de enseñanza, la prensa, la radio y la televisión, van superando con normalidad (sobre todo las nuevas generaciones) la sensación de artificialidad que ésta les puede producir de primera impresión.

4. De la transición a la normalización: políticas lingüísticas de las autonomías

Tomando la Constitución como punto de partida, hemos puesto fecha de inicio de la transición lingüística en 1978. Nos resta añadir que en los años 1978 y 1979, inmediatamente antes y despúes de la aprobación de la Constitución y previamente a la aprobación de los primeros estatutos de autonomía, el Gobierno central dictó decretos de bilingüismo que permitieron la introducción progresiva y generalizada en los centros de enseñanza (tanto públicos como privados) de Cataluña, País Vasco y Galicia, con carácter obligatorio, del estudio del catalán (1978), del euskera y el gallego (1979) en los ciclos básico y medio. Los mismos decretos abrían la posibilidad para el uso vehicular de estas lenguas, aunque con carácter optativo y en condiciones más restrictivas. Éste era un paso de innegable importancia en la difusión del conocimiento de los idiomas minoritarios, que además facilitaba la tarea futura de los gobiernos autónomos que se establecerían en los años inmediatamente posteriores. Una similar filosofía pluralista inspira el 'Informe sobre enseñanza de las lenguas y bilingüismo' elaborado en 1982 a instancia del Ministerio de Educación del Gobierno español por expertos de todos los ámbitos lingüísticos, incluido, lo que me parece especialmente destacable, el castellano-parlante (García Negro 1991: 377–

388). Esta iniciativa representa una vía de reflexión conjunta y colaboración entre todas las partes que ni el Gobierno central ni los autónomos debieron, a nuestro entender, dejar de lado.

Pero el segundo momento decisivo de la transición lingüística, después de la Constitución de 1978, lo marca, sin duda, la aprobación de los Estatutos de Autonomía, primero de las llamadas 'nacionalidades históricas', Euskadi, Cataluña y Galicia (1979/80), y luego de las demás comunidades autónomas, incluidas Valencia, Baleares y Navarra (1983). En los tres primeros estatutos se declara la lengua respectiva como 'lengua propia' de la comunidad, y en cada uno de los seis se compromete a las instituciones autónomas (en particular a los gobiernos) a la promoción de su enseñanza y de su utilización en todos los planos de la vida pública, cultural e informativa, al tiempo que se explicita el principio de no discriminación de los ciudadanos por razón de lengua.

Ya en el marco de la España autonómica, a la aprobación de los Estatutos de Autonomía siguen las leyes de normalización lingüística de las tres antedichas nacionalidades históricas y las análogas de las otras tres, leyes que fueron promulgadas entre 1982 y 1986 (véase Abad Liceras y Carmona Cuenca 1999). En todas ellas se señalan como ámbitos prioritarios de actuación la enseñanza, las administraciones públicas (especialmente las autonómicas y las locales), los medios de comunicación y la vida cultural. A partir de ahí, se van diseñando modelos de educación bilingüe peculiares a cada comunidad, se crean cadenas de radio y televisión de titularidad autónoma (con diferentes niveles de presencia de las lenguas propias), y se potencia el uso de los respectivos idiomas en la edición y la prensa. Ofrecemos en tablas anexas una idea general de en qué consisten esos modelos, las fechas de creación de los respectivos canales de televisión, y una estimación cuantitativa, en número de títulos editados en cada lengua a lo largo de los veinte años que van de 1980 a 2000. Pero ofrecer un balance de este período, aunque sea en bosquejo, nos obligaría a salirnos del marco fijado para nuestra intervención, de manera que presentamos estos datos a título meramente indicativo (para esto, puede consultarse Hoffmann 1996a y 1996b). En nuestra opinión, el año de 1986, cuando se cierra el primer ciclo de 'leyes de normalización lingüística', puede servirnos de mojón para considerar cerrado o en vías de cerrarse el período de transición que nos ocupa.

A partir de la constitución de los gobiernos autónomos comienzan también a aflorar las resistencias y la conflictividad social, especialmente a iniciativa de sectores castellano-hablantes de las comunidades periféricas, y también los litigios jurídicos, en los que habitualmente fue el Gobierno central el que llevó la voz cantante. Un hecho característico de lo primero lo constituyó el *Manifiesto a favor de la lengua castellana amenazada en Cataluña*, publicado en 1981, respaldado con la firma de 2.300 residentes allí. No menos características fueron las reacciones a que este manifiesto dio lugar, por una parte con agresiones violentas a algunos subscribientes, y por otra con la aparición de un grupo directamente rival del anterior, la *Crida a la solidaritat*. La verdad es que los detractores de los procesos de normalización lingüística, fuesen residentes en territorios bilingües fuesen habitantes de la España castellano-parlante, alcanzaron un eco mucho mayor en el centro que en la periferia y raramente consiguieron articular plataformas mínimamente estables. Al contrario, sus protestas contribuyeron a suscitar movimientos de respuesta en defensa de las lenguas minorizadas con notable protagonismo público en las comunidades correspondientes, como la propia *Crida* o la gallega *Mesa pola Normalización Lingüística*.

Por lo que se refiere a la conflictividad jurídica, no se puede olvidar que las leyes de normalización lingüística del País Vasco, Cataluña y Galicia fueron objeto de recurso de inconstitucionalidad por parte del Gobierno central, con lo cual se inauguraba un frente pródigo en novedades en los años siguientes, lo que dio notable trabajo a los jueces. Como dejamos dicho atrás, el Tribunal Constitucional dictaminó sobre estos recursos en 1986, estimando en parte sus alegaciones, pero al mismo tiempo ratificando en lo esencial la constitucionalidad de dichas leyes. Aquí tenemos un argumento más para marcar ese año como límite de la 'transición lingüística', y cerrar aquí nuestra intervención.

Echando una mirada retrospectiva, los cambios producidos en la realidad y en la cultura lingüísticas de España durante la Transición se pueden resumir en lo siguiente: (1) el marco jurídico-legal del Estado se transformó de represivo (o todo lo más tolerante) a pluralista, pero la cultura lingüística de la comunidad mayoritaria (castellano-hablante) se resistió a asumir cabalmente esta transformación, y aún persisten en ella sectores fuertemente reticentes al reconocimiento de la diversidad, cuando no abiertamente apegados a sus privilegios históricos; (2) la problemática lingüística pasó de ser considerada una cuestión básicamente cultural a una básicamente política; (3) las culturas de expresión lingüística periférica pasaron de tener un carácter básicamente resistencialista y elitista a convertirse en culturas competitivas y de masas, si bien esta transformación tuvo que apoyarse en un fuerte respaldo público y no ha acabado de completarse.

Pero que acabemos nuestra intervención en 1986 no significa que la transición lingüística puede darse todavía por cerrada, pues, como dijimos al principio, los ciclos de la vida de las lenguas son de 'onda larga'. Además, aún quedan muchos cabos sueltos y situaciones indecisas, de manera que es difícil pronosticar el horizonte final al que nos dirigimos. No queremos finalizar, con todo, sin exponer unas rápidas reflexiones. La primera se refiere a la constatación del profundo cambio operado durante estos años en cuanto al reconocimiento institucional y social del plurilingüismo español, y las enormes consecuencias que esto ha tenido sobre la nueva configuración de la cultura española o, si se prefiere, de la pluralidad de las culturas de España. La segunda, es que, sin ignorar los problemas y tensiones que acompañaron este cambio, no se puede negar que han sido y son más bien de baja intensidad, y por lo tanto, en general tolerables (excepción hecha del fenómeno terrorista, que sólo remotamente se relaciona con nuestro asunto). La tercera reflexión se refiere a la necesidad de asentar en España, de manera especial (pero no sólo) en las regiones castellano-parlantes monolingües, una cultura lingüística renovada.

Una cultura compartida por el conjunto de la población que debe partir de un conocimiento más veraz y documentado de la realidad lingüística española, y fundarse en el mutuo reconocimiento tanto entre las comunidades lingüísticas como entre los hablantes. Ese mejor conocimiento debe servir de apoyo a una actitud respetuosa hacia la diversidad lingüística, y mejor aún, comprensiva hacia las lenguas amenazadas y las minorías lingüísticas. La tarea de promover esta cultura lingüística le corresponde sobre todo a las autoridades e instituciones del Estado, en particular al sistema educativo, pero también a los medios de comunicación y los intelectuales castellano-hablantes. Pero los gobiernos autónomos de comunidades con lengua propia y los propios intelectuales y hablantes de éstas no debieran hacerse los desentendidos.

Una última reflexión que viene especialmente a cuento en un encuentro como éste, en el que participan las distintas literaturas de España. El ámbito literario es desde hace tiempo uno de los que más ha contribuido a la forja de la cultura lingüística común que acabamos de reclamar. El éxito de alcance español de autores en lenguas periféricas, como Carme Riera, Bernardo Atxaga o Manolo Rivas, constituye una contribución de la mayor importancia al incremento de la visibilidad y del prestigio de sus respectivas lenguas ante el público castellano-hablante. Estos autores y otros muchos que no cito para no alargarme muestran de forma práctica y concreta de qué hablamos cuando decimos que la defensa de la diversidad lingüística y cultural no constituye ningún lujo caprichoso de los minoritarios, sino que constituye una fuente de riqueza para todos. Un escritor de mi tierra, Alfonso Daniel Rodríguez Castelao, lo expresó mejor de lo que yo podría hacer al sostener que los gallegos no sólo tenemos el derecho a reclamar respeto para nuestra lengua y cultura, sino que aun antes de ese derecho está el deber, impuesto por la humanidad en su conjunto, de cultivarlas y desarrollarlas. En todo caso, esta intervención se ofrece como una aportación al diálogo imprescindible para construir entre todos la cultura común del respeto y la convivencia.

Anexo. Datos básicos y cronología

I Datos estadísticos

Comunidades autónomas con lengua propia	Denominación de la lengua	N° de habitantes	% de la población española	% de hablantes de la lengua propia (1ª + Bil.)	N° de hablantes de la lengua propia (aprox.)
Cataluña	Catalán	6.147.610	15,42%	41%+16%	3.500.000
Valencia	Valenciano	4.023.441	10,09%	29%+ 8%	1.500.000
Islas Baleares	Catalán	796.483	2,00%	41%+12%	400.000
Galicia	Gallego	2.724.544	6,84%	46%+17%	1.700.000
País Vasco	Euskera	2.098.628	5,26%	11%+ 5%	350.000
Navarra	Vascuence	530.819	1,33%	6%+ 4%	50.000
Total		16.321.525	41,00%	46.00%	7.510.000
TOTAL ESPAÑOL		39.808.597	41,00%	18,86%	7.510.000

Comunidades autónomas con lengua propia, y porcentaje de hablantes (aproximado). Datos de 1996. En la columna de porcentaje de hablantes de la lengua propia, ofrecemos desglosados el porcentaje de los que se declaran como 'hablantes' de ésta *(1ª)* y el de los que se declaran 'bilingües' *(Bil.)*.
Fuentes: Elaboración propia, a partir de Siguán y Mapa sociolingüístico de Galicia.

Observaciones: Los datos de población son del censo de 1996, las estimaciones de hablantes de las lenguas 'propias' son de tres años más tarde (Siguan, 1999). En el número de hablantes de las lenguas 'propias' sólo se incluyen los residentes en las respectivas comunidades, para establecer el cómputo total habría que incluir los hablantes que residen fuera de las respectivas comunidades autónomas, en territorios históricos fuera de España (País Vasco francés, Andorra, Rosellón…), o fronterizos (gallego de Asturias, León y Zamora; catalán de Aragón…), o en comunidades de emigrantes, tanto en España (gallegos en Madrid, País Vasco y Cataluña) como fuera de ella.

II Legislación lingüística. Cronología

1978/79. – Constitución y pre-autonomías
1978. – Constitución Española, artículo 3

"1. El castellano es la lengua española oficial del Estado. Todos los españoles tienen el deber de conocerla y el derecho a usarla.

2. Las demás lenguas españolas serán también oficiales en las respectivas Comunidades Autónomas de acuerdo con sus Estatutos.

3. La riqueza de las distintas modalidades lingüísticas de España es un patrimonio cultural que será objeto de especial respeto y protección."

1979. – Decretos 'de bilingüismo'

"tiene por objeto iniciar el camino para la incorporación de la Lengua y Cultura Catalana/ Vasca/ Gallega al sistema educativo de Cataluña/ País Vasco / Galicia durante la actual situación transitoria hasta la promulgación del Estatuto de esta Comunidad Autónoma".

1979–1983. – Estatutos de Autonomía
1979. – Estatuto de Autonomía del País Vasco, artículo 6

1. El euskera, lengua propia del País Vasco, tendrá, como el castellano, carácter de lengua oficial de Euzkadi, y todos sus habitantes tienen el derecho a conocer y usar ambas lenguas.

2. Las instituciones comunes de la Comunidad Autónoma, teniendo en cuenta la diversidad sociolingüística del País Vasco, garantizarán el uso de ambas lenguas regulando su carácter oficial, y arbitrarán y regularán las medidas y medios necesarios para asegurar su conocimiento.

3. Nadie podrá ser discriminado por razón de la lengua.

4. La Real Academia de la Lengua Vasca-Euskaltzaindia es la institución consultiva oficial en lo referente al euskera.

Estatuto de Autonomía de Cataluña, artículo 3

"1. La lengua propia de Cataluña es el catalán.

2. El idioma catalán es el oficial de Cataluña, así como también lo es el castellano, oficial en todo el Estado Español.

3. La Generalidad garantizará el uso normal y oficial de los dos idiomas, adoptará las medidas necesarias para asegurar su conocimiento y creará las condiciones que permitan alcanzar su plena igualdad en lo que se refiere a los derechos y los deberes de los ciudadanos de Cataluña."

1980. – Estatuto de Autonomía de Galicia, artículo 5

1. La lengua propia del Galicia es el gallego.

2. Los idiomas gallego y castellano son oficiales en Galicia, y todos tienen el derecho de conocer los y usarlos.

3. Los poderes públicos de Galicia garantizarán el uso normal y oficial de los dos idiomas y potenciarán la utilización del gallego en todos los órdenes de la vida pública, cultural e informativa, y dispondrán los medios necesarios para facilitar su conocimiento.

3. Nadie podrá ser discriminado por razón de la lengua.

1982. – Ley de Integración y Amejoramiento del Régimen foral de Navarra
Artículo 9
"1. El castellano es la lengua oficial de Navarra.

2. El vascuence tendrá también carácter de lengua oficial en las zonas vascoparlantes de Navarra.

Una ley foral determinará dichas zonas, regulará el uso oficial del vascuence, y, en el marco de la legislación general del Estado, ordenará la enseñanza de esta lengua."

1983. – Estatuto de Autonomía de las Islas Baleares
Estatuto de Autonomía de la Comunidad Valenciana
Estatuto de Autonomía de Asturias, artículo 4
"El bable gozará de protección. Se promoverá su uso, su difusión en los medios de comunicación y de enseñanza respetando en todo caso las variantes locales y la voluntariedad de su aprendizaje."
Estatuto de Autonomía de Aragón, artículo 7

1982–1986. – Legislación lingüística básica de las autonomías
1982. – Ley Básica de Normalización de Uso del Euskera
1983. – Ley de Normalización Lingüística de Cataluña
Ley de Normalización Lingüística de Galicia
Ley sobre Uso y Enseñanza del Valenciano
1986. – Ley de Normalización Lingüística de las Islas Baleares
Ley Foral del Vascuence de Navarra
1986. – Sentencias del Tribunal Constitucional español sobre los recursos de inconstitucionalidad contra la Ley Básica de Normalización de Uso del Euskera y la Leyes de Normalización Lingüística de Cataluña y Galicia.
...
1998. – Ley de Política Lingüística de Cataluña
2001. – Decreto de Uso del Vascuence en las Administraciones Públicas de Navarra

III Modelos lingüísticos en la escuela

A: Enseñanza *en* castellano / enseñanza *de* la lengua propia (Valencia)
B: Uso *preferente* del castellano / uso *limitado* de la lengua propia (Islas Baleares)
C: Uso *igual* de ambas lenguas (Galicia)
D: Uso *preferente* de la lengua propia / uso *limitado* del castellano (País Vasco)
E: Enseñanza *en* la lengua propia / enseñanza *del* castellano (Cataluña)
Entre paréntesis se indica la comunidad en que cada modelo es generalmente preferido. Las flechas indican que los modelos contiguos señalados tienen una fuerte presencia en el respectivo territorio.

IV Canales de televisión de titularidad autonómica

1982. – País Vasco: Euskal Telebista (dos canales, uno en eusquera y otro en castellano).
1984. – Cataluña (>Baleares): TV3 (monolingüe).
1986. – Galicia: TVG (monolingüe).
1989. – Valencia: Canal 9 (bilingüe).
Cataluña: Canal 33 (monolingüe).

V Producción editorial en las diferentes lenguas de España

Año	Castellano	Catalán	Eusquera	Gallego
1980	25.473	1.722	247	187
1985	30.611	3.417	375	295
1990	36.029	4.838	763	577
1995	41.301	5.793	968	1.148
2000	47.757	6.764	1.428	1.266
% incremento	+187%	+393%	+578%	+677%

Edición en las diferentes lenguas (1980–1995). Número de referencias del ISBN
Fuente: elaboración propia, a partir de Panorámica de la edición de libros en España, 1996 y 1997, *y página web del Ministerio de Cultura.*
Observación: En el año 2000, viene desglosada la cifra para la edición en valenciano (605 títulos) que no está incluida en las de catalán del cuadro.

Bibliografía

Abad Liceras, José María & Carmona Cuenca, Encarnación (1999): *Leyes de normalización y política lingüística*. Madrid: Universidad Europea-Cees.

Alvar, Manuel (coord.) (1986): *Lenguas peninsulares y proyección hispánica*. Madrid: Fundación Friedrich Ebert/Instituto de Cooperación Iberoamericana.

Etxebarria, Maitena (2002): *La diversidad de lenguas en España*. Madrid: Espasa.

García Negro, María del Pilar (1991): *O galego e as leis. Aproximación sociolingüística*. Pontevedra: Cumio.

González Ollé, Fernando (1993): "Tradicionalistas y progresistas ante la diversidad idiomática de España". En: VV. AA., *Lenguas de España, Lenguas de Europa*. Madrid: Fundación Cánovas del Castillo: pp. 129–160.

González Ollé, Fernando (1995): "El largo camino hacia la oficialidad del español en España". En: Seco, Manuel/Salvador, Gregorio (coords.): *La lengua española, hoy*. Madrid: Fundación Juan March: pp. 37–61.

Hoffmann, Charlotte (1996a): "Language Planning at the Crossroads: the Case of Contemporary Spain". En: Hoffmann, Charlotte: *Language, Culture and Communication in Contemporary Europe*. Clevendon: Multilingual Matters: pp. 93–110.

Hoffmann, Charlotte (1996b): "Monolingualism, Bilingualism, Cultural Pluralism and National Identity: Twenty Years of Language Planning in Contemporary Spain". En: Wright, S.: *Monolingualism and Bilingualism. Lessons from Canada and Spain*. Clevendon: Multilingual Matters; pp. 59–108.

Lodares, José Ramón (2000): *El paraíso políglota*. Madrid: Taurus.

Lodares, José Ramón (2001): *Lengua y patria*. Madrid: Taurus.

Ninyoles, Rafael Lluis (1977): *Cuatro idiomas para un estado*. Madrid: Cambio 16.

Salvador, Gregorio (1987): *Lengua española y lenguas de España*. Barcelona: Ariel.

Siguán, Miguel (1992): *España plurilingüe*, Madrid: Alianza.

Siguán, Miguel (1994): *Conocimiento y uso de las lenguas en España (Investigación sobre el conocimiento y uso de las lenguas cooficiales en las Comunidades Autónomas bilingües)*. Madrid: Centro de Investigaciones Sociológicas.

Siguán Soler, Miguel (1999): *Conocimiento y uso de las lenguas (Investigación sobre el conocimiento y uso de las lenguas cooficiales en las Comunidades Autónomas bilingües)*. Madrid: Centro de Investigaciones Sociológicas.

Vallverdú, Francesc (1992): *L'ús del català: un futur controvertit*. Barcelona: 62.

VV. AA. (1996): *Las lenguas de España*. Sevilla: Fundación El Monte.

La Transición a debate.
David Castillo, Luis Mateo Díez, Jordi Doce

La tarde anterior a la inauguración del simposio berlinés a cargo de Luis Mateo Díez con una reflexión sobre "Escritura y memoria" tuvo lugar –casi como su preámbulo– una lectura poética de poemas a cargo del poeta y novelista catalán David Castillo y del poeta, traductor y ensayista Jordi Doce. Los textos leídos fueron ya publicados con su traducción alemana en la antología Cuando va a la ciudad, mi poesía. Das Gedicht und die Stadt. Gegenwartslyrik aus Spanien (1980–2005) *(Madrid, SIAL 2005). La inminencia de la publicación de las actas del simposio propició una nueva reunión de los tres autores –de perfil biográfico y temperamento bien distintos– para revisar desde la perspectiva más actual los años de la Transición. Durante el debate, cada uno de los tres escritores desglosó las claves autobiográficas específicas de su experiencia de la Transición: el novelista Luis Mateo Díez (1942) lo hizo desde la atalaya de la generación agente del cambio y regidora de la sociedad de él emergida, David Castillo (1961) pergeñó un balance generacional de quienes se implicaron en la resistencia política aún durante los años de la Transición, mientras que Jordi Doce (1967), sin ser por edad testigo directo, recabó en formas de experiencia heredada gracias a la memoria familiar y a las lecturas. Además, incidiendo en la importancia de la Transición en su obra, los tres autores reflexionaron sobre los aspectos más reveladores de los discursos políticos, sociales y culturales de finales de los setenta y de los ochenta en España. De la lectura del debate –cuya esmerada transcripción, hecha por Annika Maaß, fue revisada por los tres escritores– se desprende una visión contrastada por la diferente vivencia y valoración de la Transición así como las posibilidades de referirla al momento histórico que define actualmente a la sociedad española.*

(Javier Gómez-Montero)

¿Cómo viviste la Transición?

Luis Mateo Díez: La viví como una expectativa, tenía la convicción y la conciencia de que algo había terminado definitivamente y que venía ese momento nuevo un poco indeciso de camino hacia algo distinto, pero la conciencia más fuerte es que habíamos liquidado una etapa de la historia de España. Y eso daba alicientes, creaba expectativas y esperanzas. Yo pertenezco a una generación en la que el compromiso de lo que fue la lucha contra el franquismo estaba unido también a cierta ingenuidad de edad y mirada, las ilusiones ante lo nuevo eran enormes. Fíjate, yo diría casi más, cuando leo algunos de los testimonios de la mirada de los intelectuales italianos al final de la guerra sobre los resultados del gran desastre, de la gran desolación que supuso todo aquello encuentro algo parecido. Dice Italo Calvino, por ejemplo, que lo que había era como una sensación un poco ingenua y exaltada de cómo construir una nueva realidad. Había acabado lo más duro, Italia había estado sometida y comprometida con lo más ominoso y aquellos intelectuales, aquellos jóvenes del arranque tenían la sobrecarga de la ilusión. Yo creo que en la Transición hay una herencia de esa ilusión, salir de la parte ominosa, y hay una experiencia vitalista, una experiencia llena de expectativas y de ilusiones.

Jordi Doce: Bien, yo no podría desligar esa pregunta de las circunstancias biográficas, es decir, yo la viví como un niño, que es lo que era, tenía ocho años cuando murió Franco. La viví con unos padres que estaban muy metidos y muy implicados, no en la lucha antifranquista, pero sí en esa resistencia social e intelectual que implicaba a un amplio sector de la sociedad española. Pero, de hecho, a posteriori, cuando uno reflexiona un poco sobre su propio itinerario biográfico, surgen cosas: recuerdo que cuando en el año 82 el PSOE ganó las elecciones yo estaba comenzando la adolescencia, y que cuando el famoso referéndum de la OTAN yo cumplía los 18 años, es decir que hay una serie de hitos en esa infancia, adolescencia, juventud que tienen mucho que ver y coinciden con ciertos momentos que se podrían denominar claves de la trayectoria de la Transición. Así que se vivió con ilusión, como ha dicho Luis Mateo Díez, y la vivimos también con cierto desencanto. Con el tiempo aprendí a desprenderme de ese desencanto, que tenía más que ver con las propias expectativas de mis padres que con las mías, y aprendí a valorar lo que aquella Transición tuvo de benéfico y tuvo de esperanzador, lo que aportó a la renovación de este país. Y con el tiempo he aprendido a juzgar también sus zonas grises, pero desde mi propia perspectiva y no desde la perspectiva heredada de lo que sería el ambiente doméstico familiar. En una palabra, la viví como un niño, y es ahora cuando tengo que revivirla como un adulto con las informaciones que puedo ir recabando de aquí y de allá.

Luis Mateo Díez: Completo un poco lo que dice Jordi, que tiene esa otra sugerencia de mirada, porque es verdad, es verdad, claro que la Transición en alguien de mi generación, bueno, genera esa expectativa, yo pienso que muy esperanzadora, como la salida del túnel, era una cosa angustiosa de la que salías. Eso es un tramo en el que en seguida uno comienza a sentir que las cosas no van a ser como quisieras y eso yo pienso que tiene que ver con un exceso de ilusión. Y es por eso que había mencionado a Calvino, porque me parece que esa gran explosión esperanzadora de la ilusión en la posguerra italiana diríamos que es como una explosión beneficiosa e inocente, en el buen sentido de la palabra –se acabó aquello y ahora va a empezar lo bueno, y algo de eso yo creo que nos pasó. La parte crucial política de la Transición española la protagonizan en un tanto por ciento elevado gentes de mi generación, los que estaban sentados conmigo en el pupitre. En seguida se ve que esa vertiente idealista exageradamente idealizada de que la realidad era nuestra y de que ahora podíamos dar lo mejor de nosotros mismos al país en el que habíamos vivido de una manera tan sojuzgada y tan penosa –en seguida se empieza a ver que no, que los tiempos han cambiado y que probablemente la propia marcha de los tiempos hace que el desarrollo de los compromisos políticos conlleve otros compromisos. Jordi ha citado un evento crucial para mí, que es lo de la OTAN. Lo de la OTAN, diríamos, que es una especie de derrota moral que a algunos nos supuso un descalabro inaceptable. El cómo nos vendió la OTAN el PSOE es para muchos de los que estábamos allí en aquel momento, en plenas manifestaciones, un engaño. Y probablemente hubo razones políticas de que se hacía desde donde había que hacerlo y desde donde se gobernaba y se llevaba a cabo la política precisa. Probablemente había razones suficientes para que se hiciese aquello, pero el cómo se nos vendía fue un saqueo moral, una bofetada a nuestra conciencia. En ese sentido, en lo humano, en lo personal, en lo particular hay avatares traumáticos. Pero todos sabemos que la Transición formalmente está hecha con unos pactos perfectos para que todo funcione en un país lleno de vicisitudes y de contradicciones. El que hubiera figuras del partido comunista, de Acción Popular, de todos los bandos dispuestos a gobernar aquello entendiéndose es una muestra de ejemplaridad, pero esa generación que ve cómo sus compañeros se deciden a administrar el compromiso de lo que tienen es una generación irremediablemente traicionada y echada a perder. Son las ilusiones perdidas y probablemente lo que hubo ahí es un exceso también de expectativas. La política es un juego de realidades y los idealismos son juegos de otro tipo.

David, ¿qué aspectos políticos y existenciales destacarías recordando cómo viviste personalmente la Transición en Barcelona?

David Castillo: Bueno, yo era un adolescente en los años setenta en ese momento, en el último franquismo que acaba en 1974 después de la época de la relajación. En España, la última pena de muerte es en 1963 (son dos militantes anarquistas que fueron llevados al garrote) pero hasta 1974 no hay dos nuevos ajusticiamientos: uno es un militante anarquista que ha matado un policía y le dan garrote vil, y el otro es un alemán del Este que había matado un guardia civil en un tiroteo, Heinz Chez. El militante anarquista catalán se llamaba Salvador Puig Antich. En 1975 hay cinco penas de muerte: dos militantes de ETA y tres militantes del FRAP (Frente de la Resistencia Antifascista Patriótico). O sea, durante los años sesenta y principios de los setenta gracias entre otras cosas a los alemanes que vienen en masa a nuestro país, hay una gran conexión con Alemania, una conexión que no se produce ni con los franceses ni con los ingleses, ni con los belgas, ni con los holandeses, con los alemanes sí, hay una promiscuidad... con los alemanes, con los nórdicos, hay una relación que se nos hace abrirnos hacia un territorio europeo moderno y que, como es el caso de Alemania, viene de la destrucción total y absoluta. Nosotros estábamos encerrados con la única ventana del turismo, básicamente la del turismo alemán. Creo que en ese momento de la andada a la democracia también son los alemanes y los suecos los que apuestan decididamente por España, sobretodo el partido socialdemócrata alemán, primero con Willy Brandt, y el partido socialdemócrata sueco, con Olof Palme, quienes hacen desaparecer el partido socialista del exilio, le quitan las siglas y montan un partido moderno. En ese momento en España la fuerza hegemónica de la izquierda es el partido comunista en la clandestinidad que abarca todos los sectores: obreros, profesionales, profesores liberales –todos. La fuerza mayoritaria en España y en Cataluña es el partido comunista y buscan una fuerza de izquierdas con los socialistas, una socialdemocracia civilizada que es la que se acaba imponiendo. Hay una versión oficial que es la visión de los políticos (la Transición política) y hay otra versión de la calle. La verdad es que nosotros estábamos curiosos, íbamos todos con melenas, muchas melenas, teníamos una gran inquietud y una gran curiosidad, nunca habíamos visto los pechos de las chicas, y contábamos por opciones radicales: hippies, psicodélicos, punks, después... movimientos de rock'n' roll. El franquismo decide aceptar la mini-falda de las mujeres y las actitudes cambian, pero el machismo continúa, se resiste a ser vencido, ¿no? A mediados de los años setenta se te abren los ojos continuamente a la literatura de Henry Miller, a los discos de Frank Zappa, al fenómeno punk, a la literatura de Anaïs Nin, a la literatura de muchos libros prohibidos, a veces absurdamente prohibidos, todo llega de golpe. Piensa que en el 77/78 se publican igual tratados de existencialistas franceses, que se publican sin censura, y los primeros libros de Heinrich Böll o de Günther Grass o de Peter Handke, y hay un gran movimiento de abrir los ojos. Es un fenómeno, pues, que también hay que asociar a la necesidad de que uno de los estados grandes de Europa se incorpore a la Unión Europea, lo que tardará hasta el 86. Entonces el partido comunista opta por la vía eurocomunista (según el modelo italiano más suave), cuando los socialdemócratas se decantan por la socialdemocracia alemana y los americanos tienen miedo de que el país se convierta en una nueva Portugal de los Claveles y así apuestan por organizaciones del centro demócrata-cristianas. Nosotros... ¿cómo lo vivimos? Con rabia. Nosotros no somos ni comunistas ni socialistas, sino que íbamos al margen –del trotzkismo hacia el anarquismo, tanto políticamente como de actitud vital. Y eso durante la Transición era reprimido duramente, porque el Ministro del Interior de la primera legislatura democrática se piensa que el anarquismo que llega es el mismo que el de durante la Guerra Civil e invierte mucho capital para la represión policial, hasta que todo el movimiento queda destruido. También hay una entrada muy fuerte de la heroína, tanto en el País Vasco como en Cataluña, y luego en Madrid, la heroína fue un desastre para el movimiento que era reprimido políticamente pero también socialmente a través de la heroína. Su entrada en el 77 para la juventud fue un desastre absoluto. Pasamos del 77 –una gran fiesta– al año 1980 que fue el de una gran resaca. Nosotros fuimos duramente castigados. En el patio de la prisión Modelo en el año 1980 dando vueltas –pero dando vueltas llenos de piojos, en condiciones infrahumanas, llenos de parásitos y con el fondo este de ladrón– pues dando vueltas mirando el cielo. Es el comienzo de los años 80, y surge la despolitización, la gente abandona el compromiso político, aparecen los políticos profesionales que sustituyen a los activistas del franquismo y de la Transición, la heroína sustituida por la cocaína, por una droga más hedonista, y el fenómeno punk y hippie se convierte en la

New Wave o en los Spandau Ballet o los Duran Duran. George Michael con su grupo *Wham*! es un cambio de escenario. Y yo creo que ahí empieza a deformarse lo que es la historia personal hacia una historia mucho más "light" y ya nadie pide la revolución. Los libros que habían sido bestsellers durante la Transición, de Bakunin, de Marx, de Engels, de Hegel, de los revisionistas alemanes de la Segunda Internacional, todo eso, Marcuse, Sartre, Lukács, Althusser –¿qué te diré?– Albert Camus incluso, todo eso desaparece y hay un nuevo escenario, un escenario, pues, marcado por los peinados, los maquillajes, la moda, los coches –muy diferente. Es un cambio de modelo. Es finalmente durante la época de la democracia que se han traído los fondos de la Comunidad Europea, y entonces el país se transforma, se abren los mercados y la sociedad cambia.

Volvamos a cuestiones literarias: ¿nos podéis decir algo del tema de la Transición en vuestra obra, o delinear la huella de la Transición en ella?

Luis Mateo Díez: Yo como narrador tengo pocos compromisos con la actualidad, pocos compromisos explícitos con la actualidad. Los compromisos que yo puedo tener con la actualidad que vivo se sirven un poco del espejo de mi memoria. Y además como escritor tuve cierta lucidez de hacer un camino personal acorde a mi propio camino vital, diríamos que en eso hasta temáticamente mi obra viaja un poco al pasado, viajaba a un pasado en el que yo estoy… es el pasado de este país pero es también el pasado de mi memoria y yo no tengo tampoco mucho sentido de compromiso con el inmediato. Me gusta mucho el compromiso de la literatura con la memoria aunque la memoria es un bien peligroso y me parece que había un recorrido hacia atrás que yo necesitaba hacer. Esa etapa de la Transición no tiene un reflejo en mi obra. Diríamos que a mí me interesa mucho en ese momento la posguerra, lo que es la memoria de un niño de posguerra, lo que son esas ciudades perdidas de ese mundo perdido que fue la posguerra española, no la Guerra Civil, lo que vino luego. Tal vez eso matizaba mucho una parte de experiencias mías y además poco a poco afiné un cierto sentido simbólico de ese tiempo. Me parecía que los años 50 españoles eran muy demostrativos de la condición humana, la posibilidad del 'quiero y no puedo', del 'soy y no me dejan', de las limitaciones del vivir, de los propios compromisos hasta físicos, de expresión de las libertades coartadas. Yo acoté un espacio temporal y también material en ese tiempo donde me parece que desgraciadamente la condición humana se miraba con un sentido más significativo que en lo que podía venir. Lo bullente de lo que pudo ser ese mundo de la Transición cuando yo todavía lo viví con esa esperanza denodada y esa exaltación un poco posjuvenil, no deja ningún tipo de rastro en mi obra, y yo creo que, si lo recuerdo ahora, literariamente no me interesa nada.

Jordi Doce: No creo que haya una presencia explícita, bueno, de hecho estoy seguro de que no la hay, primero porque los asuntos que he tratado en mis poemas hasta ahora tienen que ver con cierta exploración del yo, con su entorno y naturaleza, en fin, no hay mucho sitio en ellos para preocupaciones sociales que sí tengo como individuo y como sujeto civil. Lo que sí recuerdo es que la decisión consciente de asumir la vocación literaria como algo más que un pasatiempo coincide con un momento sociopolítico en este país que para un joven de 19 o 20 años era especialmente delicado, es decir, era el tiempo en que un gobierno presuntamente socialista tenía ministros que decían que en este país se podía uno enriquecer fácilmente, había un ambiente degradado por cierta idea yo creo que muy superficial y muy falaz del éxito social y del éxito económico, era la época de los Mario Conde y los Albertos, un ambiente en el que yo no quería participar y del que tampoco veía muy bien cómo podía escapar (aunque sabía de manera visceral que *debía* escapar de él). Al parecer, según ciertas estadísticas y ciertos estudios sociológicos, fue mi generación la que luego acabó votando en el año 97 al PP, pero obviamente yo no podía estar ahí, no podía contemplar ese voto como una alternativa plausible. Sin embargo, me daba cuenta que éstas eran expectativas heredadas, como dije en mi primera respuesta, es decir, que estaba manejando conceptos y esperanzas o ilusiones que no había madurado del todo, que había heredado del ambiente. Y a posteriori, pues, sospecho que esa desconfianza en los grandes sistemas ideológicos, ese escepticismo un poco desilusionado con respecto a los grandes relatos, aparecen en mi actitud como escritor. Quizás eso se ve más sobre todo en mi libro de notas y fragmentos, que es un libro donde hay una obsesión muy grande por las palabras, por la forma en que esas palabras se manipulan, por la forma en que se juega de manera perversa o irresponsable con esa materia común que es el lenguaje; ahí es donde yo puedo ver que eso ha tenido algún tipo de influencia, una influencia paradójica y hasta contradictoria: por una parte el desencanto, por otra parte también un escepticismo que impide, en última instancia, encantarse de nuevo.

David, ¿cómo ha influido tu experiencia personal de la Transición y qué consecuencias tuvo en tu obra?

David Castillo: Pues, totalmente. Totalmente, porque mi novela *Cielo del infierno* se sitúa en el año 1980, y empieza en la cárcel Modelo, el día del asesinato de John Lennon en la ciudad de Nueva York y va hacia el hotel donde lo mataron. Ahí empieza la novela y acaba en 1982 durante el mundial de fútbol, durante el partido entre Brasil e Italia, el fútbol bonito de la selección brasileña ante el fútbol práctico de la selección italiana, que con tres contra-ataques destrozó la selección brasileña de mucha calidad, de mucha belleza –el arte ante la praxis, ante una cosa pragmática, ¿no? Es biografía poética totalmente, es la evolución de la ciudad –de la ciudad que todavía tiene chabolas, barracas, la ciudad con muchas de sus montañas (pues son como favelas de Rio de Janeiro)– a la ciudad moderna, a los rascacielos de los grandes arquitectos, de los mejores arquitectos del mundo, los alemanes, los brasileños, los españoles, todos los arquitectos que construyen en la ciudad sus edificios. Es la España que se transforma, en la que entra mucho dinero del turismo, que pierde la industria, que las fábricas se van, que pierde los obreros y que entra una sociedad de servicios muy burguesa, no sólo muy burguesa sino muy aburguesada, y que de ser un país de emigrantes se convierte en un país de turistas y que recibe emigrantes desde fuera, o sea que de los emigrantes indigentes que van a Suiza, Alemania a trabajar, se pasa a recibir media Sudamérica, al Maghreb. Es un cambio de mentalidad de 180 grados. Y en torno a la literatura, pues también: de tener una tal literatura casi anacrónica, la literatura realista de Camilo José Cela o de Miguel Delibes, con la literatura española como decimonónica, casi del siglo XIX, se llega a lo sumo de la vanguardia, ¿no? Todo se transforma. Se elimina el servicio militar obligatorio y no va nadie a la mili, nadie tiene que ir, ahora tienen que contratar a argentinos o uruguayos para nuestras fuerzas armadas. Por ejemplo, los argentinos o los uruguayos se adaptan, pero los musulmanes no, continuan cerrados. A la vez se pasa de una sociedad que vive en la calle, (porque las casas son pobres), a una sociedad que no sale a la calle. Se ha hecho un estudio sociológico que dice que un barcelonés no se mueve más allá de 150 m^2 de su casa. Hay un fenómeno de *cocooning*, la bunquerización del ámbito doméstico. El divorcio estaba prohibido, y se pasa a que sea todo lo contrario, o por ejemplo esas píldoras anticonceptivas, o por ejemplo los abortos –todo eso estaba prohibido. La gente se iba a abortar a Londres. Se iba a ver cine con desnudos a Perpignan. Todo esto se transforma y todo esto muestra un desconcierto que también aparece en mi obra, tanto en las novelas como en los libros de poesía. En los libros de poesía, pues, hablo de la transformación de la ciudad como una alteración del estado espiritual, también de lo que es el concepto del amor como algo efímero, ya no de la idealización neoplatónica del amor como algo espiritual y trascendente, sino también de las relaciones esporádicas de un liberalismo absoluto en el ámbito amoroso, no las cadenas. Antes te casabas con tu mujer estabas siempre con ella, ahora la mayoría de la gente joven ha vivido con cinco hombres o con cinco mujeres, tanto las mujeres como los hombres, es una transformación en todos los terrenos, no exclusivamente político. Yo creo que políticamente no se ha adelantado tanto, porque simplemente se han cogido unos estándares de democracia aburrida parlamentaria, pero cambia la sociedad, se transforma mucho.

¿Os parece que vivimos una segunda Transición?

David Castillo: ¡No, en absoluto! Nadie de los jóvenes sabe quién es Franco. Casi nadie entiende, entre los jóvenes, cuando uno hace una referencia a Puig Antich en un poema o en una novela (este militante anarquista que murió al garrote vil en el 74). Ahora han hecho la película, protagonizada por el actor de *Goodbye Lenin*, Daniel Brühl, y los jóvenes no saben que eso pasó y de Franco..., ¡cómo si les hablas de los Reyes Católicos o de la Revolución francesa! Han pasado 31 años desde la muerte de Franco, o sea que alguien que nació en el 74/75 tiene 32 años, ya son adultos.

Luis Mateo Díez: Creo que la Transición, que como arquetipo de un proceso histórico está bien definido, tiene un cumplimiento en el tiempo en que sucede. Entonces, bien, eso estructura un cierto arquetipo de coincidencias socio-económico-políticas en las cuales hay una revisión del punto de llegada al que se arrima tras la muerte del dictador una compaginación y confabulación de fuerzas que deciden unificar un criterio para superar eso, unos precisos acuerdos muy ejemplares, seguro, yo creo que unas actitudes personales de determinados políticos históricos en aquel momento generosas y en bien de la nación, como se dice. Bueno, eso es lo que sucede en la política. Luego por debajo todo esto bulle, bulle una mirada o experiencia generacional, que observa con variadas expectativas lo que sucede. De modo y manera que, sí que me parece que ese mecanismo de la Transición sí que es un mecanismo en algun sentido progresista, o sea que hay un salto histórico que se produce sin que los añadidos retardatarios tengan mucha voz y de modo y de manera que la historia va por su cauce hacia adelante. Y yo pienso que eso termina una vez que se cumple. Se instaura la democracia, se supedita toda la estructuración estatal, hay una monarquía constitucional, hay una constitución aceptada, y hay una estratificación de partidos muy variopintos, curiosos, estrafalarios, todo tipo de opciones, se hace una reestructuración politicoadministrativa del país, se diseña un país distinto en sus demarcaciones geográficas, se buscan las autonomías, en fin, se hacen todo ese tipo de operaciones y todo eso, diríamos, con la consciencia del cumplimiento de una constitución en la que los "padres de la patria" se ponen de acuerdo para que eso sea así. Yo pienso que eso es un tiempo histórico que termina, y eso es la Transición, los años que dura la Transición. Claro que hay muchas opciones, claro que hay cosas que no se saldan, que hay elementos de la memoria que se dejan, que hay como acuerdos morales para establecer olvidos adecuados –pues, bien, yo creo que eso en general, el pueblo lo ve bien y queda así. Tomar medidas ahora a todo lo pasado para invocar otra segunda Transición, de reclamarle a aquella Transición lo que dijo que hacía pero no hizo, de establecer otros tránsitos históricos excesivamente premeditados y atados a aquélla, me parece absurdo. Este país es distinto desde que eso sucedió. Es distinto en el sentido de que se liquidaron unas cosas que habían durado más tiempo del debido, se instaura la democracia y el juego se establece de otro modo. Yo no tengo ningún tipo de consciencia de que estemos ahora, diríamos, haciendo otra Transición. Lo que pasa es que lo que estamos viendo es cómo en España se establecen los partidos como auténticos acreedores de la realidad y de la administración de lo que somos. Y en esto nos parecemos ya mucho al resto de Europa. Yo no veo aquí méritos especiales, todas estas historias de recuperación de la memoria histórica, lo veo como un tipo de folclore ideológico con respecto a un pasado que no es otra cosa que un pasado. No…, desenterrar viejas fosas pertenece a un ámbito personal de memoria particular dolorosísima, terrible, pero como elemento simbólico está culminado. Hoy día España está viviendo no una segunda o una tercera transición, está viviendo veinte mil problemas que todavía no están resueltos.

Jordi Doce: Estoy fundamentalmente de acuerdo con Luis Mateo y con David en que al período en el que estamos no lo llamaría una segunda Transición. La acción de gobierno ahora mismo tiene un tenor nominalmente progresista, al menos en cuestiones sociales, en cuestiones de organización social, pero tiene también componentes típicos de toda política de masas, es decir, componentes populistas y demagógicos. Lo que sí es verdad es que hay una enorme distancia entre esta política y las construcciones teóricas de lucha de la resistencia antifranquista que se desarrollaba bien en España, bien en el extranjero, por ejemplo en París, y que queda de manifiesto, si uno lee un poco los escritos de los años 70, en revistas como *Ruedo Ibérico*. Allí se podía leer cómo iba a ser y cómo iba a desarrollarse en teoría la política española, la realidad sociopolítica española tras la muerte de Franco. Evidentemente, la realidad es muy tozuda y lo que la realidad nos ha demostrado es que había un gran sector del país, una gran masa social que por inercia, por miedo, por supersticiones de todo tipo, no vivía particularmente mal bajo un régimen que era a todas luces siniestro. Y esa masa social ha tenido también su recorrido y ha tenido también que tenerse en cuenta a la hora de construir un presente y un futuro para el país (no estoy adjetivando a esa masa social, estoy diciendo que existía). Y por tanto todavía hay resistencias que operan en el interior mismo de la sociedad española. Y hablaría más de impulsos que de ideología. Son ciertas resistencias de orden psicológico o emocional que están ahí, que forman parte un poco del substrato de la sociedad española y que a veces reaparecen en forma de incapacidad para asumir debates políticos con respeto, con tolerancia y elegancia hacia el adversario, y en cierta incapacidad que advierto en nuestra sociedad para aceptar al contrario, al otro, al adversario político y al Otro en general también. Pero al mismo tiempo, con todos esos elementos negativos, es cierto, sin embargo, que en un mismo momento histórico gentes de muy distintos signos y con experiencias políticas muy distintas incluso antagónicas se pusieron de acuerdo e hicieron que esto saliera adelante. Es decir, que incluso me sorprende, en ocasiones, a la vista del tono de la política española en estos momentos (en especial por parte de una derecha irredenta), que este acuerdo se lograra, y en cierto sentido me parece no sólo excepcional sino, en fin, algo digno de ser celebrado. No sé si he seguido un argumento muy claro en mi exposición, pero –en resumen– yo no diría que hay una segunda Transición, lo que pasa es que estamos ahora mismo ante un gobierno de signo presuntamente progresista que ha incidido en algunas cuestiones en particular, sobre todo en temas sociales… porque los grandes relatos ideológicos ciertamente han quedado un poco apagados. Y luego, me temo que todo el tema de la recuperación histórica, de la memoria histórica, como dice Luis Mateo, puede ser un poquito folclórico, no descarto también que haya un componente populista o de cara a la galería para recuperar interesadamente ciertos valores de la República española y con eso tener contento a un sector de la población que cree en este tipo de emblemas. Pero tampoco me parece mal, porque la experiencia nos demuestra que si no afinamos nuestro relato podemos encontrarnos con que nos roban la cartera; es decir, hay en España medios de comunicación, mucha gente que está practicando un revisionismo histórico mendaz y peligroso. Es verdad que el bando republicano tiene también ciertos mitos, pero a veces se da la vuelta a la tortilla de manera manifiestamente falsa. Es decir, me parece muy bien que a la hora de empezar a mirar un poco las virtudes y carencias de la República española no caigamos en la glorificación beata de cierta izquierda, pero de ahí a ese revisionismo según el cual la Guerra Civil empezó en el 34 con la revolución en Asturias… Eso ya es demasiado; ahí se da un paso muy grande que muchos han andado con demasiada alegría y con intenciones más bien oscuras y tendenciosas. Ese revisionismo me parece muy peligroso, pero en cualquier caso no creo que este momento constituya para nada una segunda Transición.

En vuestra opinión, ¿fue silenciada o reprimida la memoria histórica durante la Transición? Y si lo veis así, ¿qué aspectos deberían sacarse hoy a relucir?

Luis Mateo Díez: Remataría un poco con lo que contaba Jordi, que es interesante de considerar, fíjate en especial en su reflexión final. Este derrotero que está llevando a la actualidad política de nuestro país demuestra una cosa crucial, a mi modo de ver, y es que hubo mejores políticos en la Transición que después, eran más generosos, más lúcidos y eran un poco más antiguos, pero tenían un sentido de las cosas mucho más hondo que ahora. La política está en manos siempre de lo peor de cada clase como bien sabemos, y hay que resignarse a ello porque se administra de esta manera, pero yo creo que hubo más calidad humana y más sentido común en aquel momento que lo que ha habido ahora, que parece que estamos asistiendo a un momento de contraposiciones casi ofendidas continuamente (este es un país de ofendidos, los ofendidos son los políticos y los humillados el pueblo, como siempre). Ahora, tú enciendes el televisor, ves políticos ofendidos y tú como espectador estás humillado, contribuyen a tu humillación. Pero hablemos de la memoria histórica: yo creo que la memoria histórica se mantiene en el tiempo como un bien que tú vas recibiendo en los espacios vitales y colectivos de tu propio destino y es un patrimonio que está ahí. La memoria es peligrosa, como bien sabemos, más peligroso es el olvido, pero la memoria es peligrosa como han demostrado algunos escritores de fin del siglo veinte. Es peligrosa porque aferrarse más de lo debido a la memoria es una posibilidad impía, diríamos, de deformar la visión de la realidad. Parece que la memoria del pasado se puede matizar, se puede usar, y se puede administrar con intereses contradictorios, por lo que hay que tener mucho cuidado. Yo creo que en un país como éste, donde las cosas pasaron como pasaron y hubo un esfuerzo de comprensión, debiéramos de estar en un momento de mayor tranquilidad porque la memoria nos pertenece a todos y todos tenemos una consciencia bastante lúcida de lo que sucedió para que todavía no nos la vengan a... Sí, tal vez la Transición contribuyó a unos cuantos pactos; pero no hay que olvidar que lo que llegaba después de la dictadura eran los resultados de una guerra fratricida virulenta, una de las terribles guerras civiles del siglo veinte, por la que un país se había desangrado y cuyos calamitosos resultados abocaban a una dictadura represora..., y tantos años después esa dictadura –hasta que se debilitó– fue tremendamente represora en el sentido más vil de la palabra. Si la Transición fue un ejercicio de olvido en algún sentido, de dejar las cosas ahí, de no andar levantando tumbas y hacer los arqueos, es probable que en ese momento al borde de la democracia se pudiera haber ido un poco más allá, y reconsiderar lo que pasó, dejar las cosas en su sitio, o decir: no seamos todos tan mirados para que cerremos las heridas y las cautericemos cuando todavía las heridas están ahí. Probablemente, hubo un exceso de benevolencia complacida por todas las partes para llegar a ese acuerdo. No creo que eso resonara o restallara demasiado en la sensibilidad común, todos estábamos muy cansados de lo que había pasado y esa consciencia del guerracivilismo tiene un peso enorme en este país porque nos cae a todas las familias y por todas partes: los muertos nos pertenecen a todos. Y una parte sustancial de la confrontación de los muertos está ahí. Está ahí en una herencia personal donde tú tienes que establecer la propia disyuntiva no de la memoria colectiva, sino de la memoria individual, y eso es un problema personal, moral, que tú tienes que resolver. Había pasado mucho tiempo y unos políticos listos que se reunieron supieron hacer esa operación. Yo no... a mí no me interesa nada ahora el resultado de rehabilitar lo que la Transición no hizo bien del todo al cien por cien. Estoy convencido de que no lo hizo todo al cien por cien, pero fue suficientemente revelador, explícito y práctico para llegar a una convivencia razonable y yo creo que los problemas que podemos tener ahora son problemas derivados de este eterno pleito de este país que no acaba de entenderse a sí mismo. ¿No es cierto? El pleito remite sólo a lo de siempre, remite a los muertos, pero, bueno, los muertos los vamos a dejar en paz. Pero el país, sí que es cierto, estamos ahora en un momento muy crítico. Yo, personalmente creo que con los políticos de la Transición no estaríamos en un momento tan malo. Los políticos se han degradado a niveles verdaderamente penosos, de verdad, y había que desapuntarse de ellos. Yo creo que se vive mucho mejor sin políticos y que la desgracia del mundo está en manos de toda esta catástrofe que tenemos que son los que nos gobiernan.

Muy polémico, pero vale...

Jordi Doce: Sólo muy brevemente, algo a propósito de la memoria histórica. Yo creo que en el año 35/36 hay una legalidad política institucional en este país y esa legalidad se rompe, y hay un golpe de estado y una guerra civil provocada por un bando insurgente que cuestiona, impugna y ataca con ferocidad la realidad vigente. Dicho esto, cuando se empieza una guerra todo el mundo sale perdiendo y muertos los hay en todos los bandos, al final hay una inmensa sangría, un inmenso derroche de dolor, de fuerzas, de juventud, en fin, es una pérdida inmensa para el país. Y muertos los hay en todas partes. Entonces, si vamos a recuperar nuestro pasado, y me parece que es importante que una sociedad conozca su pasado y lo recupere, es para iluminar el presente a la luz de lo que todos podemos aprender del pasado. Ahora bien, lo que no me vale es que esa recuperación signifique o suponga trasladar las estructuras de pensamiento de esa época, trasladar los paradigmas de esa época a la nuestra. Es decir, no me vale que trasladamos una serie de cuestiones muy candentes entonces y las traigamos tal cual al presente. No creo que eso sea la función de recuperar el pasado, sino de intentar entenderlo con toda su complejidad, con todos sus matices para, en todo caso, intentar ver qué es lo que nos aporta a la hora de comprender el presente. Lo que no voy a aceptar es la traslación sin cambios de una serie de paradigmas o de una serie de divisiones y de estructuras políticas que no me interesan, porque el país ha cambiado mucho, su economía ha cambiado, su demografía ha cambiado, su cultura ha cambiado (para bien o para mal, pero ha cambiado). Así pues, hagamos memoria histórica, pero hagámosla con todas sus zonas grises y todos sus claroscuros, partiendo también de la base de que efectivamente había una legalidad y esa legalidad fue fracturada, fue hecha pedazos. Pero si entramos a analizar la guerra... en las guerras se pierden por completo los papeles, se pierde toda la razón, al final es una cuestión de supervivencia y ahí ya es difícil, por no decir imposible, establecer justicias, responsabilidades... Al final todo es una inmensa pérdida y lo único que cabe hacer es arrojar un poco de luz, mirar el pasado desde la misericordia y el perdón y seguir adelante.

Y lo que tú dices, Luis Mateo, pues seguramente tiene algo que ver con que los políticos que tenemos ahora son políticos profesionales desde los veinte años, son hombres de partido que, salvo excepciones, no tienen concepción del estado, no son estadistas, para usar el viejo término casi decimonónico, son hombres de partido, son funcionarios de sus partidos, de una política muy mezquina del día a día manejada por intereses que rara vez se elevan por encima de un horizonte muy chato. De esas limitaciones estamos siendo víctimas una y otra vez, pero pasa también en otros muchos ámbitos de la vida, se está pensando en términos muy chatos, de muy corto vuelo, de muy corto alcance.

David, ¿te parece que se silenció la memoria histórica durante la Transición?

David Castillo: Esta es una mierda de memoria… En realidad, por ejemplo en Alemania siempre están hablando de todo eso…, que si Hitler, que si los judíos, que si los comunistas, que si la Stasi, que si la policía política, la República Democrática. A veces la sociedad genera unos mecanismos de amnesia selectiva para eliminar cosas traumáticas. Sí, hay que confrontarse con eso, pero estamos hablando de la Transición, ¿no? Pues si te hablo de la Transición, pues te voy a hablar de la recepción de Jimi Hendrix o de Frank Zappa o de los *Rolling Stones* (muy emotiva) o de los *Scorpions*, el grupo alemán. Todo el resto de lo que pasó es una mierda. Que yo estuviera en la cárcel en el año… que me detuvieran a mí 28 veces… Fui 28 veces detenido, siendo un militante universitario, lector de Gracián o de Quevedo, poeta, y es una cosa absurda, de la misma manera que era absurdo que yo llevase una pistola en un bolsillo de la americana y una antología de poemas en la otra casi como una pistola. Es la verdad, pues ibamos así, pero la pistola ha sido para nada, la pistola era una mierda, ha sido para un museo, así, ¿no?, o para ir a practicar el tiro al blanco, pero no para utilizarla. Me niego a ver el tiempo pasado como algo mejor. ¿Sabes que hay un poema de J. Manrique que dice que cualquier tiempo pasado fue mejor? Pues yo creo que cualquier tiempo pasado fue peor. Para vosotros, para nosotros, y en general. Ahora la sociedad es moderna, la gente es guapa, la mayoría de los chicos y de las chicas van bien arreglados…

¿Pero no es eso exactamente el problema, y que si no hablas, si no te confrontas con tu pasado, que el pasado se embellece?

Eso es una cita de Marx. Franco la desvía, utiliza una cita de Marx, sin saber que era de Marx, que decía que el pueblo que no conoce su historia está condenado a repetirla.

Para mí la historia no es un período cronológico, y aunque haya mucha mierda en tal año, en los años 30 y en los años 40, por ejemplo, ya que están todos allí excavando… No obstante las actitudes naturales del pueblo son mucho más inteligentes, y puede ser excesiva esa reflexión o ese debate continuado de por qué los Nazis hicieron esto o dejaban de hacerlo, creo que esto es un momento de locura.

¿Pero no ves un peligro en que todavía hoy hay gente que niega los horrores del Franquismo?

A ver... las organizaciones de la izquierda también cometieron muchos desmanes, yo provengo de este ámbito, todos quemamos las iglesias, matamos curas, arrasamos altares como si fuera la Revolución Francesa, la revolución francesa se impuso y la nuestra fue una quemaiglesias. En España los anarquistas quemaban las iglesias y las convertían en almacenes, bueno, en salas de reuniones. Luego, los católicos vuelven, se impone una reacción, pero luego eso se relaja, se muere Franco y todo cambia. Es una lección de historia más, no es un peligro. Yo creo que hay lo satisfactorio de que tú puedas tener interés en eso y que yo te lo pueda explicar. Yo tengo una familia llena de muertos. Nosotros no celebramos la Navidad: no la celebramos porque fusilaron a dos tíos míos, dos hermanos de mi abuela fueron fusilados por los franquistas el día de Navidad, y se dejó de hacer las navidades. Mi bisabuela cuando veía un crucifijo lo rompía, había enloquecido, rompía el crucifijo, porque uno de sus hijos que fusilaron había sido católico y le pagaron con eso. Pero de mi misma familia, en la checa soviética, también desapareció uno de mis tíos que era militante católico y había hecho un museo de zoología en Barcelona, había pasado toda la vida por la costa de China y de Indochina recogiendo moluscos para montar un museo de zoología importante..., y que hay en Barcelona. Ése desapareció. No se encontró nunca su cadáver. Si me fuera a Moscú a los archivos de la GPU soviética o del KGB sabría dónde está, porque lo aportaban todo. Pero en España pasan el día abriendo tumbas, no saben éstos del último fenómeno, se pasan... con el rollo este de la memoria, se pasan el día abriendo tumbas, recogiendo cadáveres de militantes de organizaciones de izquierda que están en el campo. Cada día, Annika, en los cementerios muchas lápidas se abren, porque las familias no pagan el alquiler por dejadez, no por problemas económicos, por dejadez absoluta, y se van a la fosa común. Y a veces dices que todo esto parece que esté favorecido por empresas de pompas fúnebres para sacar dinero, que esa es mi visión, ¿eh? No es la visión oficial. Estoy harto de toda esa mierda. Manolo Vázquez Montalbán, uno de los grandes escritores, Manolo Vázquez Montalbán, decía que el franquismo desprendió un olor a calcetín sucio, y es el olor de eso que me viene.

¿Y no hay aspectos que ves que deberían sacarse hoy a relucir de la Transición, que habían sido reprimidos aunque veas que la amnesia en parte es sana?

Yo creo que los aspectos estéticos sí, soy partidario de la amnesia selectiva, pero la mayoría de los aspectos positivos de la Transición los veo en el terreno artístico, literario, sentimental: la transformación, pero yo preferiría ser más joven y haberme ahorrado eso. Prefiero vivir ahora en un piso con calefacción, o climatización en verano, y no en la ciudad que viví, que estaba llena de barracas, de gente pobre, me levantaba a las seis de la mañana para ir a trabajar desde los catorce años, llevo 31 años en la seguridad social trabajando…

Retomemos de nuevo el hilo de nuestro debate: ¿hay asignaturas pendientes de la Transición?

Luis Mateo Díez: No lo sé, no lo sé. De la Transición yo tengo la sensación de que es un tiempo donde confluyen cosas muy complejas, muy contradictorias que están entre la memoria de lo que sucedió y el tiempo histórico, las desavenencias y otros factores, pero yo tengo una sensación que todo eso confluye y se cierra, confluye y se cierra y se cierra bastante bien. Yo pienso que ahí hubo suerte, es un tiempo histórico resuelto con suerte. De suyo, a partir de ese momento España vive algunos de los años mejores de su historia. Y creo que es verdad, con todo lo que creamos, que se establece el advenimiento de la democracia como bien, el propio desarrollo de la gestión política, la transformación que sufre este país, luego con las contaminaciones, en seguida las corrupciones… pero olvidemos ahora eso. Se establecen unos años de convivencia y de prosperidad, de progreso en todos los sentidos que auspician muy bien lo que pudiera tener España (tirémonos alguna flor de vez en cuando) de resultados derivados de nuestra condición vitalista. Nuestra condición vitalista se refleja muy bien en un tipo de inteligencia, en un sentido del trabajo. España no es un país vago, sino que es un país esforzadísimo donde la gente trabaja mucho más que en Alemania y que en Francia, que en ningún sitio. Somos los más trabajadores del mundo, y además revierte mucho en esta España que arranca el esfuerzo anterior de lo que fue una emigración heroica a la que nos referimos demasiado poco. La emigración heroica en España – eso es un ejemplo que habría que ponerlo a todos los países – porque esa es una emigración silenciosa, callada, sufridora y desde esa infraestructura del sudor humano se levanta este país. El país, como sabes, entre otras cosas empieza a levantarse antes de la llegada de la democracia con los planes de desarrollo, pero se levanta desde la gente que se va fuera anónimamente y con el dinero que llega anónimamente. Ahí hay una ética verdaderamente extraordinaria a la que no se le ha hecho suficiente honra, y ésa es la memoria histórica que habría que poner de relieve, no sólo a ésa tan legendaria del pasado, de nuestros muertos que todos asumimos, sino a la del trabajo. Creo que ese es el gran débito, y que esa sea una asignatura perdida de la democracia: el reconocimiento al subsuelo en el que es posible reconstruir un tejido suficiente que proviene de la última etapa del franquismo, para que este país alcance un despegue de desarrollo democrático que tenga una connotación ya para hacer nuestra entrada en Europa y para hacer ese tipo de cosas. Hay alguna franja de historia vital de este país que nunca se ha reconocido y que pertenece al secreto del sumario. Pues, puede que eso sea una de las cosas a las que tendríamos que hacer un tipo de reconocimiento porque, en realidad, luego no ha habido magos, no los hay en ningún sitio, las cosas salen siempre del esfuerzo y del sudor. No sé, quizá me olvide de más cosas. En fin, veo la Transición como un gran avatar de confluencia, una suerte, de una serie de personas con nombre propio. También los partidos son generosos, hay también en ese momento a través de los pactos de la Moncloa unos esfuerzos sindicales representativos fuertes, sobre todo movimientos de Comisiones Obreras que estaban en la infraestructura del substrato en la lucha antifranquista haciendo las cosas con mucha seriedad, minando el régimen y toda esa gente está de acuerdo con cierta facilidad a la hora de la verdad pero ahora que los sindicatos están ya tan deteriorados…, porque la marcha de los tiempos nos da una visión a veces casi caricaturesca de lo que es el mundo sindical, así que habría que hacer un reconocimiento a lo que fue esa lucha oscura tan importante. Probablemente los reconocimientos no hechos están en las contribuciones anónimas.

Jordi Doce: Estoy muy de acuerdo con Luis en este punto. Me parece que la Transición provoca en alguna gente esa tendencia a la crítica, ¿no?, a pedirle algo que realmente no se le podía pedir; es decir, la Transición, esos 15 o 20 años, no podía ser la única responsable de la modernización de este país. Los últimos dos o tres siglos de este país son la historia de una modernización abortada o siempre retrasada, demorada o interrumpida de alguna forma, es decir, que aquellas carencias que el país pueda seguir teniendo no creo que se puedan atribuir solo a la Transición, sino que se deben realmente a que la historia de España en los últimos dos siglos es una historia complicada, conflictiva, en la que también ha habido a veces modernidad de muy buen cuño, sobre todo en ciertos núcleos urbanos, y con algunos frutos muy notables. Pero, efectivamente, no se podía lograr en esos 20 años lo que no se pudo lograr en 200. Así pues, si vamos a denunciar las múltiples carencias que tiene este país, que es una sociedad todavía muy clientelar y donde la burocracia sigue teniendo un peso muy grande (aunque tampoco sé si esto es característico de este país), no me parece que esas carencias, que se pueden analizar y estudiar, deban atribuirse constantemente a la Transición como tal. Es decir, cuanto más la veo desde la distancia, más me asombro de que personas que habían participado en la lucha política en bandos opuestos se entendieran de la forma en que se entendieron y que llegaran a pactar ciertas condiciones básicas de entendimiento y de convivencia. Supongo que también fueron impulsados por cierto anhelo de paz (la paz de los ahítos o los temerosos) en el interior del país, pero también por ciertas circunstancias de la política exterior, porque al fin y al cabo estábamos en una Europa moderna, con mejores comunicaciones y un mayor acceso a la comunicación. Así que, a mi juicio, habría que subrayar que no todo es culpa de la Transición, ni mucho menos.

David Castillo: Ninguna asignatura pendiente. Todo aprobado. Aprobado porque nuestro país nunca había estado tanto tiempo en una situación democrática, nuestro país nunca había estado tanto tiempo, nunca, nunca, nunca en toda su historia sin guerras. Los españoles lucharon contra las tribus americanas, las destrozaron a todas, luego entramos en guerras internas de decadencia, luchamos contra los franceses, contra los ingleses, contra los flamencos, casi siempre con los imperios, estamos luchando miserablemente entre nosotros, catalanes contra españoles, cartagíes, de Cartagena, contra los españoles, dentro contra los portugueses, siempre luchando, siempre luchando, siempre luchando. Y una espada en una mano y la cruz en otra, la espadacruz. Y ahora todo se ha acabado, finalmente se acabó, se acabó el follón y encima vamos a intentar recordar todo eso... Yo fuí un militante de una organización anarquista y estuve en la cárcel, hay alguno de mis compañeros que murió en eso, otros están en perpetua. Entonces luchában por toda Europa esos movimientos, había los militantes alemanes de la Baader-Meinhof, organizaciones paralelas a las nuestras, en Francia Acción Directa, en Italia Lotta Continua, Brigadas Rojas, lo que ha sido en la cárcel, ahí lleva tantos años... ¿Por qué? Por la liberación del pueblo, por la revolución marxista-leninista, por la anarquía... La gente va a ritmo más lento, más evolucionado, ahora los políticos casi que no cuentan, son unos gestores, en aquella época hablabamos de los políticos como los gestores del capitalismo. ¿Tenemos una asignatura pendiente? Pues no. Todo eso es un capítulo de la historia superado y bien superado. Y los que creemos continuamos militando en organizaciones libertarias, como en mi caso, nuestras organizaciones se han convertido en organizaciones culturales, en un centro de documentación y en grupo de opinión o en editoriales (somos rejuntados por la fórmula cultural). Yo pertenecí a un grupúsculo situacionista que intentaba aplicar la liberación en terreno individual, la revolución en el terreno cotidiano, el prohibido prohibir, lo único que no está en crisis es la crisis, eran muchos aforismos, ¿no? Yo soy un tío de pueblo, vengo del pueblo, casi del lumpenproletariado...

¿Hay algo que llamarías un trauma que te dejó la Transición? Empecemos con David ya que está en racha...

David Castillo: Un montón de muertos, o sea de mi generación, pues, cerca de un treinta por ciento de muertos, eso sí que es traumático. Pues eramos unos inocentes, y nos creíamos a Lou Reed cuando se pinchaba en público, es que Reed salía en sus actuaciones y se metía un chute de heroína mientras cantaba "Heroin". O Eric Clapton cantaba "Cocaine" o J.J. Cale o los *Beatles* exaltaban el LSD que te destrozaba las neuronas de la cabeza o los *Rolling Stones* hablaban de "Brown Sugar" de la heroína o el Bob Marley que estaba fumándose porros a discreción hasta el atontamiento. Todo eso fueron doctrinas en las que se creía, lo cual es un fracaso también. Y la gente de derechas entonces se pensaba que nosotros éramos unos demonios, pero nosotros los odiábamos y los hubiéramos eliminado si hubiéramos podido. Nos eliminaron ellos.

Luis Mateo Díez: No, yo creo que no, bueno, sí, hay un trauma, hay un trauma. Vamos a ver, es que la Transición es ese pacto crucial en el que se resuelven las cosas y se empieza un nuevo momento. Si eso lo llamamos Transición, no me dejó ningún trauma, sino al contrario, creo que hay ejemplaridad, generosidad y como dice Jordi un encuentro y un reconocimiento de contradictorios protagonistas de muy contradictorias posibilidades y opciones políticas a la vez. Y eso se suscita, hay además un caldo de cultivo previo que lo suscita y a veces personajes que (como Adolfo Suárez) se convierten en un adalid para concitar todo aquello. También el reconocimiento del Partido Comunista se hizo de una manera inteligentísima con Santiago Carrillo, en fin, se hicieron cosas muy bien hechas y además eran cosas como muy graves y se hacían como muy sencillas, o lo parecía. Yo tal vez de ese momento de lo que me conduelo es del exceso de expectativas que tuvimos los integrantes de una cierta generación, que veían que habían llegado los más listos de los que estaban con nosotros en los pupitres, a los que les entregábamos todas nuestras convicciones y toda nuestra confianza con la herencia un poco ingenuista de lo que teníamos entonces, es decir con un gran sentido inocente de las cosas. Había una sobrecarga de idealismo, pero la realidad política era más dura de pelar que lo que ese idealismo, que también a veces es una manera de quitarte de encima aquello en lo que no quieres participar o someterte y lo delegas. La democracia tiene a su favor que delegas en quien tú crees que te va a representar fielmente, todo aquello que tú crees que alguien debiera de hacer, un poco oscuramente sin tener consciencia de ello. Bueno, lo duro de ese proceso en el momento en el arranque que la realidad siempre desmiente algo las ilusiones excesivas. Tal vez de lo que yo me conduelo más o de lo que más me debiera de condoler es de un exceso de idealismo, o sea de una falta de un realismo más propicio para entender que las cosas no se pueden hacer como tú crees, de esa manera un poco mesiánica o un poco exagerada, que en realidad gobernar un país es muy complicado y que la gente que accede a ello invierte un destino de sus vidas que tú no has querido invertir.

Jordi Doce: Sospecho que hay un pequeño trauma en la generación de mis padres, la gente que cuando murió Franco estaban en los 30, los 40, 45 años y que fueron los que luego tuvieron la responsabilidad de gobernar y de intentar llevar la nave a buen puerto, y quizás esa responsabilidad fragmentó e hizo más visible la fragmentación de una parte de esa generación. Es una fractura entre aquellos que asumieron esa realidad y la intentaron conducir con pragmatismo, a veces con excesivo pragmatismo o incluso en algún caso con cinismo, y aquéllos que quizás con un grado alto de idealismo o de sentimiento utópico se sintieron al margen. Quizás el trauma mayor, yo creo, que no es un trauma de la Transición pero que tiene que ver mucho con la Transición, es el terrorismo. Porque el terrorismo, en un primer momento, está presente como un elemento más de la lucha antifranquista. Puede no ser algo consciente, pero está ahí. Esto crea una complejidad emocional, unas relaciones muy complejas de muchas personas de bien en relación con la acción terrorista, en relación con el nacionalismo vasco separatista y violento. Y esto ha complicado las cosas porque hay muchas personas que, siendo demócratas y gente de bien, se sintieron en un primer momento compañeros de viaje de algunas de estas posiciones. O al menos practicaron cierto grado de tolerancia. Así, resulta un poco curioso que una persona como Melitón Manzanas (un torturador insigne de la época franquista que también fue víctima del terrorismo) esté ahora en todas las listas de víctimas del terrorismo con gente con la que no se le puede comparar. ¿Qué pasa? Que ese tipo de hechos crea dialécticas excesivamente maniqueas y zonas blancas y negras que dejan muy poco espacio para el gris, para la duda, para los matices. Ahí ha quedado un trauma que espero se pueda resolver en los próximos años. Creo que en este momento se está tratando de tomar el toro por los cuernos, veremos cómo se resuelve. Se podría hablar mucho de ello, aunque tal vez no sea un trauma de la Transición porque empieza mucho antes y terminará mucho después, si es que termina alguna vez.

¿Dirías que la Transición española puede ser un modelo para el paso a un sistema democrático?

Luis Mateo Díez: La Transición española, sí. Con respecto a todo pasado se ha demostrado que fue una fórmula que impuso una manera de hacer las cosas. No voy a decir que fuera la primera vez que se hacía de esa forma, pero dadas las especiales connotaciones de la España de ese tiempo, la largura extenuante de una dictadura tan estúpida como la de Franco, lo que esa democracia procreaba de contradicciones, de enemistades tan férreamente constituidas vino a demostrar que entre los antifranquistas históricos y dentro los antifranquistas vitales había una connivencia grande. Existía esa posibilidad de decir, aquí ha pasado tanto tiempo que hay un compromiso previo a que se muriera este señor, ya que nadie lo pudo matar, y hay un compromiso previo de que desde que se muere este señor hay que entenderse y hay que organizar algo nuevo. Hay que hacer una constitución, no podemos soslayarlo, que es una figura institucional como la del monarca, en fin, está un reino, en el que había un monarca constitucional, que él mismo había sufrido avatares bastante indignos a lo largo de ese tiempo. Yo creo que eso daba una serie de connotaciones muy peculiares y muy propicias para que aquello se pudiera hacer bien o para que acabara como el rosario de la aurora; todo ha salido muy bien, pero todo hubiera podido salir muy mal, y por eso sí hay pauta de ejemplaridad de cómo la gente de bien se puede entender y de cómo un país puede empezar a organizarse después de tantas penosas vicisitudes con esa intención de solventar los problemas, de llegar a acuerdos y de hacer que todo marche. Yo pienso que aquel primer Parlamento después de las elecciones en el que conviven por lo menos física y simbólicamente gentes tan absolutamente ajenas como la Pasionaria, Alberti o gentes que provienen del pasado más remoto y que estaban ahí casi como supervivientes simbólicos de lo que había sucedido, desde Fraga hasta con la gente de una extrema izquierda, ya reducida a la mínima expresión que estaba ahí y con representantes del País Vasco… ese Parlamento, visualmente, desde luego ejemplariza una posibilidad de cómo las cosas se pueden hacer. Y en ese sentido, pues sí, está bien. Está bien que los catedráticos de derecho político y los estudiosos puedan decir "bueno, aquí hay un avatar histórico curioso a estudiar".

Jordi Doce: Inspira cierta esperanza, es cierto, pero no sé si ofrece un modelo práctico, puesto que las circunstancias de cada sociedad y cada país son muy distintas. Posteriormente ha habido muchos países también de la Europa oriental que han pasado de regímenes autoritarios a regímenes más o menos democráticos, incluso que no han logrado hacer esa transición (como Rusia, que dista mucho de ser un país democrático en un sentido ortodoxo del término). Creo que da pie a la esperanza, como ejemplo de que este tipo de cambios pueden darse. Pero como modelo práctico no creo que pueda volverse a aplicar, pues las circunstancias teóricas son siempre muy distintas, España es un país muy peculiar, todos los países tienen su propia historia y son en última instancia comunidades peculiares. Pero sí que da un fundamento para la esperanza, efectivamente.

David Castillo: No os contradigo: veo a la Transición como una chapuza, pues eso es lo que es la Transición.

Bueno, os pediría a los tres una reflexión final: ¿podríais cifrar la Transición en un concepto o en una imagen?

Luis Mateo Díez: Bueno, transitar es mudar, cambiar, avanzar, pues, una transición es cuando la culebra cambia la camisa, diríamos que es superar el tránsito. Tal vez, a lo mejor en este caso la consciencia diría: tenemos una larga enfermedad que ha causado muchísimos problemas y para curarla tenemos que tomar ahora una medicación, y ese tiempo nos va a hacer que la medicación tenga unos efectos que tenemos que digerir para luego pasar a un espacio posterior… La transición es siempre problemática y no apacible. Es como un momento de confluencia, como decía antes, y esa es la sensación que tengo, la sensación que tengo es el momento en que todo revierte, todo llega, las aguas están quietas, de pronto contenidas y aquello puede reventar o puede empezar a funcionar por un cauce distinto. Esa sería la imagen que se me ocurre. Es un momento traumático, porque es un momento en el que todas las fuerzas contenidas tienen relevancias variopintas y a la vez la contención de las fuerzas es –psicológica, social, política, estructural y económicamente– lo que le produce a ese momento una gran tensión. Y la verdad es que cuando recordamos los días cruciales de la Transición en la primera etapa, vemos que eran días de una gran tensión. Yo creo que la Transición se hace mucho en la confluencia de toda esa violencia del pasado que está ya en algún sentido laminada o diluida y de lo que es la esperanza y la expectativa del futuro que hace que esté al otro lado del muro y que tiene que haber una contención que permita esa salida a lo que viene luego. Fue un tiempo de tensión, yo creo que fue un tiempo muy esperanzador y yo creo que fue un tiempo en el que este país tuvo consciencia de que aquello iba a salir bien. De pronto se vio, como dicen los políticos, que el puebo estaba maduro.

Jordi Doce: Pensemos en un organismo que funcionaba de manera perversa y al que la cabeza le desaparece, esa cabeza que coordinaba las cosas de forma siniestra y perversa. El resto del cuerpo tiene que reorganizarse, encontrar su nuevo lugar y generar de alguna manera otra cabeza rectora que pueda dirigir el organismo. Esa reorganización se hace con tanteos, tensiones, conflictos, pero finalmente sale bien. Y como salió bien, la lógica aplastante del hecho consumado nos hace pensar que todo indicaba que iba a salir bien. Pero yo tampoco tengo una memoria personal muy intensa de aquel tiempo, yo tenía 7 años en 1975 y 14 en el 82, y por eso me tengo que fiar un poco de mis mayores y de mis lecturas: parece ser que sí, que había mucha gente que estaba trabajando para el bien común. Pero en cualquier caso suponía una reorganización total de la comunidad y en ese sentido exigía, en fin, que todo confluyera y que todo el mundo estuviera dispuesto a asumir otro papel o a trabajar de una manera diferente.

David Castillo: Yo creo que el concepto de transición es un intento en algunos territorios fallido, en algunos aspectos equivocado y en otros aspectos muy positivo. Se hizo como se pudo, a veces con unos medios limitados, yo creo que la abre el primer ministro demócrata presidente, Adolfo Suárez, quien provenía de la Falange pero tenía una evolución muy interesante y moderniza el país. La socialdemocracia hace lo que puede, y hay unas cosas positivas como la apertura a Europa, pero otras negativas, como el terrorismo de Estado sistemático, la corrupción, cosas que habían sido muy duramente reprimidas durante el franquismo. Socialmente hubo una transformación diametral absoluta de nuestra manera de pensar. El futuro es esperanzador aunque creo que estamos, desgraciadamente, en una reserva mundial de bienestar, en la sociedad de bienestar. Yo podría tener una visión muy negativa, pero la verdad es que la visión es ultrapositiva.

Y para terminar sólo una pregunta más para David: ¿qué significó la Transición para la literatura o la poesía catalana?

David Castillo: La Transición significa como en otras literaturas modernas un paso de una literatura elitista a una literatura de masas, partimos de una base también de que la poesía catalana y la poesía española miraban al futuro, la poesía estaba cargada de futuro utópico, pero pasamos de que la simbología del país fueran estos poetas a un período de su desaparición, porque los políticos profesionales sustituyen a los poetas y a los cantautores … (ya no hay gente que imita a Joan Baez o a Alan Ginsberg o a Stuchenko hasta que se recuperó una sociedad de consumo también literaria, y tenemos un fenómeno curioso de que a nuestros recitales de poesía vienen más de mil personas). Hoy llenamos un teatro, y la gente nos monta una manifestación porque no puede entrar en la puerta, tenemos que avisar a la policía para que lo disuelva. Uno de nuestros poetas publica libros y se mete en las listas de bestsellers de los diarios, es un fenómeno curioso, ¿no? Entonces hubo la prostitución de grandes nombres, han desaparecido nuestros grandes nombres, pero también desaparecieron los grandes nombres de la narrativa americana Scott Fitzgerald, Dos Passos, Hemingway, Steinbeck, los grandes escritores alemanes han ido progresivamente desapareciendo, Heinrich Böll o Martin Walser incluso Günter Grass, que se tenía como un dinosaurio. Ahora hay mucha gente, pero tú puedes ir a buscarte exactamente lo que te interesa, hay muchos más, ya no hay las grandes figuras, no es concebible que apareciese un Goethe, y que hablaran de la literatura supranacional y que hicieran grandes canciones los músicos alemanes ¿no? En Cataluña pasa lo mismo, también hay una tradición de germanistas, discípulos de Hölderlin, de Rilke, alguno de los grandes poetas del expresionismo, hay toda una tradición en paralelo. La Transición ha servido para conseguir una literatura de consumo de calidad, unas novelas aptas también para la feminización. Cuando hice en el 89, casi en el período de transición, una antología de poesía joven catalana, en los 18 autores sólo había dos mujeres, pero ahora para la feria de Guadalajara, México, la feria más importante del libro español, invitaron a la literatura catalana –como la invitan a Frankfurt el año que viene– y me pidieron una antología de jóvenes poetas catalanes y la mayoría son mujeres, sólo cuatro hombres. Eso es la feminización, que en una traducción casi, diríamos, magistral, implica que lo que domina ya no es la fuerza, sino que es la inteligencia. Victoria Prego hizo unos reportajes en televisión española sobre la Transición y todos eran políticos: Adolfo Suárez, Fernández Ordóñez, Felipe González y de aquí nuestro Jordi Pujol en Cataluña. Parecía que la sociedad española era eso, pero no era esa la sociedad española. La sociedad española éramos nosotros, con los pelos a la espalda, furiosos, con los cócteles Molotov y con la heroína y con una visión del sexo frenética…

Así podríamos volver a empezar, pero acabamos: muchas gracias a todos.

Entrevista de Annika Maaß

Sobre los autores

Fernando Cabo Aseguinolaza, catedrático (Teoría de Literatura, Filología Española), Universidad de Santiago de Compostela, fecabo@usc.es

David Castillo, escritor, Diari Avui, Consell de Cent 425, 6a. planta, E-08009 Barcelona, david.castillo@avui.com

Luis Mateo Díez, escritor, Plaza Mayor, 27, 1 (Casa de la panadería), E-28012 Madrid, diezl@munimadrid.es

Jordi Doce, escritor, Apartado 21085, E-28080 Madrid, docegonzalez@telefonica.net

Javier Gómez-Montero, catedrático (Literaturas Románicas), Romanisches Seminar, Christian-Albrechts-Universität zu Kiel, Leibnizstr. 10, D-24098 Kiel, gomez-montero@romanistik.uni-kiel.de

Jon Kortazar, catedrático (Literatura Vasca), Euskal Herriko Unibersitatea, Euskal Filologia Saila, Unibersitate Pasealekua (Universidad del País Vasco, Departamento de Filología Vasca, Paseo de las Universidades), E-01006 Vitoria-Gasteiz, jkortazar@euskalnet.net

Henrique Monteagudo, profesor titular (Filología Gallega/Lingüística) y secretario del Consello da Cultura Galega, Consello da Cultura Galega, Pazo de Raxoi, Praza do Obradoiro, E-15705 Santiago de Compostela, fghmonte@usc.es

Gonzalo Navajas, catedrático (Literaturas Iberorrománicas), University of California, Spanish and Portuguese Department, Irvine CA 92697 (USA), gnavajas@uci.edu

Hans-Jörg Neuschäfer, catedrático emérito (Literaturas Románicas),
Institut für Romanistik, Universität des Saarlandes, Postfach 15 11 50,
D-66041 Saarbrücken, neuschaefer@gmx.de

Janett Reinstädtler, Privatdozentin (Literaturas Iberorrománicas),
Institut für Romanistik, Humboldt Universität, Unter den Linden 6,
D-10099 Berlin, janett.reinstaedler@rz.hu-berlin.de

Joan Ramon Resina, catedrático (Literaturas Iberorrománicas),
Dept. of Spanish and Portuguese, 224 Pigott Hall, Stanford University,
Stanford, CA 94305-2014, jrresina@stanford.edu

Yvette Sánchez, catedrática extraordinaria (Literaturas Iberorrománicas),
Universität St. Gallen, KWA Spanisch, Gatterstr. 1,
CH-9010 St. Gallen, yvette.sanchez@unisg.ch

Béatrice Rodríguez, maître de conférences (Literaturas y Civilización
Españolas), Université Paris XII Val de Marne, 61, Av. du Général de
Gaulle, F-94010 Creteil Cedex

Dolores Vilavedra, profesora titular (Filología Gallega/Literatura)
y directora del Anuario de Estudos Literarios Galegos,
Universidade de Santiago de Compostela, Filoloxia Galega,
E-15771 Santiago de Compostela, fgvilave@usc.es

Peter Zima, catedrático (Literatura General y Comparada),
Institut für Allgemeine und Vergleichende Literaturwissenschaft,
Universität Klagenfurt, Universitätsstr. 65–57, A-9020 Klagenfurt